한국의 정치와 정치이념

한국의 정치와 정치이념

이동수 외 지음

인간사랑

차례

서문

인간과 가장 비슷한 동물은 침팬지다. 유전자상으로 99% 정도 일치한다. 인간은 침팬지와 비슷한 개체적 특성과 성향을 갖고 있으며, 모여 사는 것도 비슷해 침팬지들의 군집생활은 원시인들의 무리사회와 비슷한 양상을 보인다.

그런데 나머지 1%의 차이가 인간과 침팬지의 운명을 천지차이로 갈라놓았다. 그것은 언어인데, 인간은 언어를 사용해 직접 경험하지 않은 것도 이론의 형태로 추상화시켜 기억한다. 이 추상화는 현실의 요인들에 인과성을 부여하고 그것을 통해 세상을 더 알기 쉽고 예측하기 쉽게, 그리고 다루기 쉽게 만드는 작업이다. 이런 언어적 추상화를 거쳐 인간은 동물적인 본능을 넘어서 인식하며, 분석하고, 미래를 계획한다.

사회적으로 추상화는 그동안 친족이나 씨족 그리고 기껏해야 부족에만 머물렀던 인간조직을 더욱 확장시켜 타인들과 함께 공동체를 이루는 정치집단 즉 국가사회의 형성을 가능케 한다. 인류 초기에는 종교가 추상화에 근거한 확장된 공동체 형성에 기여했으며, 근대에 이르러서는 이념이 여기에 공헌하였다. 그런 점에서 종교와 이념은 기본적으로 정치적인 측면을 갖고 있으며, 국가를 비롯한 정치적 집단의 형성에 필요불가결한 것이다.

역사적으로도 이것은 증명된다. 전근대 사회에서 국가의 형성은 종교와 밀접하게 연관된다. 초기 정치공동체는 나름의 전통종교에 의존했으며, 점차 추상성이 발달하면서 지역과 부족의 한계를 뛰어넘는 기독교, 이슬람교, 유교, 불교 등의 도움을 받았다. 또한 종교의 영향력이 약해진 근대사회에 접어들면서는 특정한 가치들을 추구하는 정치이념 즉 자유주의, 공화주의, 사회주의, 공산주의, 민주주의 등이 정치공동체 형성에 커다란 영향을 미쳤다.

서구는 기독교를 통해 먼저 공동체를 통합·확장시키고, 근대에는 자유주의와 민주주의를 주요 정치이념으로 삼아 국가사회를 유지·발전시키고 있다. 이에 비해 우리나라는 삼국시대와 고려시대에 이르기까지 불교를 통해 사회를 통합하였고, 조선시대엔 유교(성리학)를 통해 사회를 유지하였다. 그러나 근대화에 실패하고 일본에 점령당하면서 국가사회가 단절되기도 하였다. 해방 후 우리는 분단 속에서 다시 국가사회를 재건함에 있어서 이념상 분열을 경험하기도 하였다. 그리고 이 분열은 오늘날 남북한의 대치상황 속에서 또 남한 내부의 이념대결 속에서 여전히 작동하고 있다.

이러한 이념적 대결은 국가사회 형성 및 발전에 순기능보다 역기능을 초래하기 쉽다. 앞서 말했듯이 이념은 국가사회의 통합 및 발전을 위한 추상성의 확장을 위한 것인데, 오히려 국가사회의 분열을 초래하는 이념은 이념 그 자체를 우선시하고 사회를 부차적인 것으로 간주하는 본말전도 현상을 나타낼 뿐이다. 이념은 인간사회의 통합과 발전을 위한 도구이지 그 자체가 목적인 것은 아니다. 전통시대에 종교 그 자체를 목적으로 간주함으로써 벌어진 수많은 종교전쟁들이 우리에게 반면교사를 보여준다.

이 책은 한국의 근대, 즉 구한말에서부터 오늘에 이르기까지 우리 근대인들이 어떤 이념적 생각을 하였고 그것이 어떻게 정치에 반영되었는지를 살피는 것을 목적으로 한다. 특히 이 책은 필진들이 한국학중앙연구원에서 2013년부터 2016년까지 3년간 수행한 한국학분야 토대연구지원사업인 〈한국 근현대 '정치-이념' 논쟁 자료 수집 및 DB화〉 프로젝트에서 수집한 자료들을 활용해 작성되었다. 이 책을 출판하기까지 도움을 준 한국학중앙연구원 관계자들과 출판을 기꺼이 허락해준 인간사랑 관계자 분들에게 깊은 감사의 말씀을 전한다.

2018년 10월 이동수

1장 한국의 정치적 전통과 이념*

이동수 (경희대)

Ⅰ. 서론

우리는 해방 후 산업화와 민주화를 통해 근대사회로 진입했다. 19세기 후반 개항(1876) 이후 전통사회에서 근대사회로의 변화를 시도했지

* 이 글은 필자의 졸고 "정치와 정치이념: 근세 동아시아 삼국을 중심으로"(2016)와 "한국의 정치적 전통과 이념: 가산제와 신념윤리를 중심으로"(2017)를 합쳐 본 저서에 맞게 재구성해 작성되었다.

만, 서구열강 및 일본의 간섭과 우리 내부의 개혁의지 부족으로 인해 별다른 성과를 거두지는 못했다. 오히려 메이지유신(1868)을 통해 근대화를 추진한 일본의 식민지로 전락하였고, 그만큼 근대사회로의 진입은 다른 나라들에 비해 뒤처질 수밖에 없었다.

혹자는 식민지 근대화론을 통해 일제 강점기 때 근대화가 진행되었다고 주장하기도 한다. 하지만 경제적인 면에서 일부 그런 점이 있을지 몰라도, 정치나 사회적인 면에서 본격적으로 근대화가 추진된 것은 해방 이후다. 일제 강점기 시절은 사회적인 발전(development) 없이 성장(growth)만 있었던 시기라 할 수 있다.[1] 해방 이후에야 비로소 대한민국 정부가 수립되어 근대적인 국민국가(nation-state) 형태를 갖추었고, 1960년대부터 산업화 추진을 통해 경제발전을 이루었으며, 4·19의거를 필두로 자유와 민주를 위한 정치변동을 지향함으로써 근대사회로의 이행이 진행된 것이다. 그리고 우리가 최종 목표로 삼은 자유민주주의적 근대화는 1987년 민주화 항쟁을 통해 비로소 완성되었다고 볼 수 있다.

서구와 비교해 보면, 우리의 근대사회로의 진입은 상당히 늦어졌다. 서구는 15세기부터 르네상스와 종교개혁 등을 통해 정신적·문화적 근대화를 시작하였고, 18세기 산업혁명과 민주주의 혁명을 통해 정치적·경제적 근대화를 추진하였다. 그리고 이런 근대화를 앞세워 19세기엔

1 이렇게 평가하는 대표적인 학자로는 제이콥스(N. Jacobs)를 들 수 있다. 그는 또한 일본의 식민통치가 한국사회 발전에 도움이 되지 않는 가산제적 유산을 더욱 활성화시킴으로써 한국의 근대적 발전에 커다란 부정적인 영향을 끼쳤다고 본다. Norman Jacobs, *The Korean Road to Modernization and Development* (Urbana: University of Illinois Press, 1985).

제국주의 시대를 열었는데, 그 결과 두 차례에 걸친 세계대전이라는 전지구적 전쟁상태를 초래하기도 하였다. 그런 점에서 근대화가 모두 긍정적인 요소만 갖고 있는 것은 아니다. 무한경쟁과 불평등의 심화는 근대화의 부작용이라 할 수 있다. 하지만 근대화가 현대화를 의미하듯이, 인류가 현재의 세상에 살고 있는 한 우리는 그것을 자연스럽게 받아들이고 적응하는 것이 필요하다. 즉 근대화를 이루어야만 시대에 뒤쳐지지 않고 현대생활을 온전히 영위할 수 있다는 것이다.

그런 점에서 우리의 근대화가 늦어진 것에 대해서는 아쉬움이 크다. 특히 조선시대 근대화의 추진이 뒤쳐져 일본 식민지까지 경험했던 우리로서는 그만큼 근대화에 대한 뼈아픈 추억이 있는 것이다. 물론 19세기 당시 동아시아에서 근대화를 온전히 이룩한 나라는 없었다. 여전히 전제군주제 아래 자신을 세상의 중심으로 여기는 중화주의(中華主義) 전통에 매몰된 중국 청나라는 아편전쟁 이래 서구열강의 침탈에 속수무책이었고, 서양문물을 받아들이자는 양무운동(洋務運動)이나 변법자강운동(變法自强運動) 등은 사회의 근본적인 개혁 없이 일종의 '전통주의적 혁명'(traditional revolution)[2]에 불과해 결국 실패하고 말았다. 중국이 본격적인 근대화를 다시 시작한 것은 20세기 후반 공산정권이 개혁개방 정책을 채택한 이후부터다.

동아시아에서 근대화를 가장 먼저 추진한 나라는 일본이었다. 17세

---

2 전통주의적 혁명이란 베버의 용어로서, 전통적 지배양식 내에서 사람만 교체하고 지배체제 자체는 유지하는 개혁운동을 의미한다. 19세기 말 중국과 조선에서 진행된 근대화 운동은 근본적으로 이런 전통주의적 혁명의 성격을 지녔다고 볼 수 있다.

기 초 에도(江戶)에 성립된 도쿠가와막부(德川幕府)는 막번체제(幕藩體制)라는 봉건제를 채택하고 전통사회를 유지하였다. 그러나 아편전쟁의 결과를 지켜본 일본 지배층은 재빠르게 서양에 개방하고 친교하였으며, 위로부터의 개혁인 메이지유신을 통해 근대화를 추진하였다. 물론 이 근대화는 반쪽만의 근대화였다. 즉 경제적 산업화는 추진했으나 정치적으로는 막부와 각 번의 지도자들의 정치통합만 추구하고 국민을 여전히 신민(臣民)으로 간주하여 동원하는 파시즘적 체제를 이루었다.[3] 이는 자유민주주의적 근대화가 아니라 파시즘적 근대화라 볼 수 있으며, 그 결과 태평양전쟁을 초래하고 패전의 나락으로 떨어졌다. 전후에야 비로소 일본은 자유민주주의적 근대화로 궤도를 수정하여 오늘에 이르게 된 것이다.

반면 조선은 청나라의 군사적·정치적 우산 속에서 성리학적 정치이념으로 무장된 소위 소중화(小中華)라는 미명 아래, 쇄국을 통해 변화를 억제하면서 전통사회 유지에 전념하였다. 사회적 모순의 심화로 발생한 19세기의 민란들은 철저히 억압되었으며, 개항도 끝까지 저항하다가 타의에 의해 하는 수 없이 떠밀려 하였다. 그 후에도 내정개혁이나 사회변동 없이 사대부 지배층은 기존의 사회질서와 권력의 유지에만 몰두

---

3 무어(B. Moore)는 일찍이 근대화의 다른 경로들을 이야기한 바 있다. 그에 의하면, 서구와 같이 강력한 부르주아가 정치세력으로 존재하여 지주들과 마찰을 빚게 되면 자유민주주의적 근대화가 가능해지며, 일본이나 독일과 같이 약한 부르주아가 토지귀족과 연계하여 민중을 억제하면 파시즘으로 발전한다는 것이다. Barrington Moore Jr., *Social Origins of Dictatorship and Democracy: Lord and Peasant in the Making of the Modern World* (Boston: Beacon Press, 1966), p. xv.

했으며, 이를 위해 여러 외세를 전전하며 의존하려다가 결국 일본 식민지로 전락하였다. 물론 당시 개화된 지식인들은 근대화의 필요성을 역설하였으며, 갑오경장(甲午更張)이라는 개혁적 시도도 있었다. 하지만 이 개혁은 일본이 친일파 관리들을 앞세워 추진한 것으로서 우리가 주도한 것은 아니다. 오히려 그 후 고종(재위 1863–1907)의 시대인식과 현실적 대처는 대한제국(大韓帝國) 선포라고 하는 근대화에 역행하는 모습까지 보여주었다. 요컨대 19세기 말에 조선은 정치적 근대화뿐만 아니라 경제적 산업화조차 시도하지 못한 채 기존의 사회질서와 문화를 그대로 답습했던 것이다.

우리는 19세기 후반부터 화두가 된 근대화를 거의 1세기의 시간이 지연된 다음에야 본격적으로 시도할 수 있었다. 다행히도 이 근대화는 성공적인 것으로 평가되고 있다. 세계 200여 국가들 중 우리만큼 성공적인 근대화를 이룬 경우도 드물기 때문이다. 경제는 비약적으로 성장하고 산업화는 고도로 이루어졌다. 또한 정치적으로는 민주주의 제도가 확립되고 평화적인 정권교체가 이루어졌으며, 최근에는 대통령 탄핵이 가능할 정도로 민주주의는 제도적으로 정착되었다. 하지만 여전히 우리사회에 대한 의문이 남는다. 즉 정치경제적으로는 분명히 근대화가 된 것 같은데, 정치인의 행동이나 사회적 관행과 문화는 그렇지 못한 것 같기 때문이다.

원래 근대화라 함은 정치적으로는 국민주권과 민주적인 제도가 정착하고, 경제적으로는 시장경제와 산업화가 발달하며, 사회문화적으로는 신분사회에서 계약사회로 이행하면서 합리성이 기준이 되는 사회를 이루는 것을 일컫는다. 그런데 우리에게 문제가 되는 것은 바로 이런 사회문화적 측면이다. 우리의 근대화는 농업사회에서 공업화와 무역을 통해 산업사회로의 이행을 성취했고, 정치적으로는 몇 차례 항쟁을 통해 민주주의를 제도적으로 정착시켰으나, 사회문화적으로는 여전히 전통사회의 그것을 답습하고 있다는 것이다.

필자가 보기에, 우리사회에 남아있는 전통사회적 요소는 크게 가산제적 사회질서(patrimonial social order)와 신념윤리(the ethic of conviction)에 따른 사고방식 및 행동양식이다. 이 개념들은 모두 베버(M. Weber, 1864–1920)의 것들인데, 그의 분석틀이 한국사회의 특징을 설명하는데 유용하다고 생각되어 이를 차용하고자 한다.[4] 먼저 가산제적 사회질서라 함은 각 개인이 주체가 되어 합리적인 계약관계를 맺고 사회적 유대를 형성하는 것이 아니라, 혈연, 지연, 학연 등에 따른 가족, 집단, 조직 등이 중심이 되어 그것의 위계질서를 통해 사회적 유대를 형성하는 것을 말한다. 또한 신념윤리라 함은 행동에 대한 책임을 강조하는 책임윤리(the ethic of responsibility)에 반대되는 말로서, 선(善)이나 정의(正義) 등과 같은 이념과 신념에 따라 행동하는 것을 독려하면서도 그 행동에 따른 결과는 중요시하지 않는 윤리관을 의미한다. 예컨대 선의만 있다면 결과

4 베버의 전통사회와 근대사회의 구별에 대한 논의는 동양의 발전과정이 서양과 다를 수 있다는 것을 무시한 일종의 오리엔탈리즘적인 것으로 한때 비판받기도 했다. 또한 한국에서는 1960–70년대 근대화과정을 베버의 분석틀에 대입해 설명하기도 하였다. 하지만 오늘날 베버에 대한 재논의가 활발한데, 이에 따르면 베버는 이념형이라는 보편적 기준을 제시하고 각 국가의 현실을 파악한 후 단지 이 차이를 각 국가별로 비교했다는 것이다. 필자는 이런 재평가가 타당하다고 생각되어 한국정치, 특히 근세조선부터 현재까지 이어지는 전근대적 요소를 베버의 비교사회학적 관점에서 성찰해보고자 한다.

엔 책임지지 않아도 된다는 것이다.

이러한 가산제적 사회질서와 신념윤리는 우리의 뿌리깊은 전통적인 사회문화이기도 한데, 이것들이 근대사회로 진입한 오늘날까지도 그 기저에 여전히 작동하고 있는 것이다. 그리고 경제적으로나 정치제도적으로 아무리 근대화되었다 하더라도 이런 전통적 사회문화가 여전히 팽배해 있다면, 근대성은 제대로 발휘되기 어렵다. 예를 들면 우리는 경제성장은 이루었으나 여전히 가족중심의 기업경영으로 인해 경영합리화 및 경제민주화가 부족하며, 정치제도상으로는 민주주의체제를 수립하였으나 그 운영에 있어서는 여전히 비민주적 정치관행과 권력남용이 자행되고 있고, 우리의 일상적인 사회생활에서조차 능력배양이나 자질향상보다는 지연이나 학연 혹은 각종 인맥에 의존하는 인간관계 확대에 더 열을 올리고 있다. 뿐만 아니라 지식인이나 정치인 혹은 심지어 일반시민들까지도 자신이 옳다고 생각하는 신념윤리에 따라 보수나 진보진영으로 나뉘어 정치투쟁을 하면서도 그 결과로 빚어지는 사회적 분열엔 아무도 책임지려 하지 않는다.

사실 이런 사회문화는 우리 역사 속에서 흔히 발견되며 특히 조선시대 성리학의 영향으로 더욱 공고히 뿌리내렸다고 볼 수 있다. 본래 유학은 그 자체 이미 가산제적 속성을 내포하고 있다. 나라를 뜻하는 국가(國家)라는 용어가 국(國)과 가(家)로 이루어졌듯이 국가경영을 가족경영의 확대로 인식하며, 군사부일체(君師父一體)라고 말하듯이 군주를 어버이로 간주한다. 또한 유학의 한 부류인 성리학은 다른 부류들에 비해 가장 철저하게 명분을 중시한다. 중국에서 성리학은 송대(宋代) 후반부터 명대(明代)에 걸쳐 송학(宋學) 혹은 이학(理學)이라 불리며 한때 유행했었다. 하지만 중국은 성리학에 의존하기보다 자국중심주의인 중화주의의 기치아래 부국강병(富國强兵)을 최우선적인 정치목표로 삼았으며 성리학적 신념윤리는 결코 강조하지 않았다.[5] 더욱이 일본에서 성리학은 에도막부 시대 하나의 학문적 관심영역에 지나지 않았으며, 사회적으로는 무사도(武士道) 정신과 병학(兵學)이 주된 정치이념으로 작동하였고 결과에 책임지는 책임윤리가 강조되었다.[6] 물론 가산제적 사회질서는 중국, 일본, 조선이 마찬가지였는데, 다만 서로 간에 차이는 많이 있었다.

서구도 전통사회에서는 가산제적 사회질서와 신념윤리가 존재하였다. 고대 군주제나 중세 봉건제는 가산제적 사회질서의 전형적인 예이다. 하지만 중세이후 서구에서는 봉건영주로부터 자유로운 중세도시들이 생겨나 계약에 근거한 사회질서를 형성하기 시작하였고, 기독교 사상이 널리 퍼져 가족 간의 관계보다 신과의 관계를 중시하며 가산제적 문화로부터 벗어나게 되었다. 반면 초기 기독교는 종교적인 신념윤리를 강화시키는데 기여했다. 하지만 16세기 종교개혁 이후 기독교 내에 여러 개신교들이 등장하고 서로 간에 장기간의 참혹한 종교전쟁을 치르면서 신념윤리가 약화되고 전쟁의 결과에 대한 책임의식을 느끼기 시작하였다. 그 결과 서구의 근대화는 산업혁명과 민주주의 혁명 외에 가산제적 사회질서와 신념윤리로부터의 탈피가 함께 진행되었던 것이다.

이에 비해 우리는 전통시대에 지나치게 성리학에 의존하는 바람에

---

5 이춘식, 『중국패권의 뿌리와 이념』 (서울: 고려대학교 출판부, 2014).

6 마에다 쓰토무, 이용수 역, 『일본사상으로 본 일본의 본질』 (서울: 논형, 2014).

가산제적 사회질서와 신념윤리적 태도가 자연스럽게 배어있으며, 오늘날에도 사회 곳곳에서 여전히 작동하고 있다. 우리는 정치경제적 근대화를 통해 근대사회로 이행하고 있으나 사회문화적으로는 여전히 예전의 것들을 탈피하지 못하고 있는 것이다. 이런 상황에서는 아무리 민주적인 법과 제도가 있더라고 그 효과를 볼 수가 없다. 법이든 제도든 그것을 운용하는 사람들의 사고방식과 행동양식이 근대적이어야만 그것이 제대로 작동할 수 있는 것이다. 가산제적 사회질서 속에서는 법과 원칙보다 친분이나 관계가 중요하며, 법 적용에 있어서도 내부자와 외부자에 대한 그것 사이에는 커다란 차이가 존재한다. 또한 신념윤리로 무장된 사람들은 타인에 대한 배려나 존중 없이 일방적으로 자신의 가치나 선(善) 혹은 정의(正義)만 강조함으로써 사회통합이나 타협, 상생 등이 발을 붙이기 힘들어진다.

이 글은 이러한 문제의식 아래 한국사회가 근대화되었음에도 불구하고 사회문화적으로는 여전히 전통시대와 같은 가산제적 사회질서와 신념윤리가 지배하고 있는 것에 대한 비판적 시각을 담고자 한다. 이를 위해 먼저 베버가 말하는 가산제와 신념윤리에 대해 알아보고, 우리의 이웃인 중국과 일본의 경우를 일별한 다음, 우리 전통 속에서 가산제와 신념윤리가 어떻게 형성되고 작동했는지에 대해 살펴보고자 한다.

II. 근대정치의 탄생

1. 가산제를 넘어서

베버에 의하면, 정치적 측면에서 근대로의 이행은 합리적 지배의 성립과 궤를 같이 한다. 주지하듯이, 베버는 지배양식의 유형을 세 가지 형태로 나누었는데, 전통적(traditional) 지배, 카리스마적(charismatic) 지배, 합리적(rational) 지배가 그것이다. 이 중 근대사회로의 이행은 전통적 지배나 카리스마적 지배로부터 합리적 지배로 지배양식이 변화하는 것을 가리킨다.[7]

그런데 동서양을 불문하고 전통적 지배양식은 가산제(patrimonialism)에 뿌리박고 있다. 가산제란 씨족(clan)이나 집단을 중심으로 인간적 유대를 통해 사회를 구성하고 지배하는 양식을 일컫는다. 그런데 여기서 합리적 지배로 전환하려면 인간사회의 강고한 씨족 중심의 혈연적 유대(consanguinity)를 해체하고, 그것을 비인격적인 규칙 내지 법칙에 입각해 재조직한 비혈연적 동료관계(confraternity)로 대체하는 것이 필요하다.[8]

---

7 베버는 이 세 가지 지배양식이 서로 완전히 분리되거나 직선적으로만 변화가능한 것으로 보지 않았다. 이들은 일종의 이념형을 나타내며, 실제에 있어서는 서로 혼합되기도 하고 변화방향도 다른 형태로 이루어지기도 한다.

8 Wilfried Nippel, "Homo Politicus and Homo Oeconomicus: The European Citizen According to Max Weber," *The Idea of Europe: From Antiquity to the European Union*, ed. Anthony Pagden (Cambridge: Cambridge University Press,

서구에서는 르네상스와 종교개혁을 통해 가산제적 질서를 무너뜨리고, 개인이 기본 단위가 되어 사회를 구성하며 그 사회의 질서유지는 계약이나 규율에 의존하는 새로운 체제를 만드는데 성공했다. 물론 이 전환은 오랜 시간과 커다란 고통을 수반한 것이었다. 예컨대 12–13세기의 이탈리아 혁명, 16세기의 네덜란드 혁명, 17세기의 영국 혁명, 그리고 18세기의 미국과 프랑스 혁명을 거치면서 수많은 항쟁과 전쟁을 통해 점진적으로 완성된 것이다.[9]

그러면 가산제에 대해 보다 자세히 살펴보자. 먼저 베버는 가산제를 따로 떼어 논의하지 않고 전통적 지배를 설명하는 하위개념으로 사용한다. 그에 의하면, 전통적 지배엔 크게 두 종류가 있는데 장로제(gerontocracy)나 원시 가산제(가부장제, patriarchy)와 가산제가 그것이다. 전자는 지배자에게 개인적인 행정간부들이 주어지지 않고 행정수단이 지배조직 자체에 전유되어 있는 경우이고, 후자는 지배자가 개인적인 행정간부(가신)들을 거느리고 있는 경우이다. 특히 가산제는 순수 가산제와 신분제적 가산제로 나뉘는데, 전자는 지배자가 행정수단을 완전히 소유한 경우이며, 후자는 행정수단의 전부 혹은 주요 부분이 행정간부들에게 전유된 경우를 의미한다. 순수 가산제의 전형이 전제군주제(despotism)이며, 신분제적 가산제의 전형은 봉건제(feudalism)이다. 요컨대 가산제 중 전제군주제는 군주가 행정간부들을 거느리고 지배를 하는 것으로서 이때 행정수단은 군주가 독점한 경우이고, 봉건제는 명목상 군주

2002), p. 132.

9 Max Weber, 이상률 역, 『유교와 도교』 (서울: 문예출판사, 1990), pp. 92–93.

가 있으나 실권이 없으며 대신 행정간부들이 행정수단을 전유하고 지배하는 경우이다. 베버는 전통사회에서는 이러한 가산제가 주된 지배양식이었으며, 군주가 권한을 독점한 전제군주제와 봉건 영주가 자율성을 갖고 지배수단을 전유하고 있는 봉건제를 양 극단으로 하는 지배 스펙트럼 상에 대부분의 국가가 존재했다고 본다.[10]

가산제의 일반적인 특징은 지배자가 개인적인 행정간부들의 도움을 받아 지배력을 자신의 독점적인 소유권처럼 행사한다는 데 있다. 이 경우 지배자는 실질적으로 전통이나 전통적 규범에 거의 구속되지 않고 자신의 자의적 의사에 따라 집단구성원인 신민을 지배하게 된다. 그런데 이는 장로제나 가부장제보다 더 권력화된 것이다. 장로제나 가부장제 하에서는 지배자의 권한이 강하다 하더라도, 실제에 있어서는 집단구성원인 동료들의 이해관계와 의사가 존중된다. 따라서 지배자의 권력은 완전히 자의적인 것이라기보다는 조직을 위해 행사된다. 그러나 지배자가 개인적인 행정간부들을 갖고 지배조직을 가산제로 확대하면 지배자의 자의적 권력행사가 증대한다. 이는 가정경제(oikos, 혹은 대가계)와 같은 성격을 띠며, 지배자의 개인적인 수요를 조직적으로 충족시키고 대규모의 권위적인 가계를 형성하는데 권력이 사용된다.

규모가 확대된 조직을 효과적으로 통제하기 위해 가산제적 지배자는 관료제라는 행정체계를 갖추고자 한다. 이때의 관료제를 가산제적

---

10 Max Weber, *Economy and Society: An Outline of Interpretive Sociology*, eds. Guenther Roth and Claus Wittlich (New York: Bedminster Press, 1968), pp. 226–241.

관료제(patrimonial bureaucracy)라 하며 근대적 관료제와는 구분된다. 후자는 근대 합리적 지배를 형성할 때의 관료제로서 여기에는 즉물적인 규칙에 따른 고정된 관할권, 자유로운 계약에 의해 규제되는 임명, 일정한 규칙에 의해 규제되는 승진, 규범으로서의 전문교육, 고정된 급여 등이 있다. 하지만 전자는 임명권자에 대한 개인적인 복종의 관계로 주어지며, 관할권의 경계가 비합리적이고, 관료직 임명을 개인적인 권리 혹은 특권으로 여기며, 녹봉을 받는데 여기에는 급여 외에 조세수입 및 수수료 등이 포함되고, 때로는 세습 내지 매도가 가능하다. 전통시대 중국의 관료제는 가산제적 관료제로서 이는 가산제 국가가 확대되는 과정에서 전제군주제를 유지하기 위해 존재했던 것이다.[11]

현실에서 가산제는 중국처럼 전제군주제 형태를 띠거나, 일본이나 중세 서구처럼 봉건제 형태로 나타났다. 중국의 전제군주제에서는 지배자가 신과 동격으로 간주되는 황제의 위상을 갖고, 과거제나 개인적인 발탁을 통해 가산제적 관료들을 두었으며, 이 관료들은 행정수단을 전유하지 못한 채 황제의 절대적인 권력에 종속되어 있었다. 황제는 언제라도 자신의 행정간부인 관료들을 파면할 수 있었으며, 직책에 대한 의무보다는 황제 개인에 대한 충성심이 더욱 중요한 덕목으로 간주되었다. 반면 중세 서구나 일본에서는 신성로마제국 황제나 천황이 상징적인 존재일 뿐 행정수단을 소유하지 못했으며, 각 지역의 영주나 다이묘들이 관할권과 자율성을 갖고 가신(家臣)들의 도움을 받아 자신의 지배

---

11 박성환, 『막스 베버의 한국사회론: 유교적 가산제 비판』 (울산: 울산대학교 출판부, 1999), pp. 29−30.

를 확립하였다.

그런데 베버에 의하면, 서구가 가산제에서 벗어나게 된 데에는 기독교의 영향이 컸다. 인간사회에 강고하게 뿌리내린 씨족을 해체한다는 것은 대단히 어려운 과제인데, 서양에서는 기독교를 배경으로 육성된 삶의 운영원리에 입각해 그 과제를 점진적으로 해결했던 것이다. 기독교는 개인의 씨족적인 가족이나 혈연관계보다 자신과 하느님과의 관계를 더 중시하였고, 그에 따라 씨족 간의 혈연적 유대보다 종교공동체 내의 다른 사람들과의 동료적 유대를 강조하였다. 또한 오직 유일신인 하느님에 대한 마음 외에 다른 종류의 우상화는 허용하지 않음으로써, 조상과 씨족에 대한 충성심을 약화시켰다. 기독교적 지도자는 씨족의 멤버십을 전혀 고려하지 않은 채 자신의 공동체를 구성하고자 했던 것이다.[12]

이러한 사고방식과 삶의 양식은 서구의 중세도시 건설에도 큰 영향을 미쳤다. 서구의 중세도시인 게마인데(Gemeinde, commune)는 친족이나 이웃들 간의 모임이 아니며, 혈연관계나 과거 신분에 관계없이 시민서약이라는 추상적이고 객관적인 의례에 따르면서 도시의 존재 목적에 동의하는 개개인들의 모임이다. 따라서 시민서약은 씨족이나 친족집단에 구속된 인간이 아니라 그로부터 해방된 개인을 전제해야만 한다. 그리고 이러한 개인이 탄생하는 과정에서 가족에 대한 충성을 신에 대한 충성으로 대체한 기독교가 결정적인 역할을 했던 것이다.

---

12 Max Weber, "Property Systems and Social Group," *General Economic History,* tr. Frank H. Knight (New York: Dover Publications Inc., 2003), pp. 44–46.

개인들의 모임인 중세도시는 기본적으로 경제적 공간으로 출발했으며. 따라서 전통적인 정치질서에서 벗어나 새로운 정치를 추구할 수 있는 혁명적 공간이 되기도 하였다. 중세 봉건제 하에서 지배자인 영주들은 도시가 아닌 농촌지역에 거주했는데, 그 이유는 주로 게르만 무사집단 출신인 봉건 영주들이 전쟁이 상존하는 상황에서 도시의 평지보다 시골의 고지가 전략적으로 유리하다고 판단했기 때문이다. 이렇게 마련된 전략적 요충지를 중심으로 중세의 장원이 형성되고 그 장원을 바탕으로 정치질서가 조직되었다. 반면 지배자인 영주로부터 멀리 떨어져 있는 중세도시는 상대적으로 자율적인 공간이 되어 정치인이나 군인 대신 상공인들이 활동하기에 적합한 공간이 되었다.[13]

하지만 도시의 법적 주인은 여전히 봉건 영주였다. 그는 도시의 상공업이 발달하여 부가 축적되는 상황이 되자, 도시를 적극적으로 수탈하기 시작하였다. 영주는 도시에 과다한 세금을 부과하고 그동안 도시에 허용됐던 자율성을 취소하면서 도시를 장악하고자 했던 것이다. 상황이 이렇게 되자 중세도시에서는 소위 코뮌혁명이라는 정치적 혁명이 발생했으며, 도시 시민들은 자체 무장 능력을 바탕으로 영주와 싸워 정치적 자율성을 획득하였다. 이제 도시 시민들은 단순히 경제적 이익집단이 아니라 정치적 자율성과 법적 기반을 가진 하나의 신분 집단이 되었다. 이런 과정을 거쳐 중세도시는 농촌 공동체와 정치적, 법적, 구조적 차원에서 완전히 다른 자율적 공동체로 정착하게 되었다. 중세도시는

13 전성우, 『막스 베버의 역사사회학 연구: 서양의 도시시민계층 발전사를 중심으로』 (서울: 사회비평사, 1996), p. 206.

봉건 영주로부터 이러한 혁명적 과정을 통해 정치적 독립을 성취함으로써 '국가 내부에 존재하는 또 다른 국가'(state within a state)와 같은 것이 되었다.[14] 그리하여 중세도시는 종교공동체와 경제공동체를 넘어 새로이 출현한 정치공동체, 즉 가산제에 입각한 전통적 지배가 아니라 도시 시민들 사이의 비혈연적 유대와 사회적 계약에 기초해 합리적 지배를 지향하는 근대적 정치공동체로 거듭나게 된 것이다.

2. 국가이성과 책임윤리

가산제적 지배로부터 합리적 지배로 이행하는 정치혁명은 근대정치로의 전환을 의미한다. 그렇다면 근대정치는 왜 필요한가? 베버에 의하면, 정치의 본래 목적이 합리적 지배에서 보다 잘 달성될 수 있기 때문이다. 정치란 국가 혹은 정치공동체의 유지와 번영을 위한 활동을 일컫는데, 가산제적 지배 하에서는 국가나 정치공동체 그 자체보다 그것의 지배자나 지배층을 위해 정치가 악용될 소지가 많다는 것이다. 여기서는 베버의 정치관을 자세히 알아보도록 하자.

먼저 베버는 정치에 대해 보다 실제적인 정의를 내린다. 그에게 정치란 국가라는 정치적 조직체의 운영 내지 운영에 영향을 미치는 활동으로 간주된다. 그런데 국가라는 존재에 있어서 가장 중요한 요소 즉 다

14 전성우, 『막스 베버의 역사사회학 연구』, pp. 208-212.

른 것과 구별되게 국가만이 갖는 특유한 요소는 물리적 강제력을 독점하는 것이다. 만일 강제력이라는 수단을 갖고 있지 않은 사회적 조직체들만 존재한다면, 국가라는 개념은 사라지고 무정부상태와 같은 현상이 나타날 것이다. 물론 강제력이 국가가 소유한 통상적 수단이라거나 유일한 수단은 아니다. 그러나 강제력이 국가의 특유한 수단인 것은 분명하다. 따라서 근대국가는 강제력을 독점하기 위해 사병을 몰수하거나 해체하는 방법을 사용하였다. 강제력이 다른 집단이나 조직에도 존재한다면 그 국가는 내전상태에 있는 것과 같다. 요컨대 국가는 "한 특정한 영토 내에서 정당한 물리적 강제력을 독점적으로 관철시킨 유일한 인간공동체"이며, "강제력을 사용할 권리를 갖는 유일한 원천"이다. 따라서 정치란 "국가들 사이에서든, 한 국가 내 집단들 사이에서든, 권력에 참여하려는 노력 또는 권력배분에 대해 영향력을 행사하고자 하는 노력"[15]을 뜻한다.

그런데 이와 같이 강제력을 독점한 국가가 강제력을 사용하는 다른 집단들과 다른 점은 무엇일까? 그것은 바로 그 강제력을 국가의 목표 즉 국가의 유지와 번영을 위해서만 사용함으로써 정당성을 갖는다는 데 있다. 예컨대 폭력집단이나 깡패집단 등은 강제력을 자신의 사적 이익을 위해 사용하는 반면, 국가는 자기목적적 존재로서 강제력을 국가 자체의 유지와 번영을 위해 사용한다는 것이다. 즉 정치의 목표는 국가의 유지와 번영이며, 이 목표를 이루기 위한 수단에는 강제력도 포함된

15 Max Weber, 전성우 역, 『직업으로서의 정치』 (서울: 나남, 2007), pp. 18–20.

다. 따라서 정치는 법이나 도덕, 종교보다 더 우위에 있다. 국가의 유지와 번영을 위한 정치적 활동은 때로는 전쟁의 수행과 같이 법의 범위를 넘어서며 도덕의 잣대로 재단할 수 없다. 또한 종교적 신념을 벗어나기도 한다. 이를 베버는 '정치 우위의 법칙'이라 부른다.

하지만 이 '정치 우위의 법칙'은 정치적 활동이 통치자의 이익에 종사해서는 안 된다는 것을 내포한다. 국가의 권력 유지와 강화의 목적은 피치자뿐만 아니라 통치자보다도 우선하는 것으로서 통치자의 권력도 이에 따라 제한을 받는다. 전통적 지배의 문제는 지배자나 지배층이 국가를 위해서가 아니라 자신의 사적 이익을 위해 지배권력을 사용하기 쉽다는 데 있다. 반면 합리적 지배는 통치자의 권력을 제한하고 권력의 사용기준을 국가이성(Raison d'État)[16] 혹은 국가이익(national interest)에 따르게 하는 것이다. 정치가는 가산제의 지배자처럼 자신의 권력과 이익을 극대화시키는 사람이 아니라 자신이 통치하는 영역인 국가 전체의 유지와 번영을 위해 정치권력을 사용하는 사람이다. 설사 그에게 강제력 사용이 허용되더라도 그것은 자기 자신이 아니라 국가 전체를 위해서만 사용가능하다.

이러한 정치관은 이미 근대 정치의 출발점으로 간주되는 마키아벨리(N. Machiavelli, 1469–1527)에서부터 발견된다. 마키아벨리는 정치와 윤

16 국가이성은 유독 16세기 전후 유럽에서만 출현한 개념이다. 중국어나 러시아어, 아랍어 등에서는 국가이성과 같은 용어가 아예 존재하지 않는다. 유럽은 이 개념을 통해 가산제적 정치를 탈피할 수 있는 근거를 갖게 되었다. Jonathan Haslam, *No Virtue Like Necessity: Realist Thought in International Relations since Machiavelli* (New Haven: Yale University Press, 2002), p. 19.

리, 정치와 종교를 분리시켰을 뿐만 아니라 국가이성을 정치적 행위의 기준으로 삼았다. 마키아벨리즘은 단순히 권력획득을 위해 악을 사용해도 된다는 것을 의미하는 것이 아니라, 정치는 도덕이나 종교보다 우위에 있으며 따라서 정치공동체의 유지와 번영을 위해 통치자에게는 악의 사용이 허용된다는 것을 뜻한다. 군주의 덕목을 논의한 『군주론』(*The Prince*)에서는 말할 것도 없고 공화정을 주장한 『로마사 논고』(*The Discourses*)에서도 마키아벨리는 "절대적으로 자기 조국의 안전이 걸린 문제일 때, 정당한가 정당하지 않은가, 자비로운가 잔혹한가, 칭찬을 받을 가치가 있는가 치욕스러운가는 전적으로 고려할 필요가 없"으며, 그 대신 "모든 양심의 가책을 제쳐놓고 인간은 모름지기 어떤 계획이든, 조국의 생존과 조국의 자유를 유지하는 계획을 최대한 따라야 한"다고 말한다.[17] 그렇다고 해서 마키아벨리가 도덕과 가치 등을 완전히 배제하는 것은 아니다. 그가 강조하는 것은 정치적 가치와 종교, 법, 도덕과 같은 것이 충돌할 때 국가운영자는 분별력(prudence)이나 통찰력(shrewdness)과 같은 정치적 덕성을 개인의 도덕적 덕성보다 더 우선시해야 한다는 것이다.

그런데 베버가 보기에, 이런 국가이성에 따르는 정치에서는 신념윤리

17 Niccolo Machiavelli, 강정인·안선재 역, 『로마사 논고』 (파주: 한길사, 2003), 제3권 제41장. 혹자는 이 구절을 마키아벨리가 비도덕적(amoral) 내지 부도덕한(immoral) 입장을 지닌 권력추구자로 폄하할 때 사용하기도 한다. 하지만 이것은 신념윤리에 입각한 평가에 불과하며, 책임윤리를 정치윤리로 간주하는 근대적 입장에서 이 구절은 정치가 도덕보다 우위에 있다는 초도덕적(transmoral) 입장으로 해석될 수 있다.

보다 책임윤리가 더 중요하다. 주지하듯이, 베버는 신념윤리와 책임윤리를 나누고 이 중 후자를 정치에 적합한 윤리로 간주한다. 신념윤리는 정치 행위자의 내적 신념을 강조하는 것이고, 책임윤리는 정치적 행위의 결과에 대한 책임에 방점을 둔다. 따라서 신념윤리는 정치적 행위의 결과를 고려하지 않고 선하고 정의로운 신념만 내세우며, 책임윤리는 정치적 행위자가 결과의 중요성 때문에 자신의 내적 신념을 거스르기도 한다.[18] 이 둘은 베버의 이념형들이며 실제에 있어서는 이 둘 사이에 존재하기도 하고 혹은 이 둘이 혼합되기도 한다.

그러나 이 두 윤리의 차이는 명확하다. 먼저 신념윤리에 따르면, 행위의 결과가 나쁠 때 이는 "행위자의 책임이 아니라 세상의 책임이며, 타인들의 어리석음의 책임이거나 또는 인간을 어리석도록 창조한 신의 의지의 책임"이 된다. 이에 비해 책임윤리의 입장에서 보면, 행위자는 "인간의 선의와 완전성을 전제할 어떠한 권리도 자신에게는 없"기 때문에, "자신의 행동의 결과를 다른 사람에게 뒤집어씌울 수 없"다고 믿으며, 따라서 "이런 결과가 나온 것은 자신의 행동에 책임이 있"[19]다고 생각한다. 바로 이런 책임윤리 의식이 정치에 필요하며, 신념윤리는 정치에 적합하지 않은 유아적 발상이라는 것이다.

베버는 마키아벨리 역시 책임윤리를 강조했다고 본다. 베버가 보기에, 마키아벨리는 자신의 저작들에서 도시의 구원을 위해 자기 영혼의 구원을 희생한 사람들을 인용하고 있는데, 바로 이것이 책임윤리를 상

---

18 Max Weber, 『직업으로서의 정치』, p. 119.

19 Max Weber, 『직업으로서의 정치』, p. 120.

징적으로 잘 보여준다는 것이다. 이는 정치가의 행동을 지배하는 정치윤리는 일반 사람의 도덕보다 더 높은 차원에 있다는 것을 의미한다. 물론 그런 정치윤리는 공적 업무를 담당하는 인간이 자신의 사적 이익을 넘어선 목적 즉 공동체 전체의 선을 자신의 진정한 목적으로 견지하는 경우에 한해서만 존재할 수 있다.[20]

신념윤리도 물론 필요하다. 이는 개인의 양심이 지배하는 윤리로서, 선한 의도에서만 선한 결과가 나올 수 있다고 믿으며 악행이나 불의를 결코 저질러서는 안 된다고 생각한다. 이는 절대적인 윤리로 진행되며, 따라서 이에 충실한 사람은 종교에 귀의하는 것이 적절하다, 하지만 정치공동체를 운영하는 사람이 따라야 할 정치윤리는 이와 다르다. 앞서 살펴 본 바와 같이, 정치적 행위는 인간의 다른 행위들과 달리 강제력을 합법적으로 동원할 수 있다는 특성을 갖고 있다. 이처럼 정치에 내재된 폭력성 때문에 정치에는 독특한 윤리가 요청되는데 이것이 바로 책임윤리다.[21] 책임윤리는 정치공동체가 안보 위기에 처했을 때 정치지도자가 자신의 영혼의 구원을 먼저 추구하는 대신 폭력을 수반한 정치적 행위가 초래할 참상을 우선적으로 고려하면서 안보를 책임지는 정치적인 윤리다. 즉 폭력을 수반한 정치의 영역에서는 폭력적인 정치적 행위들의 결과에 책임을 회피하지 않는 태도가 필요하다는 것이다. 베버는

20 Raymond Aron, *Main Currents in Sociological Thought: Durkheim, Pareto, Weber, Vol. II*, trs. Richard Howard and Helen Weaver (New York: Basic Books, 1967), p. 208.

21 Max Weber, 『직업으로서의 정치』, p. 129.

만약 행위의 결과를 무시하는 신념윤리가 정치에서 주가 되면 정치적으로 치명적인 죄악 중 하나인 무책임성을 초래할 것이라고 경고한다.

그러나 신념윤리도 정치세계에서 중요한 역할을 담당한다. 신념윤리는 책임윤리에 따른다는 정치가가 도덕적으로 타락할 가능성을 견제할 수 있는 것이다. 정치가는 신념윤리에 의해 자기교정을 받으며 부패와 타락을 방지할 수 있다. 따라서 정치에서는 책임윤리가 주를 이루고 신념윤리가 이를 보완해야 한다. 물론 가장 중요한 것은 책임윤리이다. 정치윤리는 일반 윤리와 다르기 때문에 책임윤리가 강조되어야 하며 다만 타락을 방지하기 위해 신념윤리가 필요한 것이다.[22]

Ⅲ. 전통시대 동아시아의 정치와 이념

1. 중국의 경우

중국은 그 자체 커다란 영토와 인구를 갖고 자급자족한 경제를 이루고 있어서 하나의 완결된 세계로 존재했다. 처음에 주(周)나라는 봉건제 국가로 출발했다. 중국엔 많은 성읍국가들이 존재했으며, 주 왕실은 이 성읍국가들의 자율성을 인정했다. 그러나 춘추전국시대를 거치면서 서

22 Max Weber, 『직업으로서의 정치』, p. 137.

로 간의 치열한 전쟁이 벌어지고 사회적 혼란이 가중되자, 중국인들은 통일된 국가를 선호하게 되었다. 무력으로 전국을 통일한 진(秦)나라는 통일국가를 유지하기 위해서 강력한 군주제 즉 군주가 가산제적인 행정 간부들을 거느리고 행정수단에 대한 지배권을 독점적으로 확보하는 전제군주제를 수립하였다. 이후 중국은 약간의 변형은 있었지만 기본적으로 전제군주제 국가를 계속 추구하였다.

전제군주제 하의 통일된 국가를 유지하기 위해 중국은 중화주의(中華主義)라는 정치이념을 수립하였다. 중국이라는 말 자체가 자국이 세상의 중심이라는 뜻으로서, 이는 중국인들에게 세상에는 단지 하나의 국가만 존재한다는 천하일국관(天下一國觀) 속에 자신이 바로 그 세상의 중심이라는 생각을 심어준다. 또한 중화란 단순히 지역적으로만 중심이 아니라 문화적으로도 찬란하고 큰 나라라는 것을 뜻한다. 따라서 중화주의란 문명적으로 발달한 중국이 세상의 중심이 되어 천하를 다스린다는 것을 의미한다.[23] 이러한 중화주의 사상은 가산제적인 특징을 잘 나타내는 것으로서 순수 가산제인 전제군주제를 통해 자국의 패권을 확실하게 유지하는 것을 목표로 삼는다.

중국의 전제군주제와 중화주의 정치관은 시대에 따라 각각 조금씩 변형된 형태로 이어졌다. 먼저 주나라는 아직 주왕(周王)이 절대적인 권한을 갖지 못한 봉건제 국가로서 봉건 제후들에게 지방분권이 허용되었다. 하지만 주왕은 단순히 봉건 제후들을 통어하는 자가 아니라, 우

---

23 이춘식, 『중화사상의 이해』 (서울: 신서원, 2002), pp. 121–122.

주 천지자연의 창조주인 천(天)의 절대적 권능을 부여받은 천의 아들 즉 천자(天子)로 간주되었고 하늘의 천명(天命)을 받은 것으로 여겨졌다. 따라서 주왕은 제후들에 대해 실제적인 전권을 갖고 있지는 않아도 최소한 주권과 통제권을 갖고 있었으며, 주왕과 각 지역의 제후들은 위계적으로 하나의 천하국가를 이루었다. 뿐만 아니라 중화주의 정치관에 따르면, 주왕의 관할권은 자신이 실제적으로 통제가능한 지역뿐만 아니라 통제영역 밖에 존재하는 외부 오랑캐인 이적만이(夷狄蠻夷)의 세계까지 포함하며 이 모두를 천하(天下)라는 통치영역으로 보았다.[24] 여기서 중화와 오랑캐인 이적만이로 나누어 이들 간의 서열과 질서를 나타내는 것이 바로 화이관(華夷觀)이다. 이는 문화가 뒤떨어지고 힘이 약한 세력이 문화가 앞서고 힘이 강한 세력에 조공(朝貢)과 책봉(冊封)을 통해 복종하면서 위계질서를 지켜야 한다는 것을 함의한다.

한편 진나라 이후 중국은 봉건제를 버리고 본격적으로 전제군주제를 실시하였다. 진시황은 통일 후 분열 가능성을 사전에 방지하기 위해 강력한 절대군주체제를 확립했으며, 자신을 단순히 천자가 아닌 황제(皇帝)의 위치로 격상시켰다. 황제란 찬란한 신과 같은 존재를 뜻하는데, 중국 황제는 더 이상 하늘의 아들인 천자가 아니라 바로 하늘과 동일시되는 무소불위의 신의 위상을 갖는다는 것이다.[25] 황제는 천하를 직접 다스리며 이때 필요한 것으로서 무력과 법, 그리고 관료제와 중앙집권적인 군현제(郡縣制) 등을 사용하여 사회전체를 국가통제 하에 두고

---

24 이춘식, 『중국패권의 뿌리와 이념』, pp. 31-32, 39.

25 이춘식, 『중국패권의 뿌리와 이념』, pp. 90-91.

자 하였다. 이러한 정치체제 변동 역시 중화주의 정치이념 아래 진행되었으며, 예전에 비해 황제의 권한이 대폭 확대되었고 위계질서는 더욱 강화되었다. 그러나 지나치게 강압적인 폭력정치는 곧 거부반응을 일으켰다.

진나라 멸망 후 건국된 한(漢)나라는 전제군주제와 중화주의를 보다 세련시켰다. 한나라는 진나라 때 형성된 전제군주제를 유지하면서도 그 운영에 있어서는 진나라와 같은 물리적, 강압적 수단만이 아니라 정신적, 문화적 요소를 혼용하고자 하였다. 이때 중국정치에 법가(法家) 외에 유가(儒家)적 요소가 덧붙여지게 되었다. 통치에 있어서 법과 무력 외에 덕성이 포함되었고, 주나라의 봉건제와 진나라의 중앙집권제를 혼용하여 군국제(郡國制)를 실시했으며, 국제질서에 있어서도 무력으로 주변국을 정복하지만 일단 중화질서 내에 들어오면 주변국의 자율성을 어느 정도 허용하면서 간접적인 통치를 통해 중국의 패권을 유지하는 방식을 사용했던 것이다. 이것은 일종의 절충안이기도 하였다. 즉 법치와 덕치, 무력정복과 자율성 보장 등을 함께 활용했으며, 패권질서 유지를 위해서는 어떤 정책적 선택도 가능했던 것이다. 그리고 중화주의라는 정치이념 아래 국가의 번영과 사회질서 유지를 최우선 목표로 삼았으며, 특히 외국에 대해서는 조공관계를 수립하면 침략하는 대신 정치적 자율성을 허용하고 교역을 통해 한나라의 경제력과 선진문물의 혜택을 누릴 수 있게 해주며 무력을 통해 국가안보까지 보장해주었던 것이다.[26]

이러한 한나라의 전제군주제와 중화주의 정치이념은 그 후 중국정치의 일반형을 이룬다. 다소 간의 차이는 있을 수 있지만 기본적으로 중국정치는 내부의 통일과 외부에 대한 패권을 유지하기 위해 전제군주제와 중화주의라는 체제와 이념을 사용하였으며, 국가운영에 있어서는 법가와 유가적 요소, 무(武)와 문(文)의 사용, 그리고 경제와 문화적 요소 등을 두루 고려하면서 세상의 중심 국가로서의 위상을 드높이고자 하였다. 다만 중원의 어느 누가 확실한 패권을 유지하지 못했던 경우엔 5호16국 시대나 5대10국 시대처럼 서로 분열하기도 하였고, 요(遼)나라, 금(金)나라, 원(元)나라, 청(淸)나라 때처럼 강력한 외부 주변국이 중원을 장악하기도 하였다. 하지만 분열시기 제(諸) 국가들에게나 이민족의 중국 지배시에도 전제군주제와 중화주의는 계속 공통분모로 작용하였다.

19세기 아편전쟁에서 패할 때까지 중국의 정치체제와 정치이념에는 큰 변화가 없었는데. 이것이 바로 중국의 근대화를 가로막는 큰 장애였다. 전제군주제와 중화주의는 근대 이전엔 거대한 중국을 유지하는데 분명 기여했지만 결정적으로 중국을 근대사회로 발전시키지는 못했던 것이다. 남송(南宋) 때 등장하여 명대(明代)까지 주목받았던 성리학은 도덕을 강조하면서 조정과 관료들에게 이기심을 버리고 유교적 이상에 따라 살아갈 것을 주장해 관심을 끌었다. 하지만 상업을 천시하고 근검절약만 강조하여 현실에는 부적합했으며 명분을 둘러싼 당파싸움을 심화시킴으로써 국가를 오히려 혼란에 빠트렸다. 또한 전제군주제에서는 군주의 역할이 중요한데, 명(明)나라 만력제(萬曆帝, 재위 1573–1620)에서

26 이춘식, 『중국패권의 뿌리와 이념』, p. 279.

보는 바와 같이 황제들은 안정된 질서 속에서 국가운영엔 별 관심이 없었으며 관료들이 국가운영을 전담하면서 기득권층화 되고 사회개혁을 억제하였다.

만주족이 세운 청나라가 중원을 지배하면서 성리학은 고증학과 같이 경험적인 사상들로 대체되었고, 보다 정복과 실용적인 정책추진을 통하여 18세기엔 놀랄만한 경제적 성장을 이루었다. 국내적으로 평화로운 상태가 지속되면서 농업 생산량이 증대되고 상업이 활성화 되었으며, 국내 각 지역 간의 무역도 활발해졌다. 하지만 불행히도 이 성장은 전제군주제 하에서 씨족중심적인 전통문화와 오래 전부터 확립된 전통구조에 고착되어 있는 상황에서 발생하였다. 상업의 발달로 상인계층의 힘과 능력이 증대되었지만, 그들은 여전히 권리와 권한이 없었으며 조정과 관리들의 요구에 예속되어 있었다. 관리들은 홍수나 가뭄과 같은 위기에 대처하기 위해 헌금을 강요하거나 각종 허가와 독점에 대한 반대급부로 뇌물을 요구했다. 그리하여 상업자본가들은 경제발전을 추진하기보다 가산제 하에서 자기 가문의 재산을 지키기 위해 한편으로는 토지에 투자하여 기득권층인 지주가 되고자 하였으며, 다른 한편으로는 관료와의 결탁을 통해 자기 가문의 재산을 지키기에 급급하였다.[27]

결국 증대된 상업자본은 중국 산업화에 기여하지 못했다. 또한 상인들은 서구와 같이 새로운 부르주아 계층을 형성하여 정치혁명을 주도하지도 못했다. 그 결과 19세기에 접어들어도 중국은 경제적 산업화나

---

27 John K. Fairbank and Merle Goldman, 김형종·신성곤 역, 『신중국사』 (서울: 까치, 2005), pp. 220–222.

정치적 변동의 길로 나아가지 못했던 것이다. 그리고 이렇게 물질적 성장에도 불구하고 근대화를 이루지 못한 것은 단순히 경제적인 이유 때문이 아니라 정치적, 사회적, 문화적 이유 때문이었다.[28] 즉 전제군주제하에 위계적 신분질서가 유지되고 황제를 대신한 관료의 독점적 권한과 경제성장의 결실이 토지확보에 우선되는 상황 속에서, 또한 서구와 달리 씨족을 옹호하는 유교나 도교를 배경으로 배양된 전통적인 생활방식이 여전히 지배하는 상황 속에서, 사회는 아무런 변동없이 여전히 전통적인 체제를 유지했던 것이다.

따라서 중국은 근대사회가 되기 위한 조건인 전통적 지배로부터 합법적 지배로의 전환을 이룰 수 있는 내적 동력을 결여하고 있었다. 양무운동이나 변법자강운동같이 19세기에 진행된 중국 근대화운동들이 모두 '전통주의적 혁명'의 범주를 벗어나지 못한 채 실패한 이유가 바로 여기에 있다. 중국은 비록 경제력과 군사력의 중요성을 알고 전통적으로 부국강병을 정치적 목표로 삼아 국가를 운영해왔지만, 전통시대의 가산제적 사회질서를 넘어서는 정치혁명이나 사회변동이 이를 뒷받침하지 못함으로써 근대화를 이루지 못했던 것이다.

28 John K. Fairbank and Merle Goldman, 『신중국사』, p. 205.

2. 일본의 경우

일본은 전통적으로 중국의 중화질서 주변부에 위치하면서 나름대로 하나의 천하를 이루고 있었다. 명목상 천하를 지배하는 상징적 존재인 천황(天皇)이 있었으나, 실권은 막부(幕府)의 쇼군(將軍)에게 주어졌으며 그 직은 세습되었다. 그러나 쇼군은 중국 황제와 같은 절대권력을 갖고 있지는 못했으며, 일종의 호족세력인 각 번(藩)의 다이묘(大名)들이 자신의 영역에서 토지와 백성을 지배하였다. 요컨대 중세 서구와 같은 신분제적 가산제 즉 봉건제 국가였던 것이다. 또한 지배자인 쇼군과 다이묘들 모두 무사(武士)이며 국가나 지역의 운영도 군사조직 운영과 유사했기 때문에 기본적으로 일본은 병영국가적인 특성을 지녔다.

봉건제적 정치질서는 사실 일본의 오랜 전통이기도 하다. 고대 일본은 5세기 말부터 6세기 초에 이르기까지 지역국가들이 서로 대립하고 항쟁하였다. 이 과정에서 야마토(大和, 현 나라현)를 중심으로 한 호족세력이 우세하여 다른 지역의 지배자인 왕과는 달리 대왕(大王)이라 부르면서 주도권을 잡게 되었다. 7세기에 이르러 쇼오토쿠(聖德) 태자는 호족들의 세력화를 막고 '헌법 17조'[29]를 제정하여 화합의 정신에 기반을 둔 중앙집권체제를 수립하였다. 그 후 텐무(天武) 대왕(재위 673–686)은 자신을 신격화하여 덴노(天皇)라 칭하고 통치체제를 강화하였다. 천황

29 604년 수이코(推古) 천황 때 쇼오토쿠 태자가 천황의 권력을 강화하고 그 기반 위에 모든 사람들을 신하로 종속시켜 법에 의해 운영되는 관료국가를 수립하고자 하는 취지에서 만들어졌다.

은 단순히 왕이 아닌 아라히토가미(現人神) 즉 살아있는 신을 의미하며, 이로써 천황은 신과 대등한 존재가 되어 통치권을 확립하였다.[30]

그러나 귀족들의 세력이 여전히 컸던 일본에서 천황이란 상징적 지위에 불과했으며 실권은 약했다. 따라서 중국과 달리 천황체제가 성립되었다는 것은 전제군주제가 되었다는 것이 아니라 단지 천황의 지위를 정치적으로 중립화시키고 그것을 신성불가침한 존재로 고정시킴으로써 황통을 유지할 수 있게 되었다는 것을 뜻한다. 대부분의 천황은 입헌군주제 하의 왕과 같은 성격을 띠었으며, 셋쇼(攝政, 미성년의 덴노를 보좌하여 섭정을 실행), 간파쿠(關白, 성인인 덴노를 보좌하여 정치를 담당), 쇼군(將軍, 덴노에게 위임받아 실제 권력을 행사) 등에 의해 조종되는 존재가 되었다.[31] 이는 중국 황제가 중앙집권을 이루고 권력을 독점한 형식과는 전혀 다른 정치구조였던 것이다.

본격적으로 막부가 들어선 것은 12세기 말부터이다. 이때부터 쇼군은 천황을 제치고 실제 권력을 행사했으며, 그런 점에서 천황체제라기보다는 막부체제의 성격을 띠었다. 최초의 막부인 가마쿠라 막부(鎌倉幕府, 1185−1333)와 무로마치 막부(室町幕府, 1336−1573) 시기를 거치면서 전국시대(1467−1573) 혼란을 겪었으며, 1603년 관동지역의 다이묘인 도쿠가와 이에야쓰(德川家康)가 다른 서군의 다이묘들을 격파하고 에도에 도쿠가와 막부를 세웠다. 이를 통해 일본은 권위를 가진 천황의 조정과 실제 권력을 가진 막부의 이중지배 체제가 확고히 수립되었으며, 중앙

30 다카시로 고이치, 『일본의 이중권력, 쇼군과 천황』 (서울: 살림, 2006), p. 13.

31 다카시로 고이치, 『일본의 이중권력, 쇼군과 천황』, p. 30.

의 쇼군은 강력한 영주권을 갖고 지역 번의 다이묘들은 그 지역의 토지와 백성을 직접 통치하는 막번체제(幕藩體制)를 이루었다.

이는 일종의 변형된 봉건제였다. 중세 서구와 비교해볼 때, 서구의 봉건영주들 역시 대부분 무사출신이었다는 점은 일본의 경우와 동일하다. 다만 서구 영주들은 명목상 상징적 존재인 신성로마제국 황제로부터 자율권을 갖고 자신의 관할권 내의 영토와 인구를 아무런 간섭없이 지배한 반면, 일본 다이묘들은 중앙에 있는 막부의 쇼군 통제 하에 자신의 영지에서 지배권을 행사할 수 있었다. 그런 점에서 서구의 영주들이 보다 자유로웠다고 할 수 있으며, 일본의 다이묘들은 중앙에 있는 막부의 통제를 받음으로써 제한적인 봉건제였던 것이다.

에도막부가 성립되면서 일본은 비교적 안정적인 정치체제를 이루었다. 이는 신분제도의 확립과 밀접하게 연관된다. 이전에는 신분제가 유동적이었고, 또 신분의 계열도 복잡하였다. 이에 비해 에도막부체제 하의 신분제는 신분 고유의 직분(職分) 또는 가업(家業)과 고유의 역(役)이 고정되었다. 일본도 중국과 마찬가지로 사농공상(士農工商)의 신분이 있었지만, 이때 사(士)는 선비가 아니라 무사(武士)를 지칭하였다. 따라서 사농공상을 병농공상(兵農工商)이라고도 하며 병(兵)이 일본사회의 지배층 역할을 하였다. 그런데 일본인은 사(士)를 단순히 선비나 무사라는 방식으로 해석하지 않고 일종인 봉공인(奉公人)으로 생각하였다. 중국처럼 문을 숭상하든 일본처럼 무를 숭상하든 기본적으로 출사하여 공(公)을 다루는 관리가 되면 누구든 사(士)라는 것이다.[32]

그런데 이러한 공적인 것에 대한 관점은 국가나 정치공동체에 대한 공(公)이 아니라 개인의 사적인 것을 넘어서 막번권력을 위하는 공으로 이해되었다. 즉 국가와 지배자를 동일시하는 경향이 있었던 것이다. 일본의 지배층이자 봉공인인 무사들은 쇼군이나 다이묘 같은 정치적 수장과 개인적인 충성관계를 맺고 그의 가신(家臣)이 되었으며, 가산제적 관료제 기구를 통하여 입법, 행정, 사법, 군사의 권한을 독점하고 관할권 내의 신민(臣民)을 지배하였다. 농, 공, 상의 신민들 역시 자신의 지배자인 주군(主君)을 위해 직역에 따라 생업에 종사하였다. 따라서 일본은 일차적으로 영지의 다이묘들에게 가산제적 충성을 바치고 이차적으로는 그 다이묘들이 쇼군에 대해 충성을 바침으로써 유지되는 변형된 봉건제 국가였던 것이다.

하지만 일본 봉건제에는 몇 가지 특이한 점이 있었다. 먼저 기간계층인 무사들이 토지와는 철저히 분리되었다. 병농분리(兵農分離)의 원칙 아래 농촌에 토착하던 무사들은 자신의 직역에 전념하기 위해 또 성의 방위를 더욱 충실히 수행하기 위해 주군의 성 주변으로 집단이주하였다. 무사들은 주군의 성이 있는 지역에 거주하고 봉록을 받았으며, 그 외에 금전적으로 부를 축적할 수는 없었다. 그런데 이것이 중요한 것은 무사계층이 봉록을 받으면서 일종의 고급 임금노동자와 같이 되었고, 지주가 될 수 있는 길이 원천봉쇄 되었기 때문이다. 물론 무사계층도 신분이 상속되었다. 그러나 무사는 고급 임금노동자에 불과했으며, 시장을 통해 필요한 식량과 무기 및 기타 필수품들을 구매해야 했다. 이는 상업과 시장경제 발달에 크게 기여하게 된다.

32 와타나베 히로시, 박홍규 역, 『주자학과 근세일본사회』 (서울: 예문서원. 2007), p. 81.

이 때문에 농촌지역은 무사들의 지배에 의해서가 아니라 하나의 촌락단위로 운영되었다. 농업생산 단위인 무라(村)는 대개 50호에서 100호 정도의 규모로서 서로 협동하여 작업했으며 농업용수와 산림을 공동으로 이용하였다. 또한 무라는 행정단위로서 통치의 말단조직을 이루었다. 그런데 무라의 운영은 촌락구성원의 자치에 일임하였고, 연공도 세대별로 부과하지 않고 무라 단위로 부과하였다. 무라 운영의 최고기관은 전원이 참석하는 무라요리아이(村寄合)인데, 여기서 규약제정, 지도자 선출, 공금관리, 농업용수 배분, 공동작업 감독, 마쓰리 행사 등 무라의 모든 일을 최종적으로 결정하였다.[33] 요컨대 농촌은 무사들의 개입이나 수탈없이 자치적으로 운영되었던 것이다.

반면 다이묘가 거주하는 성은 도시지역을 이루었다. 성은 방어를 염두에 두고 건설되었으며, 이곳의 기초단위는 마치(町)였다. 마치는 여러 지역에서 온 상공인들이 직업별로 모여 영업하는 공간이었다. 도시에 거주하는 상공인을 조닌(町人)이라고 하는데 상인(商人)과 직인(職人)으로 구분되었다. 농민이 엄격하게 통제되었던 것과는 대조적으로 도시의 상공인은 비교적 자유로운 활동이 보장되었다. 토지에 부과하던 각종 세금은 내지 않았으며, 영업세만 납부하면 특별한 통제없이 경제활동을 할 수 있었다. 다만 도시공동체의 일원으로 토지와 점포를 소유한 조닌은 공역 즉 각종 공공작업이나 청소에 대한 부담을 졌다. 특히 직인들은 국역으로서 다이묘에게 동원되어 기술을 제공하고 다이묘가 필요

33 구태훈, 『일본근세사』 (수원: 재팬리서치 21, 2016). p. 272,

로 하는 물품을 상납하였다.[34]

이러한 사회경제적 구조는 훗날 일본이 이웃인 중국이나 한국에 비해 근대화를 추진하는데 장점으로 작용하였다. 근대화를 위해서는 도시의 발달이 중요한데 일본에서는 다이묘와 무사들의 생활을 위해 도시가 발달했으며, 농촌지역이 비교적 지배층의 수탈 없이 자치적으로 운영되었던 것이다. 또한 지배계층인 무사들이 토지로부터 분리되어 수구적인 지주계층이 되지 않아 사회적 변혁에 대한 저항을 최소화할 수 있었다. 일본이 위로부터의 개혁을 통해 근대화할 수 있는가의 문제는 기득권층인 무사들의 동의나 저항보다는 정치적 지도자인 쇼군과 다이묘들의 결정에 전적으로 달려 있었던 것이다.

한편 봉건제 하의 병영국가적 성격을 지닌 체제인 일본에서는 유교적 정치이념을 통해 지배할 필요가 없었다. 에도막부에서는 병학(兵學)이 가장 영향력이 있었으며, 유가적 신념보다는 무가적 법도 즉 무사도(武士道)가 중시되었다. 막부는 무위(武威)를 지배의 기초로 삼기 때문에 군사력과 경제력을 노골적으로 과시함으로써 지배체제를 확립하였다. 쇼군과 다이묘는 무위에 의한 위세를 통해 그 권위와 권력이 보존되었으며, 이를 합리적으로 운영하는 병학이 중요한 정신적·사상적 기초가 되었다. 막부의 기본법인 『무가제법도(武家諸法道)』에는 법이 곧 예절이라고 하면서 법은 도리를 깨트릴 수 있지만 도리는 법을 깨트리지 못한다고 하면서 이(理)보다 법(法)을 우위에 두었다.[35]

34 구태훈, 『일본근세사』, pp. 277–278.

35 와다나베 히로시, 『주자학과 근세일본사회』, p. 28.

에도막부 초기에 도쿠가와 이에야쓰가 유학자를 고용한 적이 있지만, 이는 유학을 받아들인 것이 아니라 문을 전공한 한 지식인을 등용한 것에 지나지 않았다. 오히려 일본의 유학자들은 성리학을 비판하고 병학을 받아들이는 태도를 보였다. 17세기 이토 진사이(伊藤仁齋, 1627–1705)나 18세기 오규 소라이(荻生徂徠, 1666–1728)는 각각 성리학의 경전인 사서(四書)에 포함된 『대학(大學)』과 『중용(中庸)』을 비판하거나 아예 성리학을 억측에 근거한 허망한 설에 불과하다고 강하게 비판하였다. 특히 오규 소라이는 마치 마키아벨리가 정치와 종교를 분리시킨 것처럼 일본 사상사의 흐름 속에서 도덕에서 정치를 분리하였다. 그는 유교를 윤리철학이라기보다는 치국안민(治國安民)의 정치학으로 여겼다.[36]

그런데 일본에서 무사도와 병학을 중시하고 정치와 도덕을 분리하여 치국안민과 부국강병을 정치적 목표로 삼은 것은 마키아벨리 이후 근대정치가 국가이성을 중시한 것과 유사한 측면이 있다.[37] 국가이성은 앞서 살펴본 바와 같이 국가의 이익을 위해 정치를 종교나 도덕보다 우위에 두고 정치적 자율성을 강조하는 사고방식이다. 그래서 종교적, 도덕적, 윤리적 가치를 부정하지는 않지만, 그런 가치가 정치적 가치와 충돌할 경우 단호히 정치적 가치를 선택한다. 일본에서는 처음엔 정치우위가 가산제적 지배자인 막부 권력을 유지하기 위해 사용되었으며, 따라

36 이삼성, 『동아시아의 전쟁과 평화 1: 전통시대 동아시아 2천년과 한반도』 (파주: 한길사, 2009), p. 652.

37 이현휘, "19세기 한중일의 근대화 비교: 지배양식과 삶의 운영원리를 중심으로," 이동수 편, 『동아시아 전통과 시민』 (고양: 인간사랑, 2017), p. 45.

서 이런 사고가 곧바로 근대정치로 연결된 것은 아니다. 19세기 후반 막부를 해체하고 천황중심의 정치통합을 통해 근대화를 시도할 때 비로소 권력자를 위한 정치우위가 아닌 국가를 위한 정치우위로 변화하는 모습을 보였다. 물론 이때에도 일본식 정치우위는 파시스트 국가를 위한 것으로서 문제가 많이 있었다. 다만 여기서 강조하고 싶은 것은 중국이나 조선과 달리 일본에서는 적어도 근대정치로의 이행을 위한 몇 가지 단초들이 있었다는 점이다.

IV. 조선시대 정치와 이념

1. 변종된 신분제적 가산제

앞서 우리는 가산제에는 순수 가산제와 신분제적 가산제가 지배 스펙트럼의 양 끝에 있음을 보았다. 이 스펙트럼 상에서 중국은 한 끝인 전제군주제가 주를 이루었으며, 일본은 다른 한 끝인 봉건제가 약간 변형된 형태로 유지되었다. 이에 비해 비슷한 가산제 문화를 지닌 한국은 독특한 위치를 점하고 있다. 필자가 보기에, 한국 특히 조선조는 중국과 일본의 중간에 위치한 일종의 신분제적 가산제의 변종이라 할 수 있다. 즉 겉으로는 왕이 주권자로서 권력의 최고 정점에 있는 전제군주제처럼 보이지만, 그 내면을 들여다보면 사대부들이 봉건제처럼 상당한 권력과 권한을 전유하고 있었던 것이다. 물론 사대부들이 봉건 영주처럼 명시적인 자기관할권을 갖고 있지는 않았다. 하지만 그들은 여러 복합적인 형태를 통해 왕의 권력을 제한하면서 귀족처럼 자율성을 갖고 있었고 지배를 위한 행정수단을 상당한 정도 소유함으로써 조선의 지배체제는 신분제적 가산제의 속성을 가졌던 것이다.

그러면 이와 같은 조선시대에 대해 본격적으로 살펴보기 전에 먼저 우리의 역사를 간단히 일별해 보기로 하자. 역사 속에는 이와 같이 변형된 지배체제로 진행되는 단초들이 들어있기 때문이다. 먼저 고대엔 여러 부족들이 경쟁하던 시대를 거치며 기원전 4세기경 부족연맹 형태의 국가들이 수립되기 시작하였다. 이들은 예전의 전쟁 지도자뿐만 아니라 정치 지도자로서의 위상을 가졌으며, 점차 제도를 발전시키고 왕국을 이루어 나갔다. 하지만 당시 왕은 연맹의 왕이었기 때문에 그 직이 후손에게 완전히 세습되지는 않았다. 또한 각 부족의 장들이 자신의 부족에 대한 일정한 관할권을 갖고 있었다. 이런 부족연맹은 1세기경에 이르러 보다 중앙집권화된 고대국가체제(고구려, 백제, 신라)로 정립되었다.[38]

신라의 삼국통일을 기점으로 고대국가적 왕의 지배는 실질적으로 정점에 올랐다. 신라는 원래 왕과 귀족들의 연합정권적 성격을 띠고 있었는데, 통일 후 왕이 귀족들보다 우위에 서면서 귀족들로부터 차별받던 육두품을 등용하고 가산제적 행정체계를 수립하여 귀족들의 권한을 제한시켰던 것이다. 그러나 9세기부터 지방에 호족(豪族)들이 발호했는

38 박성환, 『막스 베버의 한국사회론: 유교적 가산제 비판』, pp. 45–47.

데, 이들은 예전 부족장들의 후예로서 스스로를 성주(城主) 혹은 장군이라 칭하였다. 신라 말기에 이르러 농민반란이 빈번해지고 이들이 농민에 대한 지배권을 확립하자, 신라의 중앙정부는 무너지고 후삼국시대가 도래하였다.[39] 이후 호족들의 연합정권으로 탄생한 고려는 왕의 권한이 제한적이었다. 무신의 난 이후엔 군부세력이 또 다른 지배층으로 진입했으며, 고려를 탄생시킨 지방 호족들은 중앙 귀족이 되고 지역에서 자신의 장원을 경영하였다. 특히 몽고침략 이후 친원파 귀족들이 군부세력을 누르고 국가마저 사적인 소유물로 전락시켰다.

이런 가운데 이성계를 비롯한 군부세력이 유학을 받아들인 사대부들과 함께 조선을 건국했는데, 이는 두 집단의 연합정권적 성격을 지녔다. 특히 사대부들은 왕이 된 이성계를 설득하여 수기치인(修己治人)을 통한 도덕정치를 이상으로 삼는 성리학을 공식적인 국가 통치이념으로 채택하였다. 이는 사대부들이 왕권을 제한하기 위한 하나의 방편이었으며, 그 결과 왕은 주권을 갖고 군림은 하되 통치는 도덕성과 학문이 높은 사대부들이 주도하는 체제를 수립하였다. 때로는 왕권이 강했지만 점차 사대부들의 신권이 우월해졌으며, 또 초기엔 왕권과 신권이 경쟁했지만 점차 신권 내부의 당쟁이 치열해졌다.

이상과 같은 한국정치의 커다란 특징 중 하나는 왕권이 대단히 약했다는 점이다.[40] 부족연맹에서 고대국가로 전환된 후 신라왕은 귀족들에

---

39 박성환, 『막스 베버의 한국사회론: 유교적 가산제 비판』, pp. 48–55.

40 James B. Palais, "A Search of Korean Uniqueness," *Harvard Journal of Asiatic Studies*, Vol. 55, No. 2 (1995), pp. 421–422.

게 포위되어 있었으며, 고려왕은 호족이나 군부 혹은 권문세족의 힘에 끌려 다녔다. 또한 조선왕은 성리학으로 무장한 사족(士族, 사대부)들에 의해 훈계를 받고 제한되었다. 이런 역사적 전통 속에서 조선의 가산제는 완전한 전제군주제도 아니며 완전한 봉건제도 아닌 그 사이, 아니 보다 정확하게는 봉건제에 치우친 신분제적 가산제의 변종된 형태를 띠게 된 것이다.

물론 조선건국에 있어서 성리학을 정치이념으로 채택한 대의명분은 충분히 있었다. 고려 후기부터 행정체계가 전면적으로 붕괴되고 민중의 삶은 더욱 고단해졌는데, 이는 사적으로 권력을 소유한 소수 권문세족(權門世族)들이 왕과 중앙정부의 권위를 그다지 존중하지 않았기 때문이다. 고려시대 대부분의 관리들은 조상 덕에 관직을 갖게 된 세습적 양반 신분이었다. 향촌에 거주하는 고위 관리들의 친척들은 해당 지역 관직의 2/3 정도를 차지했으며, 그 지역을 반(半)자치적으로 다스리면서 사적인 권력을 행사하였다.[41] 요컨대 고려는 국가로서의 기능을 잃어버린 채, 권문세족들이나 지역 관리들이 사적으로 지배하는 사회가 되었던 것이다.

이에 대해 고려 당시에도 여러 차례 개혁을 위한 시도가 있었다. 특히 공민왕(재위 1351–1374)의 개혁은 가장 추진력이 있었는데, 이마저도 기득권 지배층의 반대와 외적의 침입 등으로 인해 실패로 끝나고 말았다. 그리하여 새로운 국가의 탄생은 필수불가결해 보였다. 따라서 조선

41 James B. Palais, 김범 역, 『유교적 경세론과 조선의 제도들: 유형원과 조선후기 1』 (서울: 산처럼. 2007), p. 41.

건국자들은 도덕의 회복을 가장 중요한 문제로 생각하였고, 이를 위해 도덕정치를 추구하는 성리학을 정치이념으로 내세워 국가운영을 도모했던 것이다.

그러나 정도전(鄭道傳, 1342–1398)을 비롯한 성리학자들은 통치자인 군주의 권력을 최소화시키고 사대부들이 차지하는 행정간부직 예컨대 재상과 언관 등의 권한을 최대한 강화시키기 위해 신분제적 가산제의 특성을 강조하였다. 일본과 같이 행정간부들이 전권을 갖는 봉건제는 아니지만, 사대부들이 비교적 왕으로부터 독립된 행정간부가 되어 왕의 권력을 제한하고 자신의 권한을 확보함으로써 자신의 신분적 안정을 기하고 계층의 유지를 도모하였다. 그리고 이러한 권력분립을 성리학의 도덕정치를 명분으로 삼아 추구했던 것이다.

현대 한국학자들 중에는 이와 같은 조선시대 사대부들의 성리학 정치를 높게 평가하는 경우도 많이 있다. 예컨대 조선시대 정치를 과거를 통해 등용된 사대부들의 관료제 정치로 보면서, 이들이 성리학의 도덕정치에 따라 민본정치와 위민정치를 한 것처럼 해석하기도 한다. 하지만 성리학 경전에는 그렇게 쓰여 있을지 모르지만 사대부들이 행한 정치의 실제는 전통적 지배 가운데 신분제적 가산제 정치에 지나지 않는다. 또한 정도전의 재상정치를 현대의 내각책임제에 비견하면서 칭찬하기도 하는데, 이는 그 기본 전제의 차이를 망각한 결과이다. 현대 서구와 같이 가산제를 벗어나 합리적 지배가 성취된 후에 대통령제 혹은 내각책임제를 논해야 하는데, 사대부들의 재상정치는 신분제적 가산제를 바탕으로 하면서 다만 왕권을 견제하고자 하는 '신분제적 권력분립'(estate–type division of power)에 지나지 않기 때문이다.[42] 이는 왕권과 신권의 분립을 통해 계층적 질서를 유지하려는 것으로서 권력행사 영역상의 차이를 나타내는 행정, 입법, 사법의 분리를 지향하는 민주주의적 권력분립과는 전혀 다른 것이다.

그런데 신분제적 가산제는 봉건제에 근접할수록 통치의 기능이 약화되는 특성을 지닌다. 봉건제 국가였던 일본에게는 이것이 나중에 근대화를 위한 유리한 조건이 되기도 했으나, 일본 근대화는 바로 이러한 봉건제를 타파하고 천황을 중심으로 중앙집권화를 강화해 부국강병을 추구하는 것으로부터 시작되었던 것이다. 중국의 경우에도 제국의 통일은 모두 전제군주제에 근접한 왕조에서 성취되었으며, 시간이 흐르면서 행정간부인 관료들이 권력을 점유하는 비중이 늘어날수록 당쟁이 발생하면서 왕조는 쇠퇴의 길을 걸었다. 즉 조선시대 신분제적 가산제 하에서의 왕권제한과 신분제적 권력분립은 국가의 통치력을 약화시킴으로써 기존 지배계층의 유지에만 도움이 되었을 뿐 기존 질서를 극복하고 새로이 근대화를 추진하는 동력을 제공하지는 못했던 것이다.

근대국가로 발전하기 위해서는 약한 정부(weak government) 대신 강한 정부(strong government)가 필요하다. 민주주의 역시 정부의 약화를 의미하는 것이 아니다. 오히려 민주주의는 통치자의 권력남용의 가능성을 합법적으로 제약하면서도 통치에 반드시 필요한 권력은 합법적으로 허용함으로써 강한 정부를 유지해야만 실현가능성이 높아진다.[43] 미국 제

42 신분제적 권력분립 개념에 관해서는, Max Weber, *Economy and Society*, pp. 236–237.

43 이현휘, "신유학의 신념윤리와 시민학의 과제," 이동수 편, 『시민학과 시민교육』

헌의회가 허약한 연합정부 대신 강력한 연방정부로 대체한 것이 이를 입증한다. 하지만 조선에서는 신분제적 권력분립을 통해 통치자와 행정간부가 통치에 필요한 권력을 의미없게 나누어 가졌기 때문에 결국 약한 정부로 귀결되고 말았다.

사대부와 연합한 대가로 조선의 왕은 고려왕보다 좀 더 많은 권위가 부여되어 왕권을 확고히 할 수 있었다. 또한 조선왕은 정상적인 조세징수를 통해 국가수입이 증대함으로써 왕실의 체면을 살릴 수 있는 경제력을 얻게 되었다. 반면 지배층인 사대부들은 성리학적 이념에 따라 왕을 실제적으로 견제할 수 있는 제도적 장치와 왕에 대한 정신적 우월성을 갖게 되었다. 그리고 그들은 무엇보다도 고려 때부터 이어져온 특권을 계속 유지할 수 있었다. 이것이 이성계와 사대부들이 연합할 수 있었던 이유였다.

조선건국은 왕조교체 과정이 어떤 혁명적 상황이나 과도기적 단계를 거치지 않고 이루어졌다는 데 또 다른 특징이 있다. 고려와 조선의 왕조교체는 양위(讓位)라는 형식을 통해 단 하루의 공백도 없이 그대로 이어졌으며, 심지어 이성계는 조선이라는 국호를 중국으로부터 받기까지 한동안 고려의 왕으로 재위했다. 이러한 특징은 왕조교체가 기존 지배층의 몰락을 동반한 급격한 혁명의 산물이라기보다는 고려의 체제가 상당부분 지속되는 가운데 왕실만이 바뀐 일종의 전환의 성격을 지녔음을 나타낸다. 실제로 고려에서 조선으로의 왕조교체는 어떤 계층이

(고양: 인간사랑, 2017), pp. 117–118.

나 세력 사이의 전면적인 충돌이나 전쟁의 결과가 아니라, 지배엘리트들 내부에서 즉 소수의 권문세족들과 성리학을 받아들인 사대부들 사이에서 발생한 정치적 알력의 소산인 것이다.[44]

일부 소수의 끝까지 고려에 충성한 자를 제외하고 대부분의 고려 지배층은 그대로 조선에 편입되었으며, 던컨(J. Duncan)이 지적하는 바와 같이 조선 지배층의 절대 다수가 고려의 명문가 출신이었다.[45] 그런 점에서 조선은 고려의 연장이라고도 볼 수 있다. 다만 조선건국자들이 한 일은 불교계의 토지와 노비를 몰수하고, 고려의 일부 고위층인 권문세족을 약화시키며, 과거로 관리를 등용하여 왕권과 신분제적 관료제를 강화한 것이었다. 따라서 조선의 건국은 사회구조나 지배층의 변동이 거의 없는 가운데 불교에서 유교 성리학으로의 정치이념적 변화가 가장 주된 변화를 이루었을 뿐이다. 조선은 왕과 사대부들이 지배권력을 공유하고 가산제적 사회질서를 유지함으로써 위로부터의 어떤 개혁이나 사회변동도 기대할 수 없는 정치체제였던 것이다.

---

44 계승범, 『중종의 시대: 조선의 유교화와 사림운동』 (서울: 역사비평사, 2014), p. 42.

45 John Duncan, "The Koryo Origins of the Chosun Dynasty: Kings, Aristocrats, and Confucianism," Ph. D. Dissertation (Seattle: University of Washington Press, 1988).

2. 성리학적 신념윤리

조선이 성리학을 공식적인 정치이념으로 삼은 것은 크게 두 가지 의미를 지닌다. 첫째, 이를 통해 조선은 중국에 정신적으로 완전히 의존하는 국가가 되었다. 둘째, 정치에서 필요로 하는 책임윤리 대신 성리학적 신념윤리가 득세하였으며 따라서 국가이성과는 동떨어진 정책결정들이 이루어졌다. 더욱이 가산제적 사회질서 하에서 신념윤리의 득세는 명분을 둘러싼 당쟁을 심화시켜 정치를 무력화시켰다. 그러면 이것들에 대해 차례로 살펴보자.

먼저 성리학의 채택은 조선이 자기주체성을 버리고 정신적으로 성리학의 발생지인 중국에 철저하게 의존하는 태도를 갖게 만들었다. 이는 물론 당시 국제정치 차원에서 저무는 나라인 원나라로부터 완전히 탈피하고 새로이 떠오르는 강대국인 명나라와 친밀하게 지내기 위한 전략일 수도 있으나, 건국 때나 혹은 그 이후 조선 성리학자들의 태도로 보아서는 진심으로 성리학의 발생지인 중국에 대한 존경과 모화의식(慕華意識)을 가졌다고 여겨진다.

조선건국의 일등 공신이자 설계자인 정도전은 아예 조선의 문명적 근원을 단군조선이 아닌 중국에서 건너온 기자(箕子)가 세운 기자조선(箕子朝鮮)[46]에 두었으며, 한반도에 존재했던 다른 모든 국가들의 역사

46 기자조선은 중국 상(商)나라 왕족인 기자(箕子)가 주(周)나라에 의해 나라가 멸망당한 후 조선에 와서 왕이 되었다는 전설에서 비롯된 나라이다. 고조선은 일반적으로 세 개의 나라가 이어졌다고 여겨지는데, 단군조선, 기자조선, 위만조선이 그것이다.

적 의미를 부정하기까지 하였다. 그에게 조선의 건국은 단순히 새 왕조의 등장이 아니라, 기자의 홍범(洪範)의 학(學)과 팔조(八條)의 교(敎)가 부활한 사건이며, 공자가 꿈꾸었던 동주(東周)의 현실화를 의미했다. 정도전은 다음과 같이 말한다.

> 박씨, 석씨, 김씨는 서로 이어 신라라고 일컬었으며, 온조는 앞서 백제라 칭하였고, 견훤은 뒤에 백제라 칭했다. 또 고주몽은 고구려라 칭했고, 궁예는 후고구려라 칭했으며, 왕씨는 궁예를 대신하여 고려라는 국호를 그대로 승습하였다. 그러나 이들은 모두 한 지방을 몰래 차지하여 **중국의 명령을 받지 않고**(필자 강조) 스스로 명호를 세우고 서로 쟁탈만을 일삼으니, 비록 칭호가 있다 해도 취할 것이 무엇이 있겠는가?[47]

여기서 우리는 성리학적 국가로서 중국에 사대(事大)하고 책봉을 받는 조선이 이전의 한반도에 존재했던 국가들을 모두 부정하면서까지 중국에 완전히 의존한다는 것을 알 수 있다. 당시 세계문명사적 관점에서 조선이 유교를 받아들인 것은 자연스러운 일이다. 다만 조선이 유교 해석에 있어서 도덕과 논리를 강조하는 성리학만 오직 정통으로 삼고 다른 해석이나 다른 사상의 발생을 근본적으로 억제한 것은 예외적인

---

47 정도전, 『조선경국전』, 상(上), 국호. 이에 대해 일찍이 신채호는 이런 사대모화 의식은 노예적인 것이라고 비판한 바 있다. 김영수, 『건국의 정치: 여말선초, 혁명과 문명전환』 (서울: 이학사, 2006), p. 765–766에서 재인용.

일이었다. 조선건국의 성리학자들은 지나치게 원리적이고 배타적인 성리학적 국가를 만들고자 했던 것이다.

그러나 같은 유교가 성행했던 중국의 경우엔 조선과 크게 달랐다. 중국엔 성리학에서 말하는 도(道)와 예(禮)의 권위를 능가하는 힘이 정치세계에 늘 존재했는데, 그것이 바로 황제의 권위이다. 또한 중국에서는 사대부들이 직접 권력을 담당한 사례가 별로 없었다. 한나라 유학자인 동중서(董仲舒, BC176?–BC104)가 이미 말했듯이, 황제의 정통성은 유교에서 제공한 천명으로부터 나오지만 정복전쟁을 통해 제국이 명멸하는 중원에서 유교는 정치의 도구로 사용되었을 뿐이지 정치가 유교의 이념에 따라 좌우되지는 않았다.[48] 요컨대 중국정치에서 유교는 황제에게 천명을 부여하여 그의 힘에 정통성과 권위를 덧붙이기 위한 도구에 불과했던 것이다. 따라서 중국정치에서 황제의 권위와 유학자의 위상 사이에는 비교불가능한 차이가 있었다.

이에 비해 조선의 왕은 직접 천명을 받는 존재가 아니라 자신을 왕으로 책봉해준 중국황제로부터 그 정통성을 얻기 때문에, 비록 조선의 왕이라고 해도 자기 마음대로 할 수 없는 부분이 많았다. 중국에 조공(朝貢)하고 책봉을 받는 일개 번국(藩國)인 조선에서는 왕이나 사대부나 똑같이 중국 황제의 신하에 불과할 뿐이다. 그런 점에서 조선왕의 권위는 한계가 있었으며 사대부들은 그의 권력에 절대적으로 복종할 필요가 없었다.

48 계승범, 『중종의 시대』, p. 63.

특히 연산군을 몰아낸 사대부들이 옹립하여 왕위에 오른 중종(재위 1506–1544)은 자신을 보호하기 위해 더욱 중국에 의존하고자 하였다. 이는 신권 위에 당당히 군림하지 못했던 조선의 왕들이 중국 황제와의 긴밀한 관계를 통해 자신의 정통성과 권위를 확립하고자 했기 때문이다. 특히 중종은 명나라와 조선의 관계를 단순히 군신관계가 아니라 부자관계로까지 심화시키고자 했는데, 이는 왕과 사대부 모두에게 이익이 되었다. 왜냐하면 조선왕은 중국황제로부터 부자관계로서 더욱 안전을 보장받을 수 있고, 사대부들은 중국으로부터 완전히 인정받고 우리 자신을 소중화(小中華)라고 칭할 수 있게 되었기 때문이다. 더 이상 조선은 중국의 외번(外藩)이 아니라 내복(內腹)처럼 간주되기에 이르렀던 것이다.[49]

이러한 대명의식은 16세기 말 임진왜란 때 명의 참전 덕분에 왕조를 보존한 이후 소위 재조지은(再造之恩) 의식으로 더욱 강화되었고, 명이 멸망하고 중국 땅에 청조가 세워진 후에도 조선 사대부들에게 지대한 영향을 끼쳤다. 청의 문물을 배우자는 북학론(北學論)은 무시당했으며, 명나라의 마지막 연호인 숭정(崇禎)은 계속 사용되었고, 명에 대한 의리를 영원히 지켜야 한다는 취지로 숙종 때 시작된 대보단(大報壇) 제사와 만동묘(萬東廟) 제사가 개항 이후까지도 여전히 중요한 행사로 거행되었다. 존명의리(尊明義理)가 끊임없이 재생산되어 조선 후기에도 지배

49 『중종실록』에서부터 우리는 이적(夷狄)이 아니라 내복으로 여겨지는 용례들이 나타나기 시작한다. 계승범, 『중종의 시대』, pp. 136–137.

층의 정신세계를 지배했던 것이다.[50]

그런데 이와 같이 존명의리를 통해 사대를 지속하고자 한 이유는 현재적 질서를 공고하게 유지하기 위함이었다. 즉 강대국인 중국과의 대결을 피하고 오히려 중국의 보호를 받으면서 왕과 사대부 지배층이 한마음으로 현실유지를 꾀하였기 때문이다. 조선의 왕은 제한적인 왕권이지만 그 왕실의 위상과 권위를 유지하고 세습할 수 있었으며, 이와 더불어 사대부들은 도덕적·학문적 우월성을 무기 삼아 왕을 견제하면서 국세와 군역의 의무로부터 면제받는 특권을 계속 견지하고 자신의 신분과 권력을 세습할 수 있었기 때문이다. 명목상으로는 성리학이 추구하는 도덕정치 실현을 내세우면서, 이런 논리 속에서 현 체제의 지속적인 재생산이 실제 목표였던 것이다.

한편 성리학의 채택은 조선의 정치를 책임윤리가 아닌 신념윤리에 의존하게 만들었다. 성리학은 수기치인을 통해 도덕정치를 행하는 것을 목표로 삼는데, 이러한 도덕정치를 왕도정치라 하며 패도정치와 구분한다. 여기서 패도정치는 마키아벨리즘과 같이 악과 강제력을 사용하는 것을 지칭하며, 왕도정치란 도덕을 수단으로 삼아 통치하는 덕치(德治)를 일컫는다. 이는 이상적이기는 하나 정치의 실제에 있어서는 문제가 있다. 정치란 베버가 말했듯이 물리력과 강제력을 사용해서라도 정치공동체의 유지와 번영을 추구하는 것이어서 때로는 물리력뿐만 아니라 권모술수나 악덕 사용을 마다해서는 안 된다. 베버적 관점에서 보기에, 왕

50 계승범, 『조선시대 해외파병과 한중관계: 조선 지배층의 중국 인식』, (서울: 푸른역사, 2009), pp. 288–289.

도정치나 도덕정치는 물리적 강제를 요체로 삼는 정치의 수단이 아니라 일종의 심리적 강제(phychic coercion)를 요체로 삼는 교권제(hierocracy)의 수단이다. 전통사회에서 교권제는 주로 종교에 의존했으며 이는 정치의 정당성을 옹호하거나 비판하는 이데올로기의 역할을 수행하였다. 유가의 발생지인 중국의 경우에 있어서도, 단순히 왕도정치에 의존하지 않고 외유내법(外儒內法)에 따랐다. 즉 겉으로는 유가적 왕도정치를 이데올로기로 내세우지만 실제 정치의 실행은 법가적 방식에 따랐던 것이다.[51]

반면 조선의 사대부들은 유가와 법가를 상호 배타적인 것으로 파악하고 그 중에 유가만 정치이념으로 취했으며 법가는 배척하였다. 이는 중국과 달리 외유내법의 원칙에서 내법을 버리고 외유만 취했다는 것을 의미한다. 정치의 외피인 이데올로기만 앞세우고 실제정치는 외면한 것이다. 그런데 이것이 중요한 것은 이후 한국에서는 정치이데올로기가 정치 자체보다 더 중요시되고 교권제가 정치를 대체하게 되었다는 사실이다. 교권제와 정치는 질적으로 전혀 다른 성격을 갖는데도 불구하고 한국에서는 교권제를 정치와 동일시하는 심각한 오류를 범했던 것이다.[52]

교권제가 정치를 대체하는 경우엔 정치세계에서 책임윤리보다 신념윤리가 더욱 득세하게 된다. 즉 정치란 유교경전에 적혀있는 선에 관한

---

51 김충렬, "중국의 천하사상," 『중국철학산고 Ⅱ』 (서울: 온누리, 1988), pp. 246–247.

52 이현휘, "신유학적 신념윤리와 시민학의 과제," p. 100.

것들을 모두 암송하고 종교처럼 하나의 신념으로 받아들인 후 그것을 실천하는 것이라 여기게 된다.[53] 그리하여 정치는 소위 명분싸움이 된다. 명분이 옳은가 그른가에 따라 정치의 선악이 가려지고, 그에 따라 정치세계에서의 우열이 갈라지게 되는 것이다. 설사 선한 신념을 가진 자가 실제 정치세계에서 패퇴하더라도 그는 패배자가 아니라 정신적 승리자로 추앙받게 되며, 또한 현실정치에서의 패배에 대해서는 아무런 책임이 없다는 면죄부를 받는다. 이에 관한 조선시대 사례들은 너무도 많다. 예컨대 임진왜란 때 패퇴를 거듭하더라도 우리는 소중화라는 정신적 우위만 강조하였을 뿐이며, 실제로 일본의 침략을 막기 위한 부국강병책은 전란 이전이나 이후에도 전혀 고려되지 않았던 것이다.

신념윤리의 문제 중 하나는 그것이 어떤 가치나 도덕을 추구하기 때문에 이론적 보편성을 갖는 것처럼 보이지만 그 실제적 적용에 있어서는 배타성과 당파성을 보인다는 데 있다. 어떤 가치나 도덕에 대한 신념이 강해질수록 같은 종류의 신념윤리에 따르는 내부집단(internal group)과 그렇지 않은 외부집단(external group)을 분리하는 경향이 생기고, 그중 어느 집단에 속하는가에 따라 윤리의 적용이 달라지기 때문이다. 신념윤리의 대표적인 경우인 종교를 보면 더욱 잘 알 수 있다. 일반적으로

---

53 세쓰(M. J. Seth)에 의하면, 동아시아에는 조선처럼 성리학적 신념에 따라 사회를 재구성하려고 시도한 국가는 없었다. 송대나 명대 중국에서도 결코 국가를 유학적 이상에 따라 만들고자 한 적이 없다는 것이다. 오히려 그는 조선 성리학자들의 시도가 19세기 이슬람 개혁파들 특히 수니파와 유사한 측면이 있다고 본다. Michael J. Seth, "조선 신유학자와 이슬람 개혁가: 비교사적 고찰," 『정치와 평론』, 제19집 (2016), p. 3.

한 종교는 다른 종교에 대해 배타적인 태도를 보이며 설사 같은 종교 내에서도 무엇을 강조하는가에 대한 차이에 따라 정통과 이단을 구별하여 윤리를 다르게 적용한다. 요컨대 같은 신념윤리 내부집단 구성원에게는 법과 원칙을 무시하면서까지 한없이 관대한 반면, 외부집단 구성원에게는 용서할 수 없는 무관용의 법과 원칙을 적용한다는 것이다. 그리하여 신념윤리는 기대와 달리 여러 집단들을 통합시키는 대신 상호 배타적인 사회문화를 만들어낸다. 신념윤리가 같은 내부집단에게는 친밀하고 관대한 태도를 보이는 반면, 외부집단에게는 배타적이며 심지어 적대적인 태도까지 보이는 것이다.

이러한 배타성과 당파성은 성리학을 신념윤리로 삼는 조선시대에 극명하게 나타났다. 유교와 다른 불교는 무자비하게 탄압받았고, 같은 유학 중 성리학이 아닌 다른 학파(예컨대 양명학이나 고증학)는 정통 유학으로 인정받지 못했다. 심지어 같은 성리학 내에서도 경전해석의 차이에 따라 동인과 서인, 노론과 소론 등과 같은 당파를 만들어 사화(士禍)와 당쟁(黨爭)을 일으키곤 하였다. 물론 조선시대 신념윤리를 둘러싼 이단 논쟁이 단순히 이론적인 논쟁이었던 것만은 아니다. 가산제적 사회질서 하에서는 서열상 우위에 있는 사람이 권력을 더욱 전유하게 되는데, 사대부들은 이미 성취한 신분제적 권력분립 하에서 자신들에게 보장된 신권의 독점을 둘러싸고 무한 정쟁을 벌였던 것이다. 그리고 사대부들은 무사가 아니라 학자였기 때문에 그 정쟁을 이끄는 최대무기는 군사력이 아니라 성리학적 신념윤리였던 것이다.

신념윤리를 둘러싼 지배층 내부의 권력투쟁은 노론이 북학파와 손잡은 광해군을 몰아내고 인조(재위 1623–1649)를 옹립해 정치권력을 획득하면서 정점에 이른다. 그 후 현종과 숙종 때에는 예송논쟁(禮訟論爭)을 통해 서인과 남인이 대결하였으며, 정조 때에는 노론 내에서 사도세자 죽음의 정당성을 둘러싸고 벽파(僻派)와 시파(時派)로 나뉘어 대결하였다. 19세기엔 노론 중 외척이 된 가문 즉 척족들의 세도정치를 통해 소수의 손에 권력이 독점되는 경향을 보였다. 결국 신념윤리를 따르는 사대부들 사이에 벌어진 당쟁은 점점 소수의 권력독점으로 귀결되었던 것이다.[54]

요컨대 조선의 정치는 왕은 군림하되 권한은 제한된 채 사족들이 지배층을 형성하는 변종의 신분제적 가산제였으며, 중국으로부터 책봉을 받고 소중화를 이상으로 삼는 가운데 사족들이 신념윤리를 둘러싸고 권력투쟁에만 몰두하는 형국이었다. 여기서는 사회의 근본적인 문제들을 해결할만한 문제의식의 대두나 정치변동을 기대하기는 어려웠다. 이는 조선이 태생부터 고려의 정치질서를 개혁하지 못한 채 대부분의 지배세력이 그대로 이어진 일종의 왕조만의 교체였기 때문에 갖는 한계이기도 했다. 따라서 근대사회로의 전환은 조선의 종말 없이는 불가능한 것이었다.

---

54 와그너(E. W. Wagner)는 권력독점이 조선시대 전체에 걸쳐 이루어졌다고 본다. 그에 의하면, 조선시대 문과에 급제한 1만 4천 6백여 명의 가문배경을 조사한 결과 문과 급제자를 배출한 가문은 모두 750개이며, 이 중 36개 가문이 전체 합격자의 53%를 배출할 정도였다는 것이다. Edward W. Wagner, "The Ladder of Success in Yi Dynasty Korea," *Occasional Papers on Korea*, No. 1 (1974), p. 4.

V. 결론

이상의 논의를 요약하면 다음과 같다. 먼저 베버에 의하면, 전통사회에서 근대사회로의 전환은 가산제적 사회질서를 탈피하고 개인들 간의 계약에 근거한 사회질서로 이행하는 것을 의미한다. 이 근대사회에서는 합리적 지배가 가능한데 이는 국가이성 혹은 국가이익에 따라 정치권력을 사용하고 신념윤리보다 책임윤리를 강조하는 것을 일컫는다. 둘째, 동아시아 전통시대의 경우 중국은 순수 가산제인 전제군주제를 채택하고 중화주의를 국가의 정치이념으로 삼았다. 이는 거대한 중국을 통일적으로 유지하고 외유내법에 따라 부국강병과 패권을 추구하기 위한 것이었다. 셋째, 또 다른 동아시아 국가인 일본은 신분제적 가산제인 봉건제 즉 천황은 상징적 존재에 불과하고 실권은 쇼군과 다이묘들에게 주어진 막번체제를 이루었다. 무사들이 지배층을 형성함으로써 병영국가적 요소를 지녔으며, 따라서 정치이념보다는 무사의 법도에 따른 책임윤리를 강조하였다. 넷째, 한편 전통시대 조선은 왕과 사대부들이 신분제적 권력분립을 통해 정치권력을 양분하여 지배한 일종의 신분제적 가산제의 변종이었다. 또한 이런 권력분립을 유지하고 중국의 보호와 인정을 획득하기 위해 성리학을 정치이념으로 삼았는데, 이는 지나치게 도덕정치를 내세우며 책임윤리 대신 신념윤리를 강조하였다. 다섯째, 이러한 전통 속에서 19세기 중국의 근대화 노력은 가산제를 탈피하지 못하고 전통주의적 혁명에 그쳤으며, 일본은 주군에 대한 충성을 국가에 대한 충성으로 바꾸고 국가이성을 추구했으나 병영국가적 속성 때문에 반쪽짜리에 불과한 파시스트적 근대화만 이루었다. 반면 조선은 여전히 외세에 의존하면서 기존의 가산제적 질서를 탈피하지 못하고 지배층의 책임윤리마저 부재한 채 결국 일본의 식민지로 전락하고 말았다.

그런데 오늘날 상황은 많이 바뀌었다. 일본만 하더라도 2차 세계대전에서 패전을 겪은 후, 자유민주주의적 근대화로 궤도를 수정해 선진국 대열에 합류하였다. 반쪽짜리에 불과했지만 19세기부터 추진한 산업화의 경험이 토대가 되어 동아시아에서 가장 먼저 근대화를 성취했던 것이다. 중국도 오랜 기간 사회적 변동을 겪은 후 1970년대 후반부터 뒤늦게 개혁개방 노선을 택하여 근대화를 추진하였다. 그 결과 오늘날 비약적인 경제성장을 이루고 신중화주의(新中華主義)를 기치로 내걸 정도로 예전 패권국가의 위상을 빠르게 회복하고 있다. 우리 역시 1960년대부터 시작된 산업화와 1980년대 민주화 과정을 거치면서 자유민주주의적 근대화를 추진하였다. 이제는 G20 정상회의를 개최할 정도로 국가적 위상이 괄목상대할 만큼 높아졌다.

하지만 우리가 느끼는 한국사회에 대한 체감온도는 조금 다르다. 경제성장과 산업화를 이루었지만 경제적 양극화와 재벌의 횡포는 더욱 심각해졌고, 정치제도상으로는 분명 민주화 되었지만 정치권력의 남용과 정경유착 및 부정부패는 여전하기 때문이다. 또한 사회적으로는 보수와 진보 간의 이념논쟁, 지역주의 갈등, 세대 간의 차이가 혼란을 부추기고 있다. 이러한 현실 속에서 미래를 짊어질 젊은이들은 금수저와 흙수저 논쟁에 휩싸여 있으며 한국사회를 헬조선이라 칭하면서 외면하기 시작하였다. 결정적으로 지난 2016년 말 드러난 현직 대통령 비선실세에 의한 국정농단은 사회를 완전히 뒤흔들어 놓기까지 하였던 것이다.

그렇다면 이런 현상이 벌어지게 된 원인은 무엇일까? 자유민주주의적 근대화를 달성한 사회에서 과연 이런 일들이 가능한 것일까? 우리는 정말 근대사회에 걸맞은 합리적 지배 단계에 있는 것일까? 필자가 보기에, 우리는 겉으로만 근대화가 달성되었을 뿐이지 속으로는 아직도 전통시대의 가산제적 사회문화를 떨쳐 버리지 못한 것 같다. 즉 한국사회는 겉으로는 민주주의의 탈을 쓰고 있지만 속으로는 예전의 사회문화를 답습하고 있는 '가산제적 민주주의'(patrimonial democracy)[55]에 불과해 보인다는 것이다. 아무리 민주주의적 제도가 있다손 치더라도 그것을 운용하는 사람들이 제대로 실행하지 않으면 그것은 무용지물이 되기 마련이다. 그런데 우리는 정치권력을 민주주의적 제도에 따라 합리적으로 분산해 사용하는 대신 가산제적 위계질서에 따라 상위자가 과도하게 전유하고 자신과 사적으로 가까운 사람들에게 차등 분배하여 자의적으로 사용하는데 익숙하다. 요컨대 정치권력이 직책이나 업무에 따라 합리적으로 분산되어 작동함으로써 상호견제와 합리적 지배를 이루는 대신 가산제적 위계질서에 따라 비합리적으로 사용되어 권력남용과 부정부패를 초래한다는 것이다.

여기에는 사실 정치권력을 전유한 상위자뿐만 아니라 하위자들에게도 책임이 있다. 가산제적 질서를 유지하는 데에는 하위자들의 동조와 협력이 필요하기 때문이다. 민주주의 제도 하에서라면 하위자들도 충

55 제이콥스(N. Jacobs)도 일찍이 이러한 점을 지적한 바 있는데, 한국 근대화의 걸림돌은 가산제의 청산이 어렵다는 데 있다는 것이다. Norman Jacobs, *The Korean Road to Modernization and Development,* pp. 298–301.

분히 상위자의 부당한 권력남용을 견제하거나 부적절한 지시를 거부할 수 있다. 그런데 가산제적 사회문화에 익숙한 하위자들은 그것이 부당하고 부적절하다는 것을 알면서도 이에 동조하거나 협력을 통해 자신의 서열상승을 도모한다. 아니면 적어도 그것을 묵인함으로써 상위자로부터 불이익 당하는 것을 피하고자 한다. 즉 한국사회에서 가산제적 사회질서가 계속 유지되는 것은 상위자들의 무리한 행위 때문만이 아니라 하위자들의 동조 및 협력 혹은 적어도 묵인이 있기 때문인 것이다. 그런데 이는 하위자에게도 편리한 점이 있다. 잘 되면 자신의 신분상승이 이루어지며, 설사 잘못되더라도 자신은 가산제 질서 하의 약한 하위자로서 지시에만 따랐을 뿐이라고 변명할 수 있기 때문이다. 요컨대 가산제적 사회질서는 상위자나 하위자에게 모두 익숙하고 편리한 측면이 있으며, 따라서 근대사회에서도 가산제적 사회문화가 여전히 재생산되는 것이다.

우리사회에서 가산제적 특성은 비단 정치영역에만 있는 것은 아니다. 이윤추구의 극대화를 목표로 하기 때문에 합리성과 효율성이 가장 중요한 잣대로 작용하는 기업에 있어서도 재벌가(家)는 그 기업의 하나의 대주주임에도 불구하고 자신이 권한을 전유하여 독점적으로 지배한다. 여기서도 직원들은 재벌가에 개인적 충성을 바치고 비자금 형성을 도우며 자신의 미래를 도모한다. 또한 모든 사회영역에 걸쳐서 아직도 혈연, 지연, 학연 등에 의한 선후배 관계형성과 이에 따른 이익의 공유 등 가산제적 문화는 여전히 팽배해 있다. 가산제로부터 가장 멀리 떨어져 있을 것 같은 종교영역에서도 어느 대형 교회에서 보는 바와 같이 담임목사직이 세습되고 있으며, 심지어 하위자로 여겨지는 기업의 노조전

임자들 중에는 자신의 자녀취업 특혜를 노사협의 사항으로 제시하여 이득을 취하기도 한다. 이런 예들은 우리사회에 아직도 가산제가 뿌리 깊이 박혀있다는 것을 여실히 보여준다.

이러한 가산제적 사회문화 속에서는 국가의 정책결정이 국가이성이나 국가이익보다는 어느 특정 개인이나 집단의 사적 이익에 따라 이루어질 가능성이 높다. 앞서 살펴본 바와 같이 국가이성은 개인들의 사적인 이해관계를 넘어 국가 그 자체의 유지와 번영을 목표로 삼는 것인데, 가산제적 사회에서는 그 우두머리 혹은 지배층의 이익과 사적 목적을 고려하기 때문에 이것이 제대로 발현되기 어렵다. 가산제적 사회문화 속에서 지배층은 국가와 국민을 위한다고 호도하면서 사실상 자신의 권력추구와 이익도모에 골몰하며, 하위자인 일반인들도 여러 변명을 늘어놓으면서 자신의 조그만 이익을 탐한다. 우리사회에 아직도 부정부패가 만연하는 이유는 이렇듯 국가이성에 대한 고려가 부족하기 때문이다.

그런데 여기서 한 가지 덧붙이고 싶은 것은 이러한 사회현실과 부정부패를 비판하는 사람들 또한 전통사회 유산인 신념윤리에 너무 경도되어 있다는 점이다. 권력자나 재벌은 악한 사람이고 자기 자신은 정의를 추구하는 선한 사람이라고 주장하면서 그들에 대한 비판을 신념윤리 차원에서 시도한다는 것이다. 물론 비판대상자들 중에는 비난받아 마땅한 자들이 많이 있으며, 신념윤리를 피력하는 사람들 중에 선한 사람이 많은 것도 사실이다. 하지만 이 경우 문제가 되는 것은 선과 악을 뚜렷이 나누고 이에 따라 사회를 배타적으로 재단함으로써 정치적으로 필요한 즉 국가의 유지와 번영을 위해 필요한 사회통합이나 상생을 어렵게 만든다는 것이다. 즉 신념윤리에 과도하게 집착하면 조선시대와 마찬가지로 자신만 정통으로 간주하고 다른 사람, 다른 집단, 다른 진영을 이단으로 간주해 타도대상으로 삼아 사회갈등을 부추긴다. 정의를 둘러싸고도 마찬가지인데, 소위 보수와 진보라는 이념대결 속에서 보수는 진보를 좌파빨갱이라는 말로 매도하고 진보는 보수를 수구꼴통이라는 말로 폄하하며 상대방을 서로 타도대상으로 삼는다. 이러한 이념대결은 조선시대 성리학자들의 신념윤리 추구와 비슷한 결과를 낳는데, 그것은 바로 진영 간의 대립 및 무한 권력투쟁이다. 한국사회에서 보수와 진보는 결코 같은 하늘 아래 공존할 수 없는 '불구대천의 원수'가 되며, 사악한 상대방을 때려눕히기 위해 무슨 수단을 써서라도 반드시 정치권력을 획득해야 한다고 생각한다. 하지만 이런 태도는 실제로는 자신의 가산제적 권력욕을 성취하기 위한 방편에 불과한 경우가 많다.

이러한 신념윤리의 득세는 민주주의의 실현과는 거리가 멀다. 신념윤리는 적을 물리치는 데에는 도움이 되지만 민주주의 질서를 만드는 데에는 도움이 되지 않는다. 즉 신념윤리는 부정적(negative) 윤리이지 긍정적(positive) 윤리는 아니다. 신념윤리는 어떤 가치의 절대성을 주장함으로써 그 가치를 긍정하는 것 같이 보이지만, 실제에 있어서는 다른 가치들을 배제하고 파괴하는 부정적 효과를 지닌다. 따라서 여러 사람들이 함께 살아가는 것을 목표로 삼는 정치윤리로는 적합하지 않다. 특히 민주주의는 법과 절차에 따라 타인의 의견도 존중하면서 서로 공존하는 것을 목표로 하며 따라서 정치적 타협(political compromise)을 필요로 한다. 여기서 정치적 타협이란 단순히 임시로 절충하는 것을 말하는 것이 아니라 타자에 대해 배려함으로써 함께 사는 공동체를 적극적으로 만드는 것을 의미한다. 민주주의란 각자 주권을 갖고 있는 시민들의 권력의 분립과 분배를 전제하며, 따라서 민주적 결정은 항상 또 다른 주권자인 다른 사람들과의 타협 속에서 이루어질 수밖에 없다. 물론 정치적 타협은 어떤 희생도 치르지 않고 쉽게 성취될 수 있는 것이 아니다. 하지만 민주적 과정이란 그처럼 어려운 정치적 타협을 필수적으로 요청하는 과정이다. 이것이 오늘날 민주주의에서 소통과 대화가 중요시되는 이유인 것이다.

우리사회는 뒤늦게 산업화와 민주화를 통해 근대화를 이루었다. 뿐만 아니라 이 근대화를 통해 우리는 역사상 유례가 없을 정도로 국제적으로 높은 위상을 갖게 되었다. 하지만 우리는 여전히 전통사회의 사회문화적 유산 즉 가산제와 신념윤리 등을 아직 청산하지 못했다. 해방 이후 우리는 식민지시대의 잔재와 친일파 청산을 시도했지만 불완전하게 끝나 아쉬움을 남겼다. 하지만 오늘날 우리에게 더 근본적인 문제는 그 이전시대 즉 전통시대부터 계속 이어져 온 가산제적 유산에 대한 청산에 있다. 이것이 이루어지지 않는 한 근대사회로의 이행은 미완에 그치며, 젊은이들은 미래에 대한 희망을 갖지 못할 것이다.

참고문헌

계승범. 2009. 『조선시대 해외파병과 한중관계: 조선 지배층의 중국 인식』. 서울: 푸른역사.

계승범. 2014. 『중종의 시대: 조선의 유교화와 사림운동』. 서울: 역사비평사.

구태훈. 2016. 『일본근세사』. 수원: 재팬리서치 21.

김영수. 2006. 『건국의 정치: 여말선초, 혁명과 문명전환』. 서울: 이학사.

김충렬. 1988. "중국의 천하사상." 『중국철학산고 II』. 서울: 온누리.

다카시로 고이치. 2006. 『일본의 이중권력, 쇼군과 천황』. 서울: 살림.

마에다 쓰토무. 이용수 역. 2014. 『일본사상으로 본 일본의 본질』. 서울: 논형.

박성환. 1999. 『막스 베버의 한국사회론: 유교적 가산제 비판』. 울산: 울산대학교 출판부.

와다나베 히로시. 박홍규 역. 2007. 『주자학과 근세일본사회』. 서울: 예문서원.

이동수. 2016. "정치와 정치이념: 근세 동아시아 삼국을 중심으로." 경희대학교 인류사회재건연구원 편. 『지구화 시대: 경계를 넘어 공존으로』. 서울: 풀잎문화사.

이동수. 2017. "한국의 정치적 전통과 이념: 가산제와 신념윤리를 중심으로." 『한국정치연구』. 제26집 제3호.

이삼성. 2009. 『동아시아의 전쟁과 평화 1: 전통시대 동아시아 2천년과 한반도』. 파주: 한길사.

이춘식. 2002. 『중화사상의 이해』. 서울: 신서원.

이춘식. 2014. 『중국패권의 뿌리와 이념』. 서울: 고려대학교 출판부.

이현휘. 2017. "19세기 한중일의 근대화 비교: 지배양식과 삶의 운영원리를 중심으로." 이동수 편. 『동아시아 전통과 시민』. 고양: 인간사랑.

이현휘. 2017. "신유학의 신념윤리와 시민학의 과제." 이동수 편. 『시민학과 시민교육』. 고양: 인간사랑.

전성우. 1996. 『막스 베버의 역사사회학 연구: 서양의 도시시민계층 발전사를 중심으로』. 서울: 사회비평사.

Aron, Raymond. 1967. *Main Currents in Sociological Thought: Durkheim, Pareto, Weber. Vol. II.* Trs. Richard Howard and Helen Weaver. New York: Basic Books.

Duncan, John. 1988. "The Koryo Origins of the Chosun Dynasty: Kings, Aristocrats, and Confucianism." Ph. D. Dissertation. Seattle: University of Washington Press.

Fairbank, John K. and Merle Goldman. 김형종·신성곤 역. 2005. 『신중국사』. 서울: 까치.

Haslam, Jonathan. 2002. *No Virtue Like Necessity: Realist Thought in International Relations since Machiavelli*. New Haven: Yale University Press.

Jacobs, Norman. 1985. *The Korean Road to Modernization and Development*. Urbana: University of Illinois Press.

Machiavelli, Niccolo. 강정인·안선재 역. 2003. 『로마사 논고』. 파주: 한길사.

Moore, Barrington. Jr. 1966. *Social Origins of Dictatorship and Democracy: Lord and Peasant in the Making of the Modern World*. Boston: Beacon Press.

Nippel, Wilfried. 2002. "Homo Politicus and Homo Oeconomicus: The European Citizen According to Max Weber." *The Idea of Europe: From Antiquity to the European Union*. Ed. Anthony Pagden. Cambridge: Cambridge University Press.

Palais, James B. 1995. "A Search of Korean Uniqueness." *Harvard Journal of Asiatic Studies*. Vol. 55, No. 2.

Palais, James B. 2007. 김범 역. 『유교적 경세론과 조선의 제도들: 유형원과 조선후기 1』. 서울: 산처럼.

Seth, Michael J. 2016. "조선 신유학자와 이슬람 개혁가: 비교사적 고찰." 『정치와 평론』. 제19집.

Wagner, Edward W. 1974. "The Ladder of Success in Yi Dynasty Korea," *Occasional Papers on Korea*. No. 1.

Weber, Max. 1968. *Economy and Society: An Outline of Interpretive Sociology*. Eds. Guenther Roth and Claus Wittlich. New York: Bedminster Press.

Weber, Max. 이상률 역. 1990.『유교와 도교』. 서울: 문예출판사.

Weber, Max. 2003. "Property Systems and Social Group." *General Economic History*. Tr. Frank H. Knight. New York: Dover Publications Inc.

Weber, Max. 전성우 역. 2007.『직업으로서의 정치』. 파주: 나남.

2장 개화기 조선에서의 '의뢰심'이라는 문제

유불란 (서울대)

I. 들어가며

아관파천에 즈음한 혼미한 정국 속에서《독립신문》은 조선이 이러다 자칫 문명화 '당해버릴' 수도 있다고 경고한 바 있다.

> … 어찌 하였든지 조선이 열리기는 필경 열릴 것이 분명 하거니와, 개화하는 데 조선 사람들 자신이 주선해 열고, 외국 사람을 고용해 오더라도 조선 사람이 주인이 되어 일을 추진해 가는 것이 국체에도 도

> 움이 될 … 터이거니와, 만일 조선 사람들이 … 주인이 되지 못하고 남에게 잡아끌려 어쩔 수 없이 구습을 버리고 진보하게 된다면, 그 때는 권리는 모두 외국에 빼앗기고 오히려 외국 사람들이 개화의 주인이 되[리라.][1]

사실 이 같은 발언이 이 때 처음으로 등장한 것은 아니었다. 이미 1880년대 후반의 시점에서, 유길준 역시 같은 맥락에서의 경고를 던진 바 있다. 작금의 현실은 개화에 아무리 저항한들 결국은 억지로라도 그리 끌려갈 수밖에 없는 그런 상황이다. 여기에 거스를 수도 없지만, 설혹 끝끝내 버틴다 한들 도리어 더 큰 문제를 초래할 뿐이다. 부득이하게 시대의 대세에 끌려가는 개화의 노예에게는, 그런 상황 속에서 조금만 잘못 처신해도 그 토지와 인민마저 보존치 못하고 개화시키는 자의 "더부살이(附庸)" 되기가 십상이니, 이 보다 더 조심할 일이 또 없다는 것이었다.[2]

해결책은 단순했다. 요컨대 실제로 개화의 주인 자리로 올라서면 될 일이었던 것이다. 다만 문제는 역사적 고찰을 통해 어떤 나라가 새로 문명개화의 도상에 들어서면 대개 어떤 과정을 거치게 되는지를 살펴보니, 이것이 생각처럼 단숨에 뛰어 오르거나 할 수 있는 게 아니라는 데 있었다. 유길준은 그 과정을 이렇게 묘사한다.

---

1 《독립신문》 1897/03/06. 이하, 인용 과정에서의 띄어쓰기 및 구두점의 삽입은 가독성을 높이는 차원에서 필자가 임의로 행함.

2 유길준, 『兪吉濬全書 1』 (서울: 일조각, 1971), pp. 398−399.

… 시세와 처지란 인력으로는 어찌할 수 없는 것이니 … 그저 순순히 따라갈 따름이라. 때문에 외국의 새로운 개화를 처음 본 자가 처음에는 싫어하고 두려워하며 또 증오하다가, 도저히 취하지 않을 수 없는 지경에까지 이르러 어쩔 수 없이 따르는 모양새가 개화의 노예 꼴을 면치 못한다. 그러다가 견문이 열려 넓어지고 지각이 고명해 짐에 이르러, 비로소 개화의 손님(開化賓客)이 되느니[라.][3]

사정이 이렇다보니 외국과 이제 막 교류를 시작하게 된 후발세력들로서는 저만치 앞서가는 문명제국의 경황을 보며 그저 부러워만 할 뿐, 식견이 부족한 지라 스스로의 전후 사정을 감안해 어찌 시행해야 할지 우왕좌왕하기 마련이라는 지적이었다. 이로 인해 벌어지는 개화의 겉도는 양상을 그는 특히 "허명개화(虛名開化)"라 이름 붙여, 그 단계 너머의 진정한 "실상개화(實狀開化)"와 구분한 바 있다.

하나의 척도로서 이 같은 단계론에 비추어 볼 때, 그렇다면 당대 조선의 문명개화 및 그 추동세력으로서의 개화파 지식인들은 어찌 평가할 수 있을까. 손님에는 이른 셈일까? 무엇보다도 참 개화에는 얼마만큼 접근했던 것일까. 흥미롭게도 이 지점에서 유길준은, 앞서 보편적인 차원에서의 노예–손님–주인이라고 하는 등급 상의 분류 외에, 조선적 현실이라고 하는 개별적인 문명화의 전개양상에 맞춘 또 한 묶음의 분류

3 유길준, 『兪吉濬全書 1』, p. 380.

를 꺼내들었다. "개화의 원수(讎敵)"와 "개화의 죄인"이 그것이었다.

물론 전자 쪽의 원수는 개화의 대세에 여전히 거스르는 무리로서, 이른바 수구당 세력을 지칭한 것이었다. 그렇다면 후자의 죄인 쪽은 누구일까? 흥미롭게도 유길준은, 여기에 다름 아닌 개화당 세력을 배속시켰다. 그에 따르면, 작금의 정세에서 이들이 조선 내 수구세력의 대척점에 자리한 것은 분명하지만, 그렇다고 온전한 개화의 레테르를 붙여주기에는 무리가 있다고 보았다. 그도 그럴 것이, 이들은 주인 단계로 나아가기 위해 필수적일 조선의 시세와 처지, 경중과 이해를 헤아려 나름의 문명화의 길을 모색하기는커녕, 외국 것이면 무엇이든 다 좋다고 하면서도 제 나라 것은 일절 좋지 않다고 폄하나 하고 있은 즉, 곧 헛 개화 중에서도 그 말류에 다름 아니었기 때문이다.

그러므로 한시바삐 우리 스스로의 "주견(主見)"을 확립시켜야만 하리라. 이 같은 문제의식은 비단 유길준에서뿐만 아니라, 당대 조선의 언설들을 통틀어 줄기차게 되풀이되던 시대적 화두에 다름 아니었다. 이로부터 논의는 대개 다음의 두 방향으로 전개되어 나아갔다. 그 하나는 자립과 자강의 필요성 그 자체에 대한 강조요, 다른 하나는 반대로 그간 이를 저해해 온 요인으로서 우리 사회에 뿌리 깊게 침착되어 있는 잘못된 습성, 즉 조선적 "의뢰(심)"에 대한 고발이 그것이었다.[4]

이 같은 논의들은 당대의 소위 헛 개화를 극복하는데 얼마만큼 유효했을까? 문제는 그 각각의 구체적인 내용이 갖는 적실성과는 별도로,

4 박찬승, 『한국 근대정치사상사 연구』 (서울: 역사비평사, 1992), p. 35.

어느 쪽의 논의도 결국 "엇지 이런 나라가 ᄌ쥬 독립이 될 슈가 잇시리요." 식의 지극히 부정적인 방향으로 수렴되는 '사고 모형'에 얹히어서 전개되었다는 데 있다. 이는 그저 수사적인 표현에 불과했을까? 물론 편달의 차원에서든 비판의 차원에서든, 반성을 촉구하는 이 같은 유의 글이 갖는 기본적인 속성상, 대상의 부정적인 측면이 부각되는 것은 어쩌면 자연스러운 일일지 모른다. 그러나 해당 언설들이 입각해 있는 오늘 조선에 대한 현실 인식을 아울러 살펴보면, 채 1할도 못 되는 다소나마 깨인 백성들마저 우선 제 일신의 안위부터 돌아본다는, 혹은 압제와 수탈에 지친 나머지 "러시아든 일본이든, 아니면 호텐토트든" 누구라도 생명 재산의 안전만 보장해 준다면 기꺼이 상전으로 모시려는 듯 보일 지경이라는 비관적인 전망들을 어렵지 않게 확인할 수 있다.[5]

상황이 이렇다보니 애초에 조선이 스스로의 힘만으로 이 모든 문젯거리들을 극복해 낼 수 있을지 그 자체에 대한 비관론마저 공공연히 제기되기에 이르렀다. 사실 국내외의 누구나가 입을 모아 인정하듯, 오늘 조선의 독립마저도 실상은 "실흔걸 남의게 억지로 몰니여" 결과적으로 그런 모양새만 띠고 있는데 불과한 것 아니던가.[6]

> … 만일 조선 사람들이 자기 나라를 위해 이 자주 독립을 [스스로] 벌어서 된 자주 독립 같으면, 자주 독립이 된 뒤에 나라 형세가 참 자주 독립 같으련만 … 말로만 자주 독립이요, 실상인즉 이왕에 청국에

---

5 《독립신문》 1897/07/27; 『윤치호일기』 1897/11/11.

6 《독립신문》 1897/03/06.

매여 있을 때보다도 더욱 외국의 지휘를 들으니, 설령 조선 사람들이 나라를 위하고 세상에 행세하고 싶은 생각이 없어서, 다 죽더라도 싸워 자주 독립을 세우지는 못하였더라도 남이 벌어서 준 자주 독립을 잃지나 말고 지키기나 하여야 할 터인데, 조선에 지금 자주 독립을 위해 진심으로 힘을 다 할 이 몇이나 있느뇨?[7]

이처럼 본래는 반성을 통한 극복을 염두에 두었을 비판들은, 배후에 깔려 있던 "누군가가 어떠한 방법으로 하나의 실물을 보고 거기서 무엇을 파악하며 또 나아가서 그가 어떻게 사유 속에서 하나의 사실관계를 구성하느냐 하는 그런 양식"으로서의 특징적인 "(사유의) 시각 구조"와 얽혀들면서, 도리어 자기부정의 논리로 전화(轉化)해 나갔다.[8] 즉 공공심(public spirit) 그 자체에 무지한 인민들과 더불어, 이처럼 백에 아흔 명은 무슨 벼슬자리나 한 자리 해보고자 개화를 빙자해 협잡을 일삼는 소위 배운 무리들과 함께, 외교도 재정도, 군기도 꺼져버린 살아 있는 시체 같은 처지의 이 껍데기뿐인 나라에서 과연 문명개화를 이뤄낼 수 있는 것일까?[9] 열강의 지배가 어차피 현실적으로 맞서려 해야 맞설 수 없는

7 《독립신문》 1897/07/27.

8 강정인·장원윤, "마루야마 마사오(丸山眞男)의 정치사상에 나타난 서구중심주의와 일본중심주의," 『정치사상연구』 14/2 (2008), p. 15; 칼 만하임, 임석진 역, 『이데올로기와 유토피아』 (파주: 김영사, 2012), p. 543.

9 『윤치호일기』 1898/05/02; 《독립신문》 1897/07/27; "지금 우리나라를 병자에 비유하자면, 이미 명맥이 끊어진 지 오랜 것과 같습니다. 신들이 소리쳐 부르는 것도 그저 시체를 끌어안고 통곡하는 꼴입니다. 사람들이 아직 죽지 않았다고 하는데, 시체를 살아있는 양 보고 있을 따름입니다. 지금 우리나라의 형세가 어찌

형세라고 한다면, 차라리 저들 문명국에 스스로를 내어맡겨 그 관리감독 하에서 실력이라도 양성하느니만 못하지 않겠는가. 이것이 감상(sentiment) 같은 데 휘둘리지 않는다는 자칭 이성적인 개화론자들이 빠져들게 된 셈법상의 한 극단적인 귀결이었다.[10]

자립을 지향하면서도 누군가가 그리 세워주기를 기대한다는 점에서, 그것도 우연한 독립을 부정한 마당에서의 이 같은 계산이 얼마나 모순된 것인지에 대해서는 "자포자기적" 선택이라는 윤치호의 표현처럼 저들 역시 이미 충분히 인지하고 있던 바였다. 그렇지만 당위와 현실 사이의 이 엄청난 간극 앞에서 달리 어떤 선택지가 있다는 말인가? 현실을 직시해 그나마 가능한 길을 택해야 한다는 것이 이런 무리들의 일관된 논지였다.

그러나 국제사정에 밝았던 당대 동아시아의 한 지식인이 적절하게 지적했듯, 그럴 기회만 주어진다면, 저들 압도적인 강자들이 이런 미약한 우리들을 아예 집어삼키지 않는다는 보장이 어디 있는 것일까?[11]

> … 대저 다른 나라 일에 간섭하는 자는 제 나라 이익을 위해서니, 간

이와 같지 않겠습니까? 외교가 어디 있습니까? 폐하의 뜻대로 이웃 나라들과 의논하지 못합니다. 재정이 어디 있습니까? 폐하의 뜻대로 신하들과 도모하지 못합니다. 군기가 어디 있습니까? 폐하의 위엄이 도적들에 적용되지 못합니다. 국법이 어디 있습니까? 폐하의 인자함이 일반 백성들에 베풀어 지지 못합니다." (『순종실록』 순종2년/12/04)

10 『윤치호일기』 1934/10/12.

11 內村鑑三, 『內村鑑三全集 4』 (東京: 岩波書店, 1981), p. 56.

> 섭해도 이익이 없다면 간섭하라 권해도 행하지 아니하리라. 그러므로 타국은, 내가 그에게 의뢰할 마음이 있을지라도, 자국의 이해관계에 비추어 헤아려 본 뒤에야 비로소 그 의뢰하는 자를 돌아보고 도와주니, 대개 독립국이 되어서 다른 나라에 의뢰하고자 하는 자는 그 자주 권리를 버리고 부용국 되기를 스스로 구함이라.[12]

실상 앞서 위탁론자들의 논리는, 문명화를 "위탁"받은 문명국 측이 마치 사심 없는 교사처럼 여기 매진하리라는, 그래서 조선이 제 힘으로 설 만한 자격을 갖추기만 하면 기꺼이 어제의 생도를 홀로 서게끔 놓아 주리라 전제하는 듯 보인다.[13] 물론 이런 논리가 그 자체로서 얼마나 순진하리만치 낙관적인지는 굳이 설명이 필요치 않으리라. 그러나 여기서 주목해야 할 부분은, 자립할 수 있게 되면 자연히 독립하게 되리라는 식의 논리 그 자체보다도, 이 같은 단순화가 비단 어느 특정 집단에만 국한된 게 아니었다는 데 있다.

분명 독립국으로서의 체면을 보전하기 위해서는 우선 "ᄌᆞ쥬민의 ᄌᆞ쥬긔력"이 필요할 터이다.[14] 상식적인 차원에서 볼 때 분명 이 자주라는 실상은 그 이름에 걸맞은 독립을 위해 선행되어야 할 '필요조건'이라 할 수 있다. 그러나 이와 같이 조국이, 그 독립이 개개 성원의 각성이라는

12 《대한매일신보》 1910/05/03, "자쥬긔력."

13 유불란, "'우연한 독립'의 부정에서 문명화의 모순된 긍정으로," 『정치사상연구』 19/1 (2013).

14 《대한매일신보》 1910/04/26, "國民須知 獨立國의 自主民(속)."

'충분조건'으로부터 절로 솟구쳐 드러나는 그런 것이라면, 그렇지 못한 작금의 현실은 곧 스스로의 역량이 아직 그에 걸맞지 못하다는 움직일 수 없는 증거에 다름 아니게 되는 셈이었다.[15] 실상 이것이 바로 후일 식민지시기를 통틀어, 일제가 조선에서의 민도(民度)의 저열함과 같은 주장을 되풀이 강조하곤 했던 근본적인 이유이기도 했다.

요컨대, 누구에게도 의지하지 않고 홀로 서기 위해 그렇지 못한 작금의 실태를 비판할 수밖에 없지만, 그럴수록 도드라지는 그 동안의 "무능력" 탓에, 참된 자주 독립은 해 내지 못할 인종이 아닌지 도리어 의구심만 더해가고 있던 셈이었다.[16] 과연 이런 순환논리의 함정으로부터 어떻게 벗어날 수 있을까. 본고에서는 기왕의 그리 될 수 있을지의 애매한 '계산'에서 벗어나야 한다고 역설하고 나선 이승만의『독립정신』중 '함' 논리에 대한 분석을 통해, 개화기 조선에서의 '됨'의 사고의 틀 문제에 대해 고찰해 보고자 한다.[17]

---

15 "대개 개개인의 마음속에 조국 두 글자가 모두에게 있어, 천하의 즐거움으로 조국의 어려움과 바꾸지 않으며, 천하의 어려움으로 조국의 즐거움과 바꾸지 않으니, 조국이 어찌 용솟음쳐 나오지 않으며(湧現), 조국이 어찌 돌출해 나오지 않으리오." (신채호 1907, 92)

16 『윤치호일기』 1905/11/17;《독립신문》 1898/03/24.

17 유불란, "'우연한 독립'의 부정에서 문명화의 모순된 긍정으로," pp. 99–100.

II. "의뢰하고 기대려는 고질적 습성"[18]이라는 문제

1897년의 시점에서 《독립신문》에 따르면 당시 일본의 한 영자신문은 조선을 두고 이렇게 폄하했다고 전한다.[19] 왜냐하면 다름 아니라 조선(대한제국)이 지난 15년간 범사를 제 임의대로 처리하지 못하고, 청국 및 그 다음으로는 일본, 그리고 지금은 러시아의 지휘를 받들어 내치와 외교를 행하고 있기 때문이다. 그런데 자주 독립국에서는 남의 나라 사신이 그 주재한 나라 사무에 관계하지 못하는 법이라는 논리였다. 즉, "지휘를 드러 무숨 일들을 대한 정부에셔 거힝 ᄒᆞ니, 이런 독립국은 세계에 업다."는 것이었다.

---

18 "무릇 우리나라가 수백 년에 걸쳐 중화주의(華夏主義) 숭배해 오다보니, 그 풍속과 습관상 의뢰하고 기대려는 것이 고질적인 습성(依賴靠着的痼性)을 이루었고, 허랑방탕한 문장의 나쁜 습성에 젖어 왔다. 또한 압제와 가혹한 다스림 밑에서 속박되어 온 지라 위축되고 유약한 중에 나태하고 구차해 졌으니, 얌전히 오늘날 떨쳐 일어나지 못하는 까닭이라. 그럼에도 논자들은 걸핏하면 아무아무가 곧 나라를 그르쳤고, 아무아무는 백성을 해쳤으며, 아무아무는 나라를 팔아먹은 관리요, 아무아무는 외세에 부합하는 수괴라 하여, 질책하는 말이 어지러운 가운데 비평하는 말은 끓어오르건만 … 그런데 정부는 어디서부터 이루어진 것이며, 관리는 어디서부터 나왔던가. 이는 세상 밖 별종으로 뚝 떨어져 온 자들이 아니라, 또한 국민 중에서 나온 이들일 따름이라. 갑 아무개와 을 아무개는 국민 중 한 분자가 아닌가? … 이와 같은 국민으로 이와 같은 정부와 관리를 얻은 것은, 이른바 오이를 씨 뿌려 오이를 얻은 것과 같으며, 콩을 씨 뿌려 콩을 얻음이니 어찌 달라지랴. 그런즉 이 모든 것이 국민 스스로의 죄라." (《대한자강회월보》 제3호 1906/09/25, "自强主義")

19 《독립신문》 1897/10/26.

물론 독립신문 측은 곧바로 이에 대한 반론에 나섰다. 그러나 평등한 권리를 갖는 주권국으로서의 조선이라는 당위를 내세우는 와중에서도, 약소국으로서 주변 열강들에 휘둘리고 있는 엄연한 현실 그 자체는 인정할 수밖에 없었다. 역시 내 비록 나라는 있지만 내치와 외교(內修外交)를 타국에 의뢰해 능히 자주하지 못한다면, 이는 나라가 있되 나라가 없음과 진배없지 않겠는가.[20] 심지어 조약을 통해 다시는 속국 취급을 하지 않겠노라 국제적으로 보장받았다는 청일전쟁 후의 현 시점에서조차, 여전히 이처럼 "속국 자주"적 논란이 계속되고 있다는 점에서 오히려 문제의 심각성을 엿볼 수 있다.[21]

실제로 이 같은 외국에 대한 의뢰 및 그로 인해 불가피한 간섭이란, 비단 외국 관찰자들뿐만 아니라 국내에서도 조선의 멸망에 이르기까지 국가적 명운을 해치는 주범으로서 줄곧 지목되던 바였다.

> … 한국의 오늘날 정황을 살펴보면, 청국에 의뢰하던 마음이 굴러가서 일본의 간섭이 되고, 일본의 간섭이 굴러가서 러시아에 의뢰하는 마음을 낳다가, 지금은 또 중도에 방황하게 된 바 의지할 곳이 없는지라. 이에 독립정신과 자주 기력이 돈연히 소진하고, 온갖 일에 타국의 힘을 우러러보니, 슬프다! 가히 통곡하고 크게 한숨 지을 일이로다. 그

---

20 《황성신문》 1907/06/03.

21 오카모토 다카시, 강진아 역, 『미완의 기획, 조선의 독립』 (서울: 소와당, 2009), pp. 108–111.

> 러하고서야 어찌 망하지 아니하리오![22]

따라서 외국인에게 한 오라기 털끝만큼도 믿을 게 없는 줄 황연히 깨달아야 마땅하다. 결국 국가의 독립하는 실제는 내 몸에 있는 것을 믿고 의지하는 데 지나지 않는 것이니, 만일 남에게 있는 것을 믿을 지경이면 자주 독립의 이름과 실상이 서로 맞을 수 리 없다는 지적이었다.[23]

일견 국정에 대한 단순 명쾌해 보이는 이와 같은 주문은, 그러나 내 몸, 즉 후쿠자와 유키치(福澤諭吉) 식으로 표현한다면 국가의 독립이 일신의 독립에서 말미암는 것으로 보고 있다는 측면에서, 실상은 조선 인민 전체에 걸친 일대 과제에 다름 아니었다. 그런데 현실은 어떠한가? 대한의 전국 인민들은 남의 덕이나 봐가며 살아보려 하고, 남에게 의지할 생각들만 하고 있지 않은가.[24]

> … 아아! 우리 한국인은 왕왕 자강 정신을 소홀히 여기고 의뢰하는 사상이 뇌수에 중독(癮結)된지라, 종래 일신을 타인의 노예 하에 희생하며 자국 보기를 월나라 사람이 진나라 사람의 파리함을 무심히

---

22 《대한매일신보》 1910/05/03.

23 《독립신문》 1899/02/16.

24 "… 무론대쇼 인민ᄒᆞ고, 보아도 보지 아니ᄒᆞᆫ 것과 ᄀᆞᆺ치ᄒᆞ며, 드러도 듯지아니ᄒᆞᆷ과 ᄀᆞᆺ치ᄒᆞ야, 샹하 인민이 조곰도 나라흘 위ᄒᆞ야 ᄀᆡ명케ᄒᆞᆯ ᄉᆡᆼ각은 조곰도 업고, 다 놈의 일과 ᄀᆞᆺ치 ᄉᆡᆼ각들을 ᄒᆞ니, ᄋᆡ셕ᄒᆞᆫ 일이 이에셔 더ᄒᆞᆷ이 업도다." (《그리스도신문》 1898/02/10, "시세론")

보아 넘기듯(越視秦瘠)한다. 그러면서 늘 상 말하기를 소국이 대국을 섬기며, 약자가 강자에게 굽히는 것은 자연의 항상 된 이치라고 한다. 그리하여 타인이 죄인 다루듯 옭아매도(髡鉗) 감히 한 마디 말도 하지 못하며, 치고 때려도 감히 그 머리를 들지 못한다. … 악독한 명령을 추상같이 두려워만 하니, 개개 인민의 사상이 이와 같아서야 그 나라가 어찌 망하지 않을 자 있으리오.[25]

어찌하다 이 지경에까지 이른 것일까. 당대의 한 논자는, 지금까지 수백 년간, 한편으로는 제 스스로를 국가에 부속된 일개 부속품인양 자처해 온 탓으로, 다른 한편으로 자기 삶의 권한이 부모 내지는 연장자에게 달린 줄 여겨온 탓에, 또 혹은 누군가 지위나 권세를 지닌 이에게 빌붙어 제 삶의 영위(一世間營爲)를 온전히 그의 임의에 내맡겨온 덕분에, 의뢰심이 마침내 하나의 사회적 습속을 이루기에 이르렀다고 지적한다. 덕분에 어떤 좋은 우러러 의지할 데(依仰)와 운 좋게 맞닥트리게 될지의 팔자 같은 요소에나 관심을 가질 뿐, 내가 나서서 실제적인 무엇인가를 해 보려는 생각은 이미 포기해 버린 지 오래다. 그러니 이런 그들에게야 서양인이나 일본인이란 특이하고 신묘한 지혜를 갖춘 별종들, 처음부터 자신들은 감히 미칠 수도 없는 그저 아득한 존재처럼 비춰진다는 것이었다.[26]

따라서 그간의 잘잘못을 깨달아, 우리 국민의 일대 고질병 된 의뢰심

25 『대한흥학보』 제6호 1909/10/20, "自强."

26 『태극학보』 제8호 1907/03/24, "人의 强弱과 國의 盛衰가 爲與不爲에 存ㅎ."

의 악몽에서 각성하고, 스스로의 악습을 깨트리는 것이야말로 오늘 우리 조선의 가장 근본적인, 최급선무의 과제인 셈이었다.[27] 그러나 이런 과업을 어찌 이뤄낼 수 있을까? 결국 의뢰하는 습관은 교육을 받지 못한 까닭인 탓에, 오직 교육이 있을 따름이었다. 이를 통해 조선 인민의 면목을 근본적으로 일신(一新)토록 해줄 자유사상을 직접 국민의 머릿속(腦髓)에 주입한다면 어찌 자립이 세워지지 않겠는가.

모르는 탓에, 바꿔 말하면 어떤 자격에 필요한 지식을 제대로 갖추지 못한 탓에 그에 걸맞게 행하지 못하고 있다는 식의 발상. 비슷한 시기 교육을 통해, 목적 한 바 덕목(德目)으로 충만 된 인민들을 문자 그대로 "제조(製造)"해 내려 했던 일본의 사례에서 단적으로 드러나듯, 인민의 머릿속에 특정한 사상적 요소를 "심어 넣음(植え込み)"으로써, 그렇게 세워진 내면의 덕성이 절로 표출되어 나오리라 여긴 것은 비단 조선에서만 그러했던 게 아니었다.[28] 문제는 이러한 식의 발상이 구한말의 상황에서, 특히 앞서 살펴본 그렇게 됨을 둘러싼 단순화된 논리적 순환의 자장 내에서 당대 조선 사회에 어떤 영향을 미쳤는가 하는 데 있다. 일견 지행(知行)의 일치를 당연시 여기는 듯 보이는 이와 같은 주지주의적인 접근은, 그러나 과연 자립에의, 나아가 궁극적으로는 독립에의 첩경이 될 수 있었던 것일까.

27 『대한흥학보』 제1호 1909/03/20, "個人獨立 四字로 大告我韓同胞."

28 ユーブルラン, "明治期「人心」統合に於ける「新基軸」の構築 : 德の「植え込み」を中心に," 『國家學會雜誌』 122/3·4 (2009), pp. 259-261.

III. '됨', 혹은 "상태적 사고(狀態的 思考)"의 귀결점

일찍이 마루야마 마사오(丸山眞男)는 지속적인 정태적 상태를 염두에 둔 이른바 "이다 원리(「である」原理)"에 대해 언급한 바 있다. 일본의 전통적인 극예술인 가부키(歌舞伎)를 예로 들자면, 착한 이로 설정된 이는 대체로 100퍼센트 착한 일을 하고, 나쁜 이의 경우 또한 거의 예외 없이 나쁜 일만 하는 식으로 그려지곤 한다. 다시 말해 착한 일은 착한 사람 그 자체에서 필연적으로 흘러나오고, 나쁜 일 역시 나쁜 사람에게서 흘러나오는 식이라는 것이다.[29] 나아가 그로부터, 이번에는 부시(武士)는 부시답게, 쵸닝(町人)은 쵸닝에 어울리게 처럼, 요컨대 어떤 고정적인 속성에 걸맞게 행동하는 것이 당연시되기에 이르렀다고 마루야마는 지적한다.

그에 따르면 이런 식의 모럴은, 비단 근세 일본에서만 나타났던 특수한 양상이 아니었다. 이 '답게'야말로 실상 오륜(五倫)이라는 정형화된 틀 속에 모든 인간관계를 규정해, 그가 처한 각각의 지점에 걸맞도록 처신케 규정한 유학에서의 기본 발상이 아니던가. 이를 고려해 본다면, 결국 이 같은 전형적인 '이다' 모델을 인간관계의 요체로 삼고 있던 그간의 동아시아 내 각 사회들 역시 "전형적인 '이다' 사회"에 다름 아니었다는 것이다.

29 丸山眞男, 『日本の思想』 (東京: 岩波書店, 1998), p. 166.

과연 조선 역시 정말 여기에 해당하는 사회였을까? 이는 역대 조선 사회의 면면에 대한 꼼꼼한 실증적 분석을 요구하는 별도의 연구과제로서, 여기서 성급히 그 가부를 단정 짓기는 어렵다. 그러나 앞서 살펴본 것처럼, 당시 광범위하게 드러나고 있던 '됨'의 사고, 즉 자립 내지 독립을 그에 걸 맞는 충분조건으로부터 절로 흘러나오는 어떤 상태 같은 것으로 여기던 데에는, 명백히 그 근저에 '이다' 원리가 작동되고 있음을 알 수 있다. 이런 측면에서 하루빨리 문명진보한 상태가 되기 위해 적극적인 노력을 강조하던 개화기의 조선은, 의식적인 차원에서는 이미 '하다' 단계로 뛰어 들었으되, 또한 여전히 "가능한 한 '이다' 관계를 모델로 삼아 거기 가까이 가려는 경향"을 떨쳐버리지는 못한 과도기적 양상을 띠고 있던 셈이었다.[30]

그런데 1897년의 오늘, 혹은 1945년 오늘의 조선민족은 그간 자력, 타력(他力)에 의해 얼마만큼 "자강력(自强力)"을 갖춰낸 것일까?[31] 혹 미치지는 못할까, 혹 벗어나진 않을까 세상을 떠나는 바로 그 순간까지 깊은 연못 앞에 선 것처럼, 엷은 얼음을 밟고 있는 것처럼 전전긍긍했다는 증자(曾子)의 유명한 고사에서 단적으로 드러나듯 바람직한 경지에는, 그런 상태에는 완성이라는 게 있을 수 없다.[32] 더욱이 소위 문명의 길 그

---

30 丸山眞男, 『日本の思想』, p. 243.

31 《대한매일신보》 1907/09/24, "警醒歌(元)."

32 "증자가 병이 들자 문하의 제자들을 불러 이렇게 말하였다. '나의 발을 펴보아라. 나의 손을 펴보아라. 시경에 이르기를, 두려워하고 경계하기를 마치 깊은 연못에 임한 듯 하고, 살얼음을 걷듯이 해라 하였다. 나 알았노라, 이제야 그 책임 면하게 되었음을! 너희 제자들아'라 하셨다." (『論語』, "泰伯")

자체 또한, 심지어 당시 그토록 기세등등했던 저 서양마저 지극한 경지의 종극에는 이르지 못했다고 할 만큼 본디 끝 간 데 없는 그런 것이기도 했다.[33]

이런 구도가, 이번에는 인류의 성장과 진보의 대의를 앞세운 제국주의적 현실과 중첩되었을 때 어떤 일이 벌어졌을까.[34]

> … 오늘 이 시대는 생존경쟁을 진화(天演)라 논하며, 약육강식을 이치(公例)라 이르는지라. 저 가장 뛰어난 문명이라 하는 영국조차 인도와 이집트에 대해 어떤 정책을 폈으며, 항시 도의를 부르짖곤 하던 미국도 필리핀을 향해 어떤 수단을 취했던가. 오늘날 열국 중 강한 나라들(鷹揚虎躍者)은 말로는 보살이오, 행동은 야차(夜叉)니라.[35]

이처럼 저들 소위 문명국들을 제대로 신뢰할 수 없음은 오래지 않아 조선의 개화론자들 역시 깨닫게 되었던 바였다. 그러나 문명개화에 관한 한 어쨌든 저들을 문명화의 "교사(educator)"로서 받아들일 수밖에

---

33 "다만 전반적으로 볼 때 좋은 쪽으로, 번성하는 쪽으로 나아가는 추세가 있을 뿐, 결코 현재의 상태를 두고 지극한 경지(至善)라고 말할 수는 없는 것이다. 앞으로 수천 년이 지나 세계 인민의 지혜와 덕성(智德)이 크게 발전하여 태평안락(太平安樂)의 극한에 이르면, 오늘날 서양제국의 양상을 돌이켜보고 불쌍한 야만의 상태였다고 한탄할 수도 있다. 이로부터 미루어 볼 때 문명에는 끝이 없으며, 현재의 서양 제국을 만족스러운 상태라고 생각해서는 안 되는 것이다." (福澤諭吉 1959, 18)

34 『윤치호일기』 1905/11/17.

35 『대한자강회월보』 제4호 1906/10/25, "自强能否의 問答."

없는 입장에서, 생도 된 자들에게 달리 어떤 대안이 있겠는가? 하물며 저 예외적인 성공을 거둔 제국 일본조차 피상적인 근대화라 평가절하될 만큼, 非서구세계의 성숙이란 근본적으로 의심스레 여겨지던 상황이었다.[36]

물론 이렇게 주장하던 열강의 본심이야 정치적인, 이데올로기적인 종속상태로부터 상대를 순순히 놓아줄 마음이 없는 데 있었을 것이다.[37] 하지만 설령 이를 간파했다손 치더라도 스스로에게 독립을 자신할 만한 확고한 자료라고는 전혀 없노라 절망한 상황에서, 그리하여 독립할 수 있을지 어떨 지의 여부가 어느 틈엔가 지극히 답하기 어려운 문제를 이룬 이 마당에, 그나마 기대 볼 데로서 저들의 필요성 그 자체마저 떨쳐낸다는 것은 지극히 어려운 일이었다. 덕분에 모든 불만과 비판들은 끝없이 늘어만 가는 '당분간'이라는 애매한 표현 속에 미봉될 뿐이었다.[38]

과연 '졸업'의 날은, 이 어린 아이로 하여금 혼자 걷도록 내버려 둘 날

36 박지향, 『일그러진 근대』 (서울: 푸른역사, 2004), pp. 145–6; Levin, Michael. *J.S.Mill on Civilization and Barbarism* (New York: Routledge, 2004), p. 57.

37 "또한 지금 인도의 문학과 종교에 대해 살펴보니, 이미 비루한 지경(獉狉之俗)에서 벗어나 개화의 영역에 도달했노라. 따라서 인도 인민들 모두가 국가의 독립이 귀하다는 것과, 정치 자주의 소중함을 알고 있는데도, 영국 정부에서는 여전히 허락하지 않고 이들을 영구히 제 것으로 돌리려 한다. 시험 삼아 영국인들의 뜻을 묻노니, 칼로 인도를 얻어서 칼로 인도를 보유하려 하는가?" (『한성순보』 1883/12/29, "英人演說")

38 『대한학회월보』 제8호 1908/10/25, "我의 獨立疑를 破開홈이라."

은 정말 올 것인가?[39] '됨'의 논리에 따른다면, 동어반복 같지만 언제고 자립할 만큼 충분한 실력과 내실이 갖춰졌을 때 이미 자립해 있으리라. 뿐만 아니라 그렇게 건전하고 번성하는 민족이라면 어느 때고 독립을 회복하지 않겠는가.[40] 그러니 어쨌든 '지금은', 언젠가 제 운명을 자결할 수 있게 될 자치의 기초를 구축하는 데 매진해야 할 따름이었다.[41]

> … 만일 우리가 독립을 얻을 수 없다면, 조선에 대한 일본의 정책은 어떤 것이 될까요. … 나(崔麟)는 이 자리를 받아들이렵니다. … 보수 때문이 아니라 일본 사람들에게 내가 반일적 태도에서 철저하게 친일로 돌아섰음을 보여주기 위해섭니다. 그리하여 나는 우리 민족에 있어 최대한의 이득을 얻을 수 있도록, 일본이 이 땅에서 하고 있는 짓들을 친밀한 입장에서 비판할 수 있게 되기 원합니다.[42]

이것이 곧 "사심 없는 우정"의 발로라는, 저 인의의 문명국에 의한 "은혜로운 지배(benevolent despotism)"에의 의존이 도달하게 될 한 논리적 귀결이었다.[43]

---

39 묄렌도르프, 신복룡·김운경(역주), 『묄렌도르프自傳(外)』 (서울: 집문당, 1999), p. 165.

40 『윤치호일기』 1889/11/28.

41 Mackenzie, Robert. *The 19th Century A History* (London: Thomas Nelson and Sons, 1889), p. 243.

42 『윤치호일기』 1934/10/12.

43 "전제란 야만인의 향상을 목표로 한다면 저들에 대한 정당한 다스림의 방식이

IV. '우리 스스로 가야할 방향'에서 지금, 무엇을 할 것인가.

이처럼, 될 수 있을지의 셈법에서 헤어 나오지 못하던 당대의 풍조를 두고 이승만은 묻는다. 제 집에 불이 났을 때도 수수방관, 그저 가능성 여부나 헤아리고 있을 겐가? 다른 이들이야 상관할 것 없이 나 혼자라도 뛰어 들어, 다만 "기동쌕리 ᄒᆞ나이라도" 건져내려 하지 않겠는가.

> … 나라와 내 몸의 관계가 조금도 긴밀하다고 여기지 않는 까닭에, 사랑하는 마음이 적으니 서로 밀어주고 건져주지 않음이라. 그런즉 이 나라를 해하는 자만 나의 원수가 아니라, 건질 수 없다고 하는 자 또한 나의 원수이니, 만일 내 마음 속에 이런 생각이 있으면 내 마음이 곧 나의 원수라.[44]

이에 구체적으로 우리 백성들이 무엇을 어떻게 해야 할 지에 대해 따져볼 터이지만, 그에 앞서 지금이라도 각자의 마음을 살펴보아 조금이라도 할 수 없다는 생각이 있거든 우선 그런 유보적 태도부터 떨쳐 버

될 수 있다. 그리고 이런 수단은 실제로 그런 목적에 얼마나 효과적인지에 의해 정당화된다." (Robson 1977, 224); 『윤치호일기』 1895/08/05.

44 이승만, 雩南李承晩文書編纂委員會 편, 『梨花莊所藏 雩南李承晩文書 東文篇』 제1권, (서울: 중앙일보사, 1998), p. 49.

릴 것을 주문한다. 남이 하든지 아니하든지 나 혼자라도 하면 될 것이오, 나조차 하지 않는다면 영영 되지 못하리라 독립의 과업에 임하는 그 기본자세부터 분명히 해 두어야 한다는 것이었다.

물론, 조선의 지식인들 사이에 당시 만연해 있던 자포자기에 대한 이 같은 비판이 꼭 이승만에만 국한되었던 것은 아니었다. 일례로 비슷한 시기, 어느 다른 논자 또한 다음과 같이 지적한 바 있다.

> … 의례히 하는 말이 우리나라는 지방이 좁고, 인민이 많지 못하여 독립할 가망이 없다고 하여 … 자강, 자립하려는 의지(지긔)는 꿈에도 없고 … 국가의 위급한 것을 남의 집 일 보듯 하니, 이런 사람을 무엇이라 이름붙이면 좋을까. 오늘날 또 일본의 보호를 받아도 조금도 부끄러운 마음이 없고, 전일 중국(지나)을 엎드려 섬기던 옛 버릇을 버리지 못하여, 당연히 받을 것으로 알아서 남을 의뢰하기로만 주장을 삼나니, 이런 태도에 누군들 웃지 않으리오.[45]

이처럼 독립자유가 아름다운 줄 알지 못하는 것이 아니면서도, 하늘에 오르는 것처럼 감히 얻을 가망이 없다고들 여기고 있다는 것이었다.[46] 분명 아직도 노예근성을 떨쳐내지 못한 탓이리라. 그러니 한시바삐

---

45 《대한매일신보》 1910/06/18, "완고ᄇᆡ의 정ᄐᆡ."

46 "… 동포의 셩질을 의론ᄒᆞᆯ진ᄃᆡ, 부녀의 ᄐᆡ도로 장부를 승슌ᄒᆞᄂᆞᆫ 거시 당연히 ᄒᆞᆯ 일노 알며, 후ᄉᆡᆼ된 인ᄉᆞᄂᆞᆫ 고인을 비호ᄂᆞᆫ 거시 당연ᄒᆞᆫ ᄒᆡᆼ실노 밋어셔, 고인이 훈계ᄒᆞᆫ 일이 아니면 감히 칭도치 못ᄒᆞ고, 고인이 ᄀᆞᄅᆞ친 ᄒᆡᆼ실이 아니면 감히 ᄒᆡᆼᄒᆞ지 못ᄒᆞ여, 이러케 고인에게도 노례가 되고 지금 싸ᄅᆞᆷ에게도 노례가 되어, 노례의 근

남에 의뢰하려는 "비렬쳔류ᄒᆞᆫ ᄉᆞ샹"을 완전히 내버릴지라.[47] 근본적인 차원에서 이는 물론 유념해야 할 바임에 틀림없다. 다만 문제는, 이런 유의 제언들이 대개 완고한 태도를 버리라거나 민력(民力)을 양성해야 한다는 식으로, 어떤 구체적인 방책이라기보다는 전통적인 수신(修身) 내지 애민의 틀에서 크게 벗어나지 않는 지극히 추상적인 선언 수준에 맴돌 뿐이라는 데 있다.

그런데 이즈음 급변하는 국제 정세 하에서 한반도가 처해 있던 실제 사정은 어떠했던가. 러일전쟁 이래 일본의 패권이 가시화되는 와중에서, 조선으로서는 한편으로 세계 여론이 조선에 유리하게 바뀔 때까지 일단 조약에서의 합의를 이행하면서도, 동시에 다른 한편으로는 그 영향을 줄여가며 최대한 스스로의 역량을 끌어올려야 할 그런 미묘한 상황에 다름 아니었던 것이다.[48] 과연 저런 원칙론만으로, 요컨대 "안을 먼저 하면 바깥이 맞지 않고, 바깥을 행하려 하면 안의 너절함이 소매를 당기[는]" 와중에서의 전략적 안배를 이뤄 낼 수 있을까.[49] 외국인들을 지나치게 의심하지도 않고, 그렇다고 너무 의지하지도 않으면서 스스로 내 길을 찾아갈 수 있게 할 수 있을까.[50]

셩이 뇌슈에 인을침과 ᄀᆞᆺ치 박혓스니 엇지 긔반을 버셔ᄇᆞ리고 스ᄉᆞ로 서기를 ᄇᆞ라리오." (《대한매일신보》 1910/07/06, "우리 한국은 슈모의 셰계")

47 《대한매일신보》 1910/05/10.

48 이승만, 『梨花莊所藏 雩南李承晩文書 東文篇』 제1권, p. 369.

49 마루야마 마사오, 김석근 역, 『문명론의 개략을 읽다』 (파주: 문학동네, 2007), p. 61.

50 이승만, 『梨花莊所藏 雩南李承晩文書 東文篇』 제1권, p. 384.

이 지점에서 이승만은, 오늘의 이 같은 정세를 제대로 이해하기 위해서는 그 동안의 경위부터 제대로 이해해야 한다고 지적한다. 이 또한 과거를 조망해 보면서, 정신사적 측면에서 조선 민족을 줄곧 구속해 온 유학과 같은 어떤 특정한 저해요인을 추출해 낸다거나, 혹은 대대로 끈질기게 이어져 온 외국을 숭배하고 의뢰하는 심법(心法) 등속을 적시한 뒤, 여전히 이를 떨쳐내지 못한 우리 스스로의 책임을 따져 묻는 식의 역사적 접근이 없었던 것은 아니었다.[51] 사실 「立國以敎化爲本」 같은 글에서의 경우처럼, 종종 이승만 자신도 그간 조선에서의 오랜 속박과 수탈 탓에 백성들이 그 심지마저 닳고 닳아 얼마만큼 무신경해 졌는지 날카롭게 비판하곤 했던 것이다.[52]

하지만 그의 경우에는, 이런 와중에서도 의식적으로 그 실질적인 해결책 쪽에 집중하고자 했다는 점에서 기존의 감정에만 치우친 개탄과는 차이를 보인다. 분노는 필요하다. 그것도 이 나라 온 백성이 그리해야 마땅하다. 그러나 현재 저 얼마 안 되는 각성한 이들, 분노케 된 이들조차 그 직접적인 원인을 생각하지 않는 탓에, 공연히 일본과 러시아 양국

---

51 『윤치호일기』 1894/09/28; "허연자(栩然子)가 말하기를, 신라가 고구려와 백제를 병탄하기 위해 중국(支那)에 애걸해 원조를 얻어, 그 계책을 이뤄내고 태평을 향유하였으나 이로 말미암아 … 우리 민족(韓人)으로 하여금 큰 나라에 복종하고 섬기는 노예성질을 갖게끔 만들었다. [이로부터] 자강자립의 길은 전혀 익히지 않고 오늘날에 이르러, 제 힘으로는 설 수 없을 지경(不能自存)의 극점에 달했으니, 이 어찌 신라가 범한 나쁜 전례(作俑)가 아니라 말하리오." (『서북학회월보』 제3호 1908/08/01, "對童子論史")

52 유영익, 『젊은 날의 이승만–한성감옥생활(1899–1904)과 옥중잡기 연구』 (서울: 연세대학교 출판부, 2009), p. 318.

에 대해 분히 여기기만 할 뿐 도리어 조선의 현 시국에는 장애만 초래할 따름이라는 것이었다.[53]

그렇다면 무엇이 필요한가. 우선 이 모든 것의 실상부터 파악해야 한다. 우리 정부가 어찌 하였기에 외세가 우리 대신을 임명하는 일에 왈가왈부하게 되었는지, 우리 백성은 또 어찌 하였기에 스스로를 보호하기 위해 외국군대의 주둔을 용인하게 되었는지, 대체 어찌하여 우리의 국사마다 저들이 이토록 제멋대로 개입하기에 이르렀는지, 이 같은 구체적인 질문들을 통해 당면한 문제의 경위에 대해, 이렇게 된 연유에 대해 정확히 알아야 한다. 그리하여 이 지경에 이르기까지 책임을 다하지 못한 데 대해서는 반성하고, 그런 만큼 이제 각성된 정신으로 분발하고자 해야 할 것이다. 그러나 이것만으로 충분치 않다. 어찌하면 장차 독립을 완전하게 할 수 있을지 방향이 서지 않는다면, 또한 효험이 없을 터이기 때문이다.[54] 따라서 독립을 이뤄내기 위한 그 구체적인 강령들을 적극적으로 실천해야 한다.

이에 그가 제시하고 있는 여섯 항의, 세부적인 권고까지 헤아린다면 그 몇 배에 이를 만큼 각 방면에 걸친 저 방책들[55]이 목표 수행의 전술적인 측면에 얼마만큼 기여할 수 있는지, 또 실제로 기여했는지의 여부는

---

53 이승만, 『梨花莊所藏 雩南李承晩文書 東文篇』 제1권, p. 340.

54 이승만, 『梨花莊所藏 雩南李承晩文書 東文篇』 제1권, p. 401.

55 『독립정신』을 비롯해 이승만의 옥중 집필기에서의 "문제의식"에서 이와 같은 "독립쥬의의 긴요훈 됴목"이 갖는 의의에 대해서는 최연식(2010, 158−159)의 분석을 참조할 것. 이와 더불어서 본 저작이 당대 조선에 끼친 영향 문제에 대해서는 최연식 및 정지혜(2013, 23)의 견해를 참조할 것.

그 자체로서 꼼꼼히 따져볼 필요가 있다.[56] 그러나 이런 적실성 여부와는 별도로, 여기서 주목해 볼 부분은 이런 전략, 전술 상 설정의 주체가 누구로 규정되었는가에 있다. 그것은 다름 아닌 나, 그리고 우리들 조선 민족 그 자신이었다. 이에 따라, 필연적으로 이런 제 운명의 개척자로선 다음과 같은 고민거리들과 맞닥뜨릴 수밖에 없게 된다.

> … 이 수단은 과연 이 목적과 관계가 되는 것일까? 관계가 있다면 어떤 길로 목적에 접근해야 하는가. 직접적인 경로를 택할 것인가? 혹은 그 사이에 또 다른 수단을 개재시키고, 그 수단을 적용한 후에 목적에 이를 것인가. 만일 두 가지 방법이 있다면 어느 것이 더 중요하고 우선적이며, 어느 것이 더 가볍고 뒤로 돌려야 할 것인가.[57]

그 판단의 기로에서, 방금 집어든 어느 전술적 선택이 혹 적절치 못한 것이었을 수도 있다. 그러나 선택의 주체가 나 자신인 이상, 스스로의 판단에 따라 다시 나름의 선택지를 모색해 볼 수 있다. 아니, 이제 주인이라는 "직칙"을 짊어지게 된 그로서는, "大目的"으로서의 독립을 달성해 낼 그 순간까지 부단히 경로의 모색과 결단, 수정과 재설정을 계속해 나갈 수밖에 없다.

---

56 이러한 부분은, 특히 식민지 시대에 접어들면서 어떻게 독립을 되찾을 것인지의 갖가지 노선들이 등장하고, 이에 따라 각각의 방책들을 둘러싼 논쟁이 첨예화되는 단계에서부터는 이승만 평가의 핵심적인 문젯거리로 떠오르게 됨. 이와 관련해서는 정병준(2013, 116–130)의 분석을 참조할 것.

57 福澤諭吉, 『福澤諭吉全集 4』 (東京: 岩波書店, 1959), p. 212.

그렇다면 지금 무엇이 필요한가. 이런 무거운 짐(重荷)을 감당해 낼 수 있도록 우리가 어서 마음을 밝혀 문명한 사람이 되며, 충애를 배양하여 독립의 기초가 되기에 힘써야 할 것이다.[58] 그러나 이는 그렇게만 되면 절로 모든 문제가 해결될 종착점 같은 게 아니다. 독립의 쟁취란 이제부터 무엇을 할 것이냐에 달린 바, 이 '됨'은 이제 그 출발점에 서기 위한 최소한도의 필요요건에 다름 아닌 셈이었다.

V. 결론을 대신하여

"덕행이 이루어지기 전에는 정사를 놓아 둔 채, 문란해 져도 내버려 둘 것입니까?" 일찍이 율곡 이이는, 선조 임금에게 적극적인 정치적 유위(有爲)의 필요성을 촉구하는 과정에서 이렇게 되묻고 나섰다. 요컨대 그는 당시의 일반적인 견해, 즉 모름지기 임금이란 요나 순처럼 공손한 모습으로 묵묵히 있어도 그간 함양해 온 수양이 자연스레 성왕의 법도에 들어맞는 언행으로 흘러나오게 되는 그런 경지에 들기만 하면 족하다 보던 데 이의를 제기했던 것이다. 물론, 그렇다고 해서 율곡이 기존의 주자학적인 사고의 틀 그 자체마저 부정했다는 의미는 아니다. 그 역시 기본적으로는 수기 중심의 동기주의적 관점을 전제하고 있던 바, 여

58 이승만, 『梨花莊所藏 雩南李承晩文書 東文篇』 제1권, p. 379.

전히 제 몸부터 제대로 닦아야 한다고 강조하곤 했다. 다만 율곡이 보기에 정치 세계에서의 성취란 개인적인 덕성 함양의 "자연적 결과" 같은 것이 아니라, 이뤄내야 할 "구체적 실천"임을 지적하려 했던 것이다.[59] 이런 의미에서 그에게 수신이란, 다스림의 필요조건이기는 했지만 더 이상 충분조건으로까지 위치지어지지는 않게 되었던 셈이다.[60]

하지만 이와 같은 견해는, 당대서든 이후에서든 오히려 예외적이었던 것으로 보인다. 전반적으로 볼 때 조선에서의 기본적인 사고 모형은, 대다수 신료들은 물론, 율곡의 동지들 역시 확고하게 견지하고 있던 '됨'의 상태적 사고 쪽이었던 것이다. 나아가 이는, 앞서 살펴본 대로 새로운 시대적 변화에 발맞춰 의식적인 거듭남을 강조하는 와중에서도, 기본적인 발상 면에서는 여전히 기존의 '이다' 관계적 틀에 입각하려 했던 개화기 당시까지 계속되고 있었다.

이러한 상황은 계서적 층위를 전제하는 문명론적 사조 하에서, 더불어서 그 와중에서 일세를 풍미하던 우승열패(優勝劣敗)의 위기의식과 맞물리면서, 당대 조선의 개화 지식인들의 논의에 독특한 영향을 미치게 되었다. 즉, 흥미롭게도 당시 주견을 상실해 버린 논자들의 상당수는, 윤치호의 경우에서 단적으로 드러나듯 그와 같은 자포자기에 대한 강렬한 혐오에도 '불구하고' 그리 되어버렸던 것이다.[61] 대체 왜 이들은 문

---

59 전세영, "율곡 군주론의 정치사상적 의의," 『21세기 정치학회보』 11/2 (2001), p. 26.

60 유불란, "다스려짐에서 다스림으로–율곡의 유위의 정치학." 『한국동양정치사상사 연구』 14/2 (2015), p. 138.

61 『윤치호일기』 1895/01/06.

제의 핵심이 무엇인지 잘 알면서도, 그래서 의식적으로 비판을 가하면서도, 도리어 자신이 그토록 부정하려던 쪽으로 빠져 들어간 것일까?

이러한 기묘한 모순을 제대로 이해하기 위해서는, 그간 제기되어 온 바깥으로부터의 조선에 대한 폄하를 그대로 삼켜버린 개화 지식인들의 "순진함"이나, 혹은 그들 각자의 품성 문제와 같은 개별 요소들의 작용보다 더 깊은 층위에서의, 그 근저에 깔려 있던 (사유의) 시각 구조에서부터 따져볼 볼 필요가 있다.[62] 앞서 살펴보았듯 현재를 '텅 빈 것', 그래서 채워나갈 것이 아니라 상태적 사고에서 바라보는 한, 아무리 노력을 기울인다 한들 지금까지 그만한 존재이지 못했던 자신이 과연 그렇게 될 수 있을지의 의구심을 떨쳐내기란 지극히 어려운 일이었다.[63] 이런 측면에서 저들 개화의 손님들은, 매양 주인을 되뇌면서도 실제로는 지난날의 노예 시절에 대한 의식을 끝끝내 떨쳐내지 못한 채, 어느새 개화의 헛바람(虛風)에 이리저리 떠밀려 다니는 "개화의 머저리(病身)"만도 못한 존재, 즉 제 의지로 스스로의 운명을 내어맡겨 버리는 (개화의) '식객'이 되려 했던 셈이었다.[64]

이러한 사고의 덫에 갇힌 당시의 현실을 두고, 이승만은 다음과 같이 외쳤다.

… 아직까지도 우리가 대한 백성이니 조선 사람이니 하나, 실상 속으

62 김상태 편역, 『윤치호 일기 1916-1943』 (서울: 역사비평사, 2005), p. 47.

63 윤구병, 『철학을 다시 쓴다』 (파주: 도서출판 보리, 2013), p. 323.

64 유길준, 『兪吉濬全書 1』, p. 383.

> 로는 어디 속하여 가게 될지 모른 채 앉아있는 중이라. 어찌 통곡할 일이 아니며, 기막힐 일이 아니리오! 툭 터놓고 말할진대, 지금 다시 돌이킬 수 없이 되었으니 영영 이대로 그만 둬 버리는 것이 옳을까? 한 번 악이나 써보다가 마는 것이 나을까. 이는 시간을 질질 끌지 말고 급히 급히 생각하여, 한 번 시험할 일이로다.[65]

이 역시 그저 "마땅히 해야 할 일"[66]을 할 뿐 "내 이루어질지 어떨지 같은 건 돌아보지 않으련다."[67]던, 이른바 '이룰 수 없음을 알면서도 하는 주의(知不可而爲主義)' 유의 전통적인 신념의 발로에 불과했던 것일까.

당대인으로서, 물론 이 시점에서의 이승만에서도 그 의식의 저변에는 여전히 유교적 잔영이 짙게 깔려 있었다.[68] 그리고 이런 맥락에서 그에 있어서도 충성, 나아가 애국은 그 자체로서 하나의 당위처럼 자리매김 되고 있던 것이 사실이다. 그러나 그는 이런 의식을 갖춘 인간이 되

---

65 《제국신문》 1903/02/20, "정부에 권고ᄒᆞᄂᆞᆫ 말."

66 "나는 그 마땅히 해야 할 바를 할 뿐, 내게 이익 됨을 생각하지 않는 자로다." (이익, "愼氏家塾淵源序," 『星湖全集』 권49)

67 "선생께서 말씀하시기를, '나도 이번 거사가 성공하지 못하리라는 것은 잘 알고 있다. 그러나 나라에서 선비를 양성한 지 5백 년에, 기력(氣力)을 내어 원수를 갚아 의리를 이루려는 이 하나 없다면 그 또한 부끄러운 일이 아니겠는가? … 마땅히 신하로서의 직분을 다 할 뿐, 죽고 사는 문제는 깊이 생각할 바가 아니라' 하셨다." (최익현, "年譜," 『勉庵先生文集附錄』 권4, 丙午年 二月條)

68 최연식, "개혁적 사회진화론의 수용과 청년기 이승만의 독립정신," 『한국정치외교사 논총』 31/2 (2010), p. 137.

어야 한다는 데서 멈추지 않았다. 될 수 있을 지만 따져보는 데서 맴돌고 있는 '아아, 될까 파(嗚呼派)'적 행태야 말할 것도 없고, 그렇다고 의식은 깨였으되 무턱대고 현 상황에 분개만 하고 있는 것도 곤란하다. 이 지점에서 이승만은, 성취에 초점을 맞춘 행함의 사고방식을 명시적으로 내걸고, 그런 방향에서 자신이 보기에 지금 상황타개를 위해 필요하다고 판단한 나름의 구체적인 방책들을 제시하려 했던 것이다.

『독립정신』을 통한 이런 이승만의 시도는, 저술에 착수하게 된 본래의 동기를 고려한다면 분명 일정한 한계점을 가지리라. 그도 그럴 것이, 일반 민중을 체계적으로 깨우치는 데 대한 고려가 전혀 없었던 탓에 그간의 허다한 개혁 운동들이 실패했다는 성찰로부터 비롯되었음에도 불구하고, *Rough Sketch*에서 밝혔듯 출옥 이후 전개된 어지러운 정세로 인해 결국 저작 그 자체가 당시 조선의 대중들에게는 제대로 공표되지 못했기 때문이다.[69] 하지만 이승만의 문제의식, 즉 "계획"적인 공동체적 의식 전환이라는 측면에서는 어떠할까? 개화기 조선에서는 거의 유례를 찾기 힘든 "교본 내지는 교과서"로서의 본 저작이 갖는 의의[70]도 의의지만, 오히려 주목해 볼 부분은 이 체계가 이상에서 살펴보았듯 시각구조

69 "유성준(유길준의 동생)이 나더러 책을 쓰라고 권했다. 우리나라에서 지금까지 모든 개혁 운동이 실패한 원인은 독립협회를 제하고는 그 모든 운동의 지도자들이 사람들을 교육 계몽하려는 생각을 하지 않았기 때문이었다는 것이 그의 지론이었다. … 그래서 나는 비밀리에 『독립정신』이라는 책을 썼다. … 후에 박용만이 그것을 해외로 가져왔는데, 그 때 그는 트렁크의 밑바닥에 그 원고를 숨겨서 내와야 했다. 왜냐하면 일본은 독립운동을 제압하겠다는 것을 공표했었기 때문이다." (이정식 2005, 302-303)

70 이정식. 『이승만의 구한말 개혁운동』. (대전: 배재대학교 출판부, 2005), p. 187.

차원에서의 비판적 검토 위에 구축되어 있다는 점이다[71]. 성원 각자에게, 나아가 사회 전반에 "스며들어 있던"[72] 기왕의 사고의 틀을 드러내고 그 변화를 모색하려 했던 바, 이는 이후 펼쳐질 한국 근현대사上의 정신사적 전환을 고찰하는 데 빼놓을 수 없는 함의를 갖는다.

71 이는 이후 미국 활동기 및 해방정국 등의 이어지는 각각의 단계들 속에서 어떻게 변화, 발전해 나아갔는가? 또 그때마다의 정치적, 사상적 구상에 어떠한 영향을 미쳤는가. 이는 이승만 그 자체에 초점을 맞춰야 할 별도의 주제로서 본고의 범위에서 벗어난다. 따라서 이를 이어지는 후속 연구과제로 삼기로 한다.

72 "인간은 어떤 경우에도, '무(無)'에서 생각하고 행동하는 것이 아니라, 일정한 역사적, 사회적 조건에서 그렇게 하는데, 그와 같은 역사적 조건은, 단순히 그를 둘러싸고 있는 사회적 환경으로 존재하는 것은 아니며, 이미 선행하는 역사적 시간 속에 축적된 다양한 사고의 패턴으로 주체의 내면에 깊숙이 스며들어 있다. … 우리는 거의 대부분 무의식적으로 그런 패턴에 의거하면서 상황에 대응하고 있는 것이다. 어떤 시대의 어떤 인간도 그런 의미에서의 '전통적인' 패턴에서 완전히 자유롭지 않다." (丸山眞男 2003, 164)

참고문헌

강정인·장원윤. 2008. "마루야마 마사오(丸山眞男)의 정치사상에 나타난 서구중심주의와 일본중심주의." 『정치사상연구』 14/2.

김유원. 1999. 『100년 뒤에 다시 읽는 독립신문』. 서울: 경인문화사.

김상태 편역. 2005. 『윤치호 일기 1916–1943』. 서울: 역사비평사.

김학준. 2010. 『서양인들이 관찰한 후기 조선』. 서울: 서강대학교 출판부.

런던, J. 윤미기 역. 2001. 『잭 런던의 조선사람 엿보기』. 파주: 도서출판 한울.

마루야마 마사오. 김석근 역. 2007. 『문명론의 개략을 읽다』. 파주: 문학동네.

만하임, K. 임석진 역. 2012. 『이데올로기와 유토피아』. 파주: 김영사.

묄렌도르프. 신복룡·김운경 역주. 1999. 『묄렌도르프自傳(外)』. 서울: 집문당.

박지향. 2004. 『일그러진 근대』. 서울: 푸른역사.

박찬승. 1992. 『한국 근대정치사상사 연구』. 서울: 역사비평사.

신채호(譯述). 장지연(校閱). 1907. 『伊太利建國三傑傳』. 경성: 광학서포.

오카모토 다카시. 강진아 역. 2009. 『미완의 기획, 조선의 독립』. 서울: 소와당.

유길준. 1971. 『兪吉濬全書』 1. 서울: 일조각.

유불란. 2013. "'우연한 독립'의 부정에서 문명화의 모순된 긍정으로." 『정치사상연구』 19/1.

유불란. 2015. "다스려짐에서 다스림으로–율곡의 유위의 정치학." 『한국동양정치사상사 연구』 14/2.

유영익. 2009. 『젊은 날의 이승만 – 한성감옥생활(1899–1904)과 옥중잡기 연구』. 서울: 연세대학교 출판부.

윤구병. 2013. 『철학을 다시 쓴다』. 파주: 도서출판 보리.

윤치호. 국사편찬위원회 편. 1973–6. 『윤치호일기』 1–6. 서울: 국사편찬위원회.

이승만. 雩南李承晩文書編纂委員會 편. 1998. 『梨花莊所藏 雩南李承晩文書 東文篇』 제1권. 서울: 중앙일보사.

이정식. 2005.『이승만의 구한말 개혁운동』. 대전: 배재대학교 출판부.

전세영. 2001. "율곡 군주론의 정치사상적 의의."『21세기정치학회보』 11/2.

정병준. 2013.『우남 이승만 연구』. 서울: 역사비평사.

최연식. 2010. "개혁적 사회진화론의 수용과 청년기 이승만의 독립정신."『한국정치외교사 논총』 31/2.

최연식·정지혜. 2013. "『독립정신』에 나타난 이승만의 만국공법 인식과 독립국가 구상."『한국정치외교사 논총』 34/2.

Levin, Michael. 2004. *J. S. Mill on Civilization and Barbarism.* New York: Routledge.

Mackenzie, Robert. 1889. *The 19th Century: A History.* London: Thomas Nelson and Sons.

Robson, John M. eds. 1977. *The Collected Works of John Stuart Mill.* Vol. XVIII. Toronto: Univ. of Toronto Press.

內村鑑三. 1981.『內村鑑三全集』4. 東京: 岩波書店.

福澤諭吉. 1959.『福澤諭吉全集』4. 東京: 岩波書店.

丸山眞男. 1998.『日本の思想』. 東京: 岩波書店.

丸山眞男. 2003. "忠誠と反逆."『丸山眞男集』8. 東京: 岩波書店.

ユーブルラン. 2009. "明治期「人心」統合に於ける「新基軸」の構築 : 德の「植え込み」を中心に."『國家學會雜誌』 122/3·4.

3장 근대 이후 한국인과 자유의 문제

이병택 (동북아역사재단)

I.

이 글은 근대의 시작과 더불어 한국인이 당면하여 이해하고 해석해야만 했던 자유에 대한 경험을 다루는 데 목적이 있다. 한국인에게 자유의 문제는 외세에 의한 강제적인 개항으로부터 본격화된다. 그래서 자유는 무엇보다도 '자주'(自主)와 밀접하게 관계되어 이해되었다. 이에 반해서 근대정치의 시발점을 연 영국의 경우에는 공동체 구성원들 사이의 관계를 중심으로 한 자유의 문제가 중심이었다. 여기서 법치의 원칙은 사회적 지위를 이용한 자의적 권력행사나 정치권력의 남용 문제를 풀어가는 방법으로 제시되었다. 따라서 법치의 핵심은 정부에 의한 '엄벌'에 있는 것이 아니라 책임의 관계를 잘 분간하는 데 있었다. 책임관계를 잘 분간했기 때문에 공동체 구성원의 책임의식 또한 높아질 수 있었고, 그 결과 자유에 토대를 둔 정치공동체가 형성될 수 있었다. 아래에서 필자는 한국사회에 책임의 원칙이 수립되지 못한 원인이 자유에 대한 의견에 상당히 빗진 바가 크다는 점을 말하려한다. 한국에서 자유의 문제는 '자주'의 문제로 혹은 무엇보다도 '권리'의 문제로 비쳐졌다는 점을 밝힘으로써 책임으로서의 자유에 대한 의식이 희석되었다고 논할 것이다.

책임의식의 희석 문제와 더불어 한 가지 더 지적할 점은 외래로부터 도입된 관념의 수용 과정에 대한 이야기이다. 관념(idea)이란 대단히 미묘한 사물이다. 일반인은 일반적인 관념이 주는 즉각적인 이미지에 사로잡혀 그로부터 빠져나오지 못하는 경우가 흔하다. 사상사를 전공한 전문가의 경우에도 일상적으로는 일반인과 같은 함정에 빠져 살 것이다. 낯선 사물에 좀 익숙해지다 보면 자신이 익히 아는 사물로 쉽게 동일화하는 것은 자연스러운 현상이기 때문이다. 이러한 현상을 "자연화" 혹은 "풍토화"(naturalization)라 부른다. 그러나 특정한 관념의 연원을 조금만 거슬러 올라가더라도 풀어내기 힘든 측면들이 있다는 사실을 확인할 수 있다. 우리에게 너무나 자명한 것으로 보이는 자유의 관념도 사정은 마찬가지다.

이러한 현상은 우리에게만 국한된 것이 아니다. 서구에서조차도 자유에 대한 서로 다른 해석들이 계속 제기된다. 지금까지 서구에서 자유에 대한 관념은 학계 내에서 크게 세 가지 정도로 구분된다. 첫째는 외부의 간섭으로부터의 자유이다. 이사야 벌린(Isaiah Berlin)은 이것을 소극적 혹은 부정적 자유로 부른다. 둘째는 정치적 참여 등과 같은 적극적 의미의 자유이다. 이러한 자유의 모습은 고대 그리스의 민주적 공화주의로부터 연원해서 근대의 루소와 같은 사상가들로 이어졌다. 셋째는 소극적 의미의 자유로 볼 수 있으나 자유주의가 주장하는 것과 달리 비지배(non-domination)로서의 자유이다. 페팃(Philip Pettit)에 따르면 이러한 자유의 관념은 고대 로마공화정에서 평민들이 귀족들의 지배를 받지 않으려는 욕구로부터 기원했다.[1]

이 글은 한말 이후 자유에 대해 우리가 가진 태도나 자유에 우리가 부여하려 한 의미를 밝히는 데 초점을 둔다. 그럼으로써 한국인의 정치생활 속에서 자유의 의미가 전개되어온 사유의 과정을 추적하고자 한다. 가장 기본적인 문제의식은 한국사회에 자유의 관행이 뿌리내리지 못한 원인이 무엇인지를 찾고자 하는 데 있다. 한국사회의 가장 큰 특징은 평등의 요구가 자유의 요구보다 우선한다는 점이다. 이러한 현상은 서구정치사와 다른 점이다. 근대화의 후발 주자들은 봉건사회의 불평등이 가장 크게 부각되었을 것이기 때문에 평등의 요구가 사람들에게 더 설득력이 있게 다가왔을 것이라고 추론할 수는 있을 것이다. 그러나 역사적으로 볼 때 자유 관행의 성장을 통한 일반민의 역량이 성장하지 않은 상태에서 제기된 평등의 요구는 그 바라던 결과를 가져오지 못했다.

1 Philip Pettit, *Republicanism* (Oxford: Oxford University Press, 1997), Ch. 1.

이에 대해서는 근대사를 일별하는 것으로 족할 것이다. 다른 한편으로 자유 관행의 성장을 중시하는 자유주의 이론이 정부보다는 사회를 우선시하는 중요한 이유를 발견할 수 있다. 그럼에도 실제적으로는 정부의 민주화과정이 전제되지 않는다면 시민사회의 성장을 기대하기는 힘들다. 시민사회의 성장은 정부의 민주화과정과 얽히면서 진행되지 않을 수 없다. 그리고 정부가 없는 삶은 로크가 전제한 자유로운 '자연상태'가 아니라 원시 공동체적 유대로 빠질 것이다. 예를 들어 타국에서의 디아스포라(diaspora) 상태에서의 삶은 기존의 정치적·사회적 구속으로부터 벗어난 해방감을 줄 수 있겠지만, 그들을 억압하고 보호하던 세력을 대신해서 새로운 억압자가 등장하게 되고, 그 침해로부터 자기보존을 위해 그들의 삶은 원시적 가족이나 부족 단계의 유대로 퇴행할 수밖에 없을 것이기 때문이다.

영국사에서도 '왕후장상의 씨가 따로 있는 것이 아니라'는 원시적 평등 관념의 영향 아래 수평파(Levellers)가 왕으로부터 귀족에 이르기까지 신분적 상위자를 모조리 제거하려했던 급진적 시도가 있었다. 상당히 오랜 기간 자유란 말은 왕의 자의적 통치나 귀족들의 방종을 의미하는 유쾌하지 않은 용어로 사용되기도 했다. 그러나 신분적 위계의 완화는 개인적 자유(personal freedom)의 사회적 확산과 정치적 자유(political liberty)를 통해서 차츰 성취되었다. 근대에 있어서 경제적 불평등에 대한 해법은 크게 두 가지로 갈라졌다. 아담 스미스(Adam Smith)는 경제활동의 자유를 경제적 불평등의 해법으로 제시했으며, 칼 마르크스(Karl Marx)는 궁극적으로 계급(사회적 위계)의 철폐에서 그 해법을 구했다. 오늘날까지도 여러 차원에 걸친 불평등의 문제에 대한 해법은 사회과학의 가장 큰 관심사 중 하나이다. 그러나 위계적 구조는 사회를 유지하는 데 필요한 측면이기도 하다는 점에서 평등의 요구는 제한적 측면을 가질 수밖에 없다는 점을 지적할 필요가 있다. 우선 자연은 성의 차이, 피부색의 차이, 미의 차이를 낳으며, 사람들은 그 차이에 불평등의 관념을 입히기도 한다. 그리고 인간사회에는 명예 분배의 차이, 부의 차이, 신분의 차이 등이 존재한다. 오늘날까지 명예와 부의 차등적 배분은 정치공동체를 운영하는 데 가장 핵심적 사항으로 남아있다. 명예와 부의 차등적 배분이 없다면 행위를 유발할 보편적 동기를 찾을 수 없을 것이다. 인류사에서 명예심과 이기심만큼 보편적인 것은 없었다. 반면에 배움을 구하는 호기심은 인간에게 보편적인 것은 아니었다. "모든 사람들은 본성적으로 알고자 하는 욕구를 가진다"는 아리스토텔레스의 언명은 인간의 학구적 호기심의 보편성을 증명할만한 것은 아닌 것이다.[2] 따라서 정치적인 평등의 요구는 그 대상이 명백하게 규정되어야 하며 그 정도가 잘 설정되어야 성공할 가능성이 있을 것이다. 정치공동체 자체가 특정한 불평등에 기초하고 있기 때문이다.

자유와 평등의 얽힘과 더불어 한 가지 더 지적해야 할 점은 서구에서 뒤늦게 근대화를 추진한 나라들과 마찬가지로 민족주의 운동은 사안을 더 복잡하게 만들고 있다. 민족 독립의 요구가 민족 자유의 문제를 중심으로 이해되는 것인지, 그렇지 아니면 민족들 간의 평등을 요구하는 것인지 분간하기가 쉽지 않다. 어쨌거나 해방의 공간은 정제되지 않

2 Aristoteles, *Metaphysica* (Oxford: Oxford University Press, 1957), p. 1.

은 자유, 평등, 민족 등의 관념들이 혼재하는 공간이었다고 상상할 수 있다. 논의의 혼란을 줄이고 문제의식을 부각시키기 위해서 필자는 유길준의 『서유견문』을 매개로 해서 개략적으로나마 한국사회에서의 자유의 문제를 고민해 보고자 한다.

서구사회의 자유에 대한 관념은 유길준에 의해서 한국사회에 가장 먼저 정치하게 소개되었다. 『서유견문』의 초고는 1890년에 고종에게 바쳐졌으며, 관원과 지식인에게 소개되었다. 그리고 이 책은 1894년 갑오개혁 이후에 후쿠자와의 도움으로 출간되었다.[3] 유길준이 소개하는 서구사회의 자유에 대한 관념은 오늘날까지 우리가 교과서에서 배우는 가장 전형적인 모습으로 등장한다. 다른 한편으로 그가 묘사하는 자유에 대한 생각은 현재를 살아가는 우리에게까지 진부한 것으로 느껴지지 않을 정도로 생생한 느낌을 준다.

자유는 무슨 일이든지 자기 마음이 좋아하는 대로 따라서 하되, 생각

3 유길준, 허경진 역, 『서유견문』 (파주: 서해문집, 2014). 『서유견문』에 대하여, 장인성은 아래와 같이 번역한다. "자유는 마음이 좋아하는 대로 어떤 일이든지 좇아 궁굴구애(窮屈拘碍)하는 사려가 없음을 말한다. 하지만 결코 마음대로 방탕하는 의사도 아니고 법을 어기고 제멋대로 하는 행동도 아니다. 타인의 사체(事體)는 돌아보지 않고 자기의 이욕(利慾)을 멋대로 하는 의사도 아니다. 국가의 법률을 경봉(敬奉)하고 정직한 도리로 스스로 보전하여 자기가 행해야 할 인세의 직분으로써 타인을 방해하지 않고 타인의 방해도 받지 않으면서 하고 싶은 바를 자유(自由)하는 권리다." 유길준 원저, 장인성 저, 『서유견문: 한국 보수주의의 기원에 관한 성찰』 (파주: 아카넷, 2017), p. 275. 필요한 경우에 한해서 장인성의 번역을 각주에 제시한다.

이 굽히거나 얽매이지 않은 것을 말한다. 그러나 결코 자기 마음대로 방탕하라는 취지는 아니고, 법에 어긋나게 방자한 행동을 하라는 것도 아니다. 또 다른 사람의 형편은 돌보지 않고 자기의 이익이나 욕심만 충족시키자는 생각도 아니다. 나라의 법률을 삼가 받들고 정직한 도리를 굳게 지니면서, 자기가 마땅히 해야 할 사회적인 직분 때문에 다른 사람을 방해하지도 않고, 다른 사람의 방해도 받지 않으면서, 자기가 하고 싶은 일을 자유롭게 하는 권리다.[4]

그러나 오늘날의 우리에게 전형적인 모습으로, 심지어 진부한 것으로조차 비치는 위의 말을 유길준은 우리에게 대단히 '낯선'사물로 소개하고 있는 것이다. 그가 의도했든 의도하지 않았든 『서유견문』은 우리에게 대단히 익숙했던 자연 질서의 관념을 뒤흔드는 것으로부터 시작했다는 점도 지적할 수 있겠다. 서구인들이 생각하는 자연 질서의 소개는 사회 질서의 소개에 따르는 충격을 완화하는 예비적 과정으로 충분히 읽힐 수도 있을 것이다.[5] 낯선 사물을 소개한다는 유길준의 의도에 초점

---

4 유길준, 『서유견문』, p. 131.

5 우홍준, "구한말 유길준의 정치·사회·경제론: 『서유견문』을 중심으로." 『한국행정학보』 제38권 제1호 (2004). 그는 유길준을 갑오개혁의 주도자로서 이해하고 있으며, 그러한 맥락에서 『서유견문』을 "새로운 세계"를 묘사하는 청사진으로 해석하고 있다. 필자는 『서유견문』을 새로운 질서의 청사진으로 일률적으로 해석할 수 있다고 생각한다. 다만 자연 질서의 모습을 먼저 제시하는 것이 대중에게 다가가는 데 더 나은 방법인지, 아니면 사회 질서를 먼저 말하는 것이 더 좋은 방법인지 결정하기 쉽지 않다는 점을 지적하고 싶다. 그러나 서구처럼 수립된 가톨릭에 도전했던 '과학'의 모습이 아니라면, 아무래도 '견문'이란 이름으로 제시할 수 있는 자연 질서가 대중에게 더 쉽게 다가갈 수 있는 방법이 아닐까 생각

을 둔다면, 그가 "유교적 윤리체계에서 벗어나지 않았다"는 논지는 일단 재껴두어야 할 것으로 본다.[6] 따라서 그는 최대한 서구의 정신을 이해하려는 태도로 임하고 있음을 일단 인정하는 것이 좋을 듯하다. 이러한 시각에서 보면 그가 자유를 소개하는 방식이나 그에 잇따르는 통의(通義)에 대한 설명은 최대한 유교적인 전통을 배제하려는 것으로 해석할 수 있다. 비슷한 사물들을 비교하는 쉬운 길을 두고 굳이 달리 설명하려 한다는 점은 그만한 이유가 있을 것이기 때문이다.

다른 한편으로 위의 인용이 오늘날의 우리에게 아직까지 감흥을 주는 것이라면, 우리사회가 아직까지 그가 묘사하는 자유의 단계에 이르지 못했기 때문일 것이다. 우리사회는 통의 즉 법치의 원칙이 손에 잡힐 만큼 진전되지 못했고, 자유는 아직도 '방자'(放恣)와의 관계를 끝내지

한다. 이러한 점은 자연현상의 설명이 오늘날에도 대중에게 쉽게 다가설 수 있는 까닭이 아닐까.

6 구지현, "유길준의 『서유견문』에 보이는 견문록의 전통과 확대," 『溫知論叢』 제37집 (2013), p. 101. 구지현에 따르면, 유영익은 『서유견문』이 후쿠자와 유키치의 사상을 무비판적으로 표절한 것이 아니라 국내외 문헌을 수집하고 연구하여 서술한 것이라 보면서 그의 사상을 '보수적인 점진론'으로 규정하고 있으며, 조홍찬은 유길준이 소개하는 자유와 평등에는 전통적인 유교적 인간관이 접목되어 있다고 주장한다. 구지현은 "『서유견문』이 [조선시대의] 견문록류의 연장선상에 놓여있으면서도 다른 성격을 지니는 이유는 관료가 아니라 경세가적인 입장을 취하고 있었기 때문이"라고 논한다. 전통과의 연속성을 강조하는 접근이 주의해야 할 점은 전통이 낯선 사물을 이해하는 데 한계로서 작용하는 것인지, 아니면 창조적인 해석의 결과를 산출해내는 것으로 해석해야 할 것인지를 구별하는 데 있다. 경험상 낯선 사물을 설명하는 데 가장 효과적이고 쉬운 방식은 우리에게 익숙한 것에 빗대어 말하는 방식이라고 생각된다. 그러나 유길준의 『서유견문』에는 놀라울 정도로 그러한 몸짓이 보이질 않는다.

못했다. 그런 만큼 유길준의 자유에 대한 묘사는 우리가 생생하게 되새겨야 할 것으로 나타나고 있는 것이다. 달리 표현하면 유길준의 글은 오늘날의 우리에게는 낯선 사물로 나타나는 것이 아니라 일종의 규범적 지위를 얻었지 않나 생각된다. 우리는 더 이상 자유라는 사물에 대해 부정하거나 긍정하려는 강박감을 넘어서 있다. 또한 우리는 유길준이 서구문명을 처음 대했을 때 느꼈을 놀라움의 경험을 더 이상 가지고 있지 않다는 점도 지적할 수 있다.

따라서 이 글에서 필자는 서구문명의 무조건적 수용이냐 아니면 조선적 전통과 접맥된 변용된 형태의 수용이냐는 논쟁을 벗어날 것이다.[7] 왜냐하면 문제의 핵심은 조선적 전통과 근대적 서구의 접맥이라기보다는 우선적으로 그 차이를 설명하는 데 있을 것이기 때문이다. 서구의 근대에 대한 콤플렉스를 어느 정도 극복한 오늘날에서조차도 서구에 대한 인식을 추동하는 것은 상당한 부분 서구와의 차이에 있음을 고려한다면, 1894년의 조선 상황에서는 더 말할 필요가 없을 것이다. 이런 시각에서 보면 서구문명과 조선의 가장 큰 차이는 '권리'라는 말에 있다고 할 수 있다. 자유는 큰 틀에서 권리로 파악된다. 권리로서의 자유에 대한 관념은 근대 이후에 한국사회를 관통하는 핵심적인 관념으로 자리한다. 그에 비해서 "법률이 장수이고, 권리는 병졸이다"[8]는 명제에 어렴풋이 나타는 책임으로서의 자유는 제대로 성장하지 못했다고 생각된

7 장인성, "유길준에 나타난 '도덕'과 '정치': 자기-타자 인식의 정치적 사유," 한국정치학회 『학술대회자료집』 제4호 (1997), p. 60.

8 유길준, 『서유견문』, p. 142.

다. 이 문제는 서구사회에서도 제대로 정착되기 힘들었던 법치의 문제이다. 그리고 법치의 문제는 유길준의 글이나 그 이후 한국사회에 나타난 자유에 대한 논쟁에서도 서구와 마찬가지로 해결의 실마리를 쉽사리 찾을 수 없었던 문제였다.

아래에서 필자는 권리로서의 자유와 책임으로서의 자유의 차이에 기초해서 한국정치사를 조망할 것이다. 유길준의 사상에 대한 전반적인 해명이나 혹은 유길준 자신이 표현한 서구와의 차이를 스스로의 생활 속에서 얼마나 구현했는지의 문제는 그를 연구하는 연구자들의 몫으로 남겨두고, 이 글에서는 근대사상의 선구로 인정된 유길준의 『서유견문』에 나타난 문제설정의 애매성을 중심으로 한국정치사를 개략적으로 바라볼 것이다.

II.

『서유견문』에서 유길준은 규범적 근대국가로서의 서구국가의 모습을 위주로 묘사하고 있다. 반면 규범으로서의 서구의 모습과 그러한 서구를 본받은 일본의 모습이 황현의 『매천야록』에서는 현실적인 모습으로 탈바꿈되어서 등장한다. 갑오년의 조선은 내부적으로 정부의 통치에 대한 불만으로 봉기가 일어나고 지배집단 내부에서도 분열이 지속되었다. 아시아를 계몽하고 지도해야 할 임무를 앞세운 일본은 중국으로부터 조선을 독립시키고 자주국가로 만든다는 명분으로 조선을 강제 병합하려 하고 있었다. 황현은 개화를 주장하는 사람들이 "시배"(時輩)의 성격을 강하게 드러내는 것으로 보았다. 시류의 흐름에 휩쓸려 권력을 잡으려는 자들로 비친 것이다. 그리고 일본, 청나라, 러시아에 기대어 이익을 보려는 자들과 그 가운데서 왕실의 존속에만 골몰하는 고종의 모습이 어지럽게 교차해서 지나간다.

외부로부터의 독립과 자주국가의 요구는 해방 이후 한국인에게 가장 익숙한 구호였고 근대국가형성의 가장 큰 골격이 되었다. 독립과 자주의 요구는 비단 우리만의 문제가 아니라 근대국가의 가장 기본적인 요구에 해당한다.[9] 독립과 자주의 요구는 대부분 어떠한 것의 부정으로서 정립된다. 일본이 중국의 부정으로 조선의 독립과 자주를 보았듯이, 조선 또한 일본의 부정으로서 독립과 자주를 간주하게 될 것이다. 이러한 과정은 대단히 자연스럽고 논리적인 사안이다. 나아가 해방 이후에 북한과 남한이 분리되고 난 이후에 반공이 자주의 자리를 대신해서 들어간다고 해도 놀라운 일은 아닐 것이다. 적으로 상정된 상대의 부정을 통해서 자유를 규정하는 일은 우리에게만 특이하게 나타나는 현상은 결코 아니다.[10] 어떻게 보면 상대를 부정함으로써 자신의 독립과 자주를

---

9 Quentin Skinner, *The Foundations of Modern Political Thought*, Vol. I (Cambridge: Cambridge University Press, 1978). 스키너의 근대정치 이야기는 이탈리아 도시가 신성로마제국의 황제로부터 독립과 자주를 주장한 사건으로부터 시작한다.

10 권용립, 『미국의 정치문명』 (서울: 삼인출판사, 2003). 그는 타자의 부정을 통해서 정체성을 확립하는 미국 정치문명의 특징을 잘 그려내고 있다.

규정하는 행위는 인간의 자연스러운 반응이라고 할 수 있다.

그러나 내용적으로 한국인은 독립과 자주를 어떻게 수립할 수 있을까? 이 질문에 대해서 1894년 갑오경장은 조선의 순수 과거로 회귀하려는 것은 한국인에게 더 이상 대안이 될 수 없음을 결정했던 사건이라고 할 수 있다. 조선을 떠받친 신분제도와 그에 생명력을 부여했던 덕의 담론은 서서히 역사의 뒤안길로 사라져 갈 것이다. 그 자리에는 근대국가와 그 국가를 구성하는 국민이 형성되어야 할 것이다. 이 점은 서구의 근대화를 본받으려는 유길준의 핵심적 논의일 것이다. 하지만 그것이 어떻게 가능할까? 유길준에 있어서 국가와 국민을 관통하는 하나의 용어는 권리이다. 권리가 없는 존재는 국가도 국민도 될 수 없다. 그의 설명 방식을 보면 국가와 국민은 마치 권리들의 묶음처럼 보일 정도이다.

> 나라의 권리는 두 가지로 나누어 볼 수 있다. 하나는 국내적인 주권이다. … 다른 하나는 국외적인 주권이다. (유길준 2014, 104)
>
> 국민의 권리라고 하는 것은 자유와 통의를 말한다. (유길준 2014, 131)

그러나 유길준이 제시하는 일련의 권리에 대한 설명에는 애매성이 있다. 첫째, 나라"의" 권리란 표현에서 "의"라는 뜻이 무엇이냐는 점이다. 우선 나라가 존재하면 그에 자연적으로 권리가 주어진다는 의미로 해석할 수 있다. "나라에 딸린[귀속된] 권리"는 그러한 예의 하나이다. 다른 한편으로 나라의 권리는 국가를 구성하는 권리로서 이해되기도 한다. 이것은 국가"의" 일련의 권리에 대한 설명에서 잘 나타난다. 이러한 애매성으로부터 이해하기 힘든 표현방식들이 등장한다. "현체제를 유지하고 자기 나라를 스스로 보호하는 권리는 결국 (자기 나라를) 자기들 스스로가 지킨다는 뜻이니, 온 나라 인민들이 하나같이 책임져야 할 일이다."[11] 솔직히 이 문장의 의미가 무엇인지 필자는 잘 이해할 수 없다. 다만 오늘날 우리말의 용법으로 보면 "권리"는 의무로 바뀌는 것이 자연스러워 보인다. 이러한 점은 권리를 부여받은 자와 권리를 가진 자의 구분이 불분명하다는 의문으로 이어진다. 한편 위와 같은 구분은 법적 구분인 권리의 주체와 객체의 구분 이전의 문제라고 생각된다.

둘째, 주권(sovereignty)이 권리로 간주될 수 있는가의 문제이다. 근대의 일반용법을 따르더라도 주권은 국가의 최고 존엄 혹은 권위 정도로 해석된다. 필자는 서구의 근대법을 번역하는 과정에서 權이 지나치게 남발되고 있다는 느낌을 지울 수 없다. 유길준의 경우에도 "독립하는 권리", "상업의 권리", "입법하는 권리", "교섭하거나 사신을 파견하고 통상하는 권리" 등등 수많은 표현에서 권리를 불필요하게 남발하고 있다고 생각된다. 이러한 권리의 남발은 인간의 활동을 권리로서 보장하는 것이 아니라 흡사 속박하고 있다는 인상을 갖게 한다. 예를 들어 정부가 통치하는 데에는 입법이 대단히 중요한 역할을 한다. 여기서 권리란 입법 활동을 적절하게 조율하는 수단으로써 의무와 더불어 기능하는 것이 아닌가? 말하자면 권리의, 권리를 위한, 권리에 의한 통치가 공동생활의 필요성을 대체하는 경향이 현저하게 나타나고 있다. 즉 입법의

11 유길준, 『서유견문』, p. 106. 장인성의 번역은 아래와 같다. "현존 및 자보하는 권리는 자수(自守)하는 도이니, 국중 인민이 널리 함께하는[普同] 직책이다." (장인성 2017, 207)

권리란 표현에는 권리를 실체화하는 경향이 두드러지게 나타난다.

셋째, 유길준은 국민의 권리를 자유와 통의라고 말한다. 권리는 자유를 통의와 결합한 어떤 것으로 보는 것이다. 그의 말을 빌면 자유는 "좋은 말"이고 통의는 말을 잘 다루는 "마부"에 비유할 수 있다. 여기서 통의는 사회적인 법률과는 달리 자연법에 가까운 것을 지시한다고 생각된다. 그러나 아이러니하게도 그는 "통의의 권리"나 "자유와 통의의 권리"란 표현을 사용한다. "통의의 권리"는 통의의 측면에서 본 권리를 의미하는 것으로 해석할 수도 있겠지만 그 표현법이 대단히 어색하다고 생각하지 않을 수 없다. 나아가 그는 "타고난" 혹은 "안에 간직한" 인생의 권리와 "밖으로부터 온 세력"으로서의 지위의 권리를 구분한다.

> 고금의 인간사를 미루어 생각해 보면, 그 세력을 잘 이용하는 자는 같은 무리의 진리를 보호해 주며, 남용하는 자는 같은 무리의 진리를 손상시켰다. 국민들의 희로애락과 나라의 안위존망이 실상은 이 가운데 놓여 있다. (유길준 2014, 138)

여기에 유길준의 개화에 대한 미묘한 생각이 놓여 있다고 생각된다. 타고난 것은 모두에게 주어지는 것이기 때문에 "야만"과 개화를 구분할 수 있는 기준으로 사용될 수 없다. 그렇기 때문에 밖으로부터 온 세력 즉 정부가 개화에서 대단히 중요한 역할을 한다. 어떤 의미에서 정부의 법률은 자연권을 "윤색"한 것이다. 자연법으로 이해되는 통의만으로는 야만으로부터 벗어나기 힘든 것이다.

> 사람의 권리는 비길 데 없이 귀중한 보배다. 그러나 저마다 자기 한 몸과는 관계없다고 생각하여 타고난 천성대로 마구 행동한다면 새나 짐승의 자유와 같게 된다. 그러므로 유계한 통의의 짐작으로 그 지나치게 사용하는 폐단을 제한하였지만, 그러다가는 야만인의 자유에 가까워지기 때문에, 법률적으로 규제를 마련하여 현대인의 자유를 윤색한 것이다. 그러니 처세하는 권리를 간직하려는 자들은 법률을 삼가 받들어 대중들이 서로 잘 사는 공도를 지켜야 한다.
> 법률의 근본적인 의도는 사람의 권리를 신중히 여기고 잘 보호하려는 것이다. 법률이라는 기능이 없었다면 권리도 존재하기가 반드시 어려웠을 것이다. 이렇게 생각해 본다면, 권리가 비록 천하 사람들이 저마다 가지고 있는 가장 귀한 보배라고는 하지만, 사실은 법률에 의지하여 그러한 현상을 보전하는 것이니, 사람의 권리는 법률이 만들어 준 것이라고 하더라도 잘못된 말이 아니다.

위의 인용은 유길준이 법치주의의 의미를 나름대로 이해한 것이라 생각된다. 여기서 "처세하는 권리"는 오늘날의 용어로 풀면 세상을 살아가는 권리 정도로 해석할 수 있을 것이다. 법치주의와 관련해서 사용된 윤색이란 말은 다른 맥락에서도 대단히 미묘한 느낌을 준다. 유길준은 서구의 "신기한 것"과 "심묘한 것", 가령 "화륜기계", "전선" 등의 효용을 존중한다. 그러나 다른 한편으로 그는 그 물건들이 갑작스러운 것이었다거나 전혀 새로운 것이라고 간주하지 않는다. 처음 만들어 낸 사람은 옛사람들이다. 그러나 옛사람들은 그 이치를 다 밝혀 내지 못했다. 따라서 개화는 근본을 바꾸는 것이 아니라 "윤색"에 핵심이 있다.

이처럼 신기하고 심묘한 이치는 옛날에 없었다가 요즘에야 비로소 생긴 것이 아니다. 천지간의 자연스러운 근본은 예나 이제나 차이가 없지만, 옛사람들은 그 이치를 다 밝혀 내지 못했고, 요즘 사람들은 깊이 연구하여 터득한 것이다. 이를 통해 본다면 요즘 사람의 재주와 학식이 옛사람보다 훨씬 나은 듯하지만, 실상은 옛사람이 처음 만들어 낸 것에다 윤색한 것일 뿐이다. 화륜선이 비록 신기하다고 하지만 옛사람들이 배 만들던 제도에서 벗어나지는 못했으며, 화륜차가 비록 기이하다고는 하지만 옛사람이 수레를 만들던 방법을 거치지 않았으면 이뤄지지 못했을 것이다. 이 밖에 어떤 사물이든지 모두 그러하다. 옛사람이 만들던 방법에서 벗어나 요즘 사람이 신규로 창안해 낼 수는 없다.

우리나라의 고려청자는 천하에 유명한 것이고, 이충무공의 거북선도 철갑선 가운데는 천하에서 가장 먼저 만든 것이다. 교서관의 금속활자도 세계에서 가장 먼저 만들어낸 것이다. 만약 우리나라 사람들이 깊이 연구하고 또 연구하여 편리한 방법을 경영하였더라면, 이 시대에 이르러 천만 가지 사물에 관한 세계 만국의 명예가 우리나라로 돌아왔을 것이다. 그러나 후배들이 앞 사람들의 옛 제도를 윤색치 못하였다. (유길준 2014, 402)

위와 같이 옛 것을 계승 발전시키려는 유길준의 태도는 영국과 프랑스의 통치 차이를 논하는 자리에서도 잘 나타난다.

영국 정부가 국민을 보호하여 자주적인 권리를 획득하게 한 연유는 전 국민 마음에 젖어 든 누대의 구습에 따라 정령과 제도를 개정하였기 때문이다. 그러나 프랑스는 법률을 자주 변경하여 국민들의 자주적인 권리와 재산을 고르게 하는 제도를 신설하였지만, 그 취지를 제대로 살리지 못하였다. 게다가 정부 위에 군림하여 자기 뜻을 성취하는 엄한 임금이 많아 프랑스의 풍습은 압제하는 정령이 아니면 아래 다스리기 아주 어려웠기 때문에, 관대하고 자주적인 법을 신설하여도 국민들의 취향에 부적합하여 그 제도가 쉽게 깨졌던 것이다. 그러므로 프랑스가 국민들의 자주적인 권리를 위하여 공평하고도 편리한 개혁을 여러 번 시행하였지만, 오랫동안 영국에서 행해진 인신보호법을 채용하지 못했다. (유길준 2014, 289)

개괄하면 유길준은 서구의 자연법적인 권리 개념으로부터 논의를 시작했다. 그러나 서구 각 국가의 차이를 이해하기 위해서 그는 추상적인 권리의 이야기로부터 벗어나지 않을 수 없었을 것이다. 각 국가의 차이를 이해하기 위해서 그는 실천영역에서의 인간의 활동에 주목하지 않을 수 없었을 것이다. 실천영역에서는 "개정"과 "변경"의 구분처럼 작은 차이들이 중요해진다. 또는 통치가 풍습이나 취향과 어느 정도 어울리느냐의 문제들이 핵심적 자리를 차지하게 된다. 위에서 인용한 부분을 통해서 추론해 보면 한국인의 공동생활은 영국의 관행보다는 프랑스의 습속과 더 가까운 것으로 보인다. 법률의 잦은 변경이나, 훌륭한 법률 조항을 신설하나 그 취지를 살리지 못하는 점 등은 그 대표적인 유사성이다.

위에서 우리는 근대의 권리담론이 소개되면서 권리란 용어가 불필요하게 남발되는 경향을 보았다. 권리담론은 구조상 자유가 선행하고 권리가 뒤따르는 것이다. 그럼에도 불구하고 많은 경우에 있어서 먼저 권리가 부여되고 난 연후에 자유가 주어지는 것처럼 생각의 역전현상이 일어난다. 다시 말해 권리가 실체화되는 경향이 가속화되고, 그 결과 권리의 소유문제가 전면으로 부상하게 된다. 이것은 마치 존재(*on*)의 핵심적 의미를 소지품의 뜻을 가진 실체화된 존재(*ousia*)로 사고하는 사람들의 자연스러운 습관과 흡사하다. 따라서 근대의 생활은 국가 내에서 국민으로서 살아가는 것이기 때문에 정부에 의한 권리의 용인이나 인정이 정치적 투쟁의 핵심으로 자리 잡게 된다. 이러한 맥락에서 실정법(positive law) 사상이 근대의 정치생활에서 크게 대두된 것도 나름 이유가 있었던 것이다.

근대의 정치학설에서 국민의 생활을 규율하는 법은 정의와 공리의 결합으로 이해되곤 했다. 루소로부터 헤겔로 이어지는 법사상의 요체는 정의와 공리를 어떻게 결합할 것인지에 두어졌다. 그들의 사상적 귀결이 개인적 자유의 포기로 이어졌다고 하는 것은 근대정치사에서 어느 정도 자명해졌다. 전체와 부분의 변증법이 일으키는 사변적 소용돌이 속에서 개인의 자유는 증발해 버렸다. 이러한 현상은 서구뿐 아니라 한국에서도 비슷하게 재현되었다. 그럼에도 불구하고 국가와 국민의 형성은 떨어져서 고찰될 수 없는 것임은 명백해 보인다. 오랜 시간의 국가상실과 인민의 분열 상황에서 이룬 해방은 한국 정부에 국민의 형성이라는 커다란 정치적 과제를 던져주었다. 한 가지 특이할 점은 해방 이후 정부의 수립에 별다른 진척이 없는 상황에서도 각종 이익단체들이 우후죽순처럼 결성된 현상이다. 이러한 현상은 단체적인 권리의 주장과 선점의 필요성에 대한 인식이 유통되고 있었다는 점을 전제하지 않는다면 이해하기 어려운 현상이다. 이것은 권리란 스스로 주장하고 스스로 보호해야 하는 것이지 남으로부터 보호받을 수 없다는 점을 몸소 학습한 결과가 아닐까?

한자의 권(權)은 상당한 의미에서 힘(power)을 지시하는 것으로 보인다. 그렇기 때문에 주권이란 번역도 가능했으리라. 스트라우스에 따르면 힘은 애매한 단어이다. 한편으로는 물리적 능력(*potentia*)을 나타내고, 다른 한편으로는 법적인 힘(*potestas*)을 나타낸다. 올바른[권리를 가진] 사회질서(the right social order)는 물리적 능력과 법적인 힘이 본질적으로 함께 결합할 때 존재할 수 있다. 국가는 가장 큰 인간적 힘이고 가장 높은 인간적 권위이다. "법적인 힘은 저항할 수 없는 강제이다."[12] 스트라우스에 의하면 이러한 근대의 사유는 인간행동(*actus*)에 대한 무관심을 함의하고 있으며, 따라서 예견할 수 없는 상황에서 힘이나 권리의 사용에 요구되는 신중함(prudentia)을 배제했다. 이러한 현상은 크게 보면 근대과학에서 힘이나 권리를 그 사용 목적으로부터 배제하여 고려하는 태도에 관련된다. 그러나 여기서 우리의 관심을 끄는 점은 스트라우스의 근대정치철학에 대한 비판에 있는 것이 아니라, 물리적 힘과 법적인 힘이 불일치할 수 있는 상황에 대한 상상력을 끌어내준다는 데 있다. 한국사회는 물리적 힘과 법적인 힘의 불일치를 오랜 시간 겪어 왔다.

---

12 Leo Strauss, *Natural Right and History* (Chicago & London: The University of Chicago Press, 1950), p. 194.

> 또 백성들이 권력 있는 못된 사람들에게 무리하게 곤란을 받되, 그 곤란을 받은 사람이 만일 권력이 없을 것 같으며 또 자기보다 약한 사람을 무리하게 압제하고, 또 자기는 자기보다 더 강한 사람에게 또 압제를 받으니, 만일 사람들이 지혜가 있을 것 같으면 이 못된 풍속을 온통 고쳐 권력의 유무간에 공평하고 정직한 도리만 가지고 빈부귀천이 서로 교제하게 만들 터이거늘, 오늘 남에게 무리하게 압제를 받고 욕을 보면 당장은 분히 여기고 그 풍속이 국민에게 해로울 줄을 알아 그러하되, 만일 요행히 자기가 권력이 조금만 생기면 자기를 무리하게 대접하던 사람과 같이 또 협잡할 생각이 있고, 밤낮 벼슬이나 도모하여 동포 형제의 피를 빨아먹을 생각들이나 하고 있더라.[13]

위와 같은 상태를 종식시키기 위해서 근대정치철학에 제시한 길은 가장 강한 강제와 가장 높은 권위를 결합한 정부를 세우는 것이다. 이를 이룰 수 있는 유일한 길은 홉스에 의하면 인간에게 가장 큰 영향을 미치는 정념인 "갑작스런 죽음에 대한 공포"와 인간의 가장 신성한 권리인 "자기보존의 권리"를 일치시키는 데 있다. 이로부터 근대의 국가이론과 주권이론이 나온다. 유길준의 논의가 애매한 것은 홉스처럼 시민전쟁이라는 극단적인 사례에 근거해서 추론된 근대정치이론을 구체적인 한국의 현실에 적용할 수 없었기 때문이었을 것이다.[14] 극단적 상황

---

13 전인권 편, 『독립신문 다시 읽기』 (서울: 푸른역사, 2004), p. 170.

14 이에 대해서 달리 생각해 볼 수도 있다. 동학운동 등에서 나타나는 전쟁상태의

은 항상 예외이다. 보편적 이론을 자임하려 설계된 홉스의 이론은 사실상 보편적으로 적용될 수가 없는 예외에 기초한 이론이다. 더 적확하게 말한다면 근대정치이론은 물리적 힘과 법적인 힘의 간극을 사유하기에는 적합하지 않은 사유였다고 할 수 있다. 바로 위에서 인용한 한국사회의 문제는 계약이란 손쉬운 수단으로는 해결될 수 없는 것이었고, 근대화의 과정도 근대정치철학이 제시한 길을 따라서 쉽게 이루어질 수 없는 것이었다. 그럼에도 불구하고 스스로의 물리력을 키우자는 자강의 논리나 신성한 권리로서의 생존의 논리는 한국사회에 진한 발자취를 남겼다. 오늘날 "자유민주주의"에서 "자유"란 용어에 강한 반감이 존재하는 이유 중의 하나는 생존의 논리로 사회적 약자를 희생시켰던 경험뿐 아니라, 덧붙여 그에 신성한 권리를 부여하는 태도 때문일 것이다.

III.

매천 황현은 생존의 권리를 앞세운 자강의 논리보다는 우리의 내실을 갖춘다는 온건한 입장을 견지한 것으로 보인다. "이러한[갑오경장의] 모든 조문을 보면 진정으로 우리나라를 위해서 내놓은 것이라고만

조선에 대해 유길준이 냉철하게 분석하지 못한 결과 홉스와 같은 결론에 도달하지 못했다고 말이다. 이런 점에서 보면 유길준은 서구문명을 수용하는 데 나타나는 한국지식인의 전형적인 태도를 대변하는 것 같기도 하다.

볼 수 없으나 대증지제(對症之劑)가 아니라고 보는 것도 옳지 않다. 힘써 실행했다면 어찌 오늘날의 화가 있었겠는가?"[15] 자강이론이 외부와의 경쟁을 강조하는 것이라면 내실지향은 내부붕괴론과 친화성을 가진다. 독립신문도 서구의 프리즘을 통해서 조선의 내부붕괴론을 지적한다.

> 조선 백성은 불쌍하기가 세계에 제일 불쌍한 백성이나, 불쌍하게 여기는 사람은 별양 없는 모양이라. 외국에서는 전국 백성 중에 사람 하나가 남에게 무례한 일을 받았다든지 어떤 관원이 무법하게 대접을 할 것 같으면, 전국 인민이 떠들고 나와 기어이 그 사람을 도와주고, 그 무례하게 대접한 사람이나 무법하게 다스린 관원에게 죄를 주어 그런 일을 다시 못하게 하는 것이, 다만 한 사람만 위하고 한 사람만 미워서가 아니라 전국 인민을 위하여 그렇게 하는 것이요, 사람마다 제 몸과 제 집안을 위하여 그런 일이 없도록 하는 것이라.
>
> 조선에서는 못된 사람이 못된 일을 하여도 놀라고 분해하는 사람이 없고, 도리어 사람이 옳은 일을 하거드면 그때는 놀라고 이상히 여겨 그 사람을 도로 미워하며, 전국 인민이 원과 관찰사와 토호하는 양반들에게 압제를 받아 억지로 돈을 뺏기고 맞기도 하고 욕을 보아도 경향(京鄕: 서울과 지방) 인민이 이런 것을 변괴로 알지 않고 으레 그런 줄로 아노라.[16]

15 황현, 이장희 역, 『매천야록』 (서울: 대양서적, 1978), p. 153.

16 전인권 편, 『독립신문 다시 읽기』, p. 128.

첫 번째 문단은 사회적 정의가 사라진 조선의 모습을 보는 기본적인 틀을 제공한다. 그 틀은 국민의 형성에 실패한 조선의 모습이다. 국민 개개인의 자유는 사회적 정의에 기초해서 꽃필 수 있다. 그리고 사회적 정의는 근본적으로 국민 개개인의 자리(自利)에 기초한다. 사회적 정의의 부재에 따른 국민 수립에 실패한 한국사회의 모습은 대헌장으로부터 시작되는 영국의 민주화 과정과 대비가 된다. 영국의 대헌장은 신분의 원칙보다는 사회적 정의의 원칙을 우선시함으로써 정치공동체의 기초를 놓았고 그 바탕위에 영국인의 자유는 서서히 성장할 수 있었다. 두 번째 문단은 사회적 정의의 부재가 고질화된 조선사회의 모습을 그리고 있다. 이러한 고질병에 걸린 조선에 대한 애정과 불쌍한 조선인을 개화시키려는 애정 어린 비판의 모습도 1910년 나라를 빼앗기면서 서서히 종식된다.

1920년대에 들어서면 정치적 자유와 더불어 사회적 자유의 요구가 등장한다. 오늘날의 용어를 빌면 "형식적 자유"와 "실질적 자유"의 구분에 상당한다. 사회적 자유의 요구는 서구역사에 대한 나름대로의 해석에 기초한다. 즉 프랑스혁명은 정치적 혁명이었고, 러시아 혁명은 사회적 혁명으로 근대의 혁명을 완성했다는 논리이다. 망해가는 중국과 제국주의 일본을 대신해서 혁명 러시아가 관심의 대상으로 부상한 것이다. 러시아 혁명은 제국주의의 압제와 내부적인 압제에 시달리던 인민들에게 상당히 매력적인 것으로 비쳤음에 틀림없다. 한국의 공산주의 노선은 제국주의로부터의 해방이라는 큰 명제가 설정되면서 농민운동까지도 포섭하게 된다. 민족 해방 노선과 제국주의로부터의 해방 노선은 서로 협조하면서도 대립하였다. 물산장려운동에 대한 사회주의 노선의 비판과 그 비판에 대한 민족주의 노선의 비판이 이어졌으나, 민족국가로서의 모습과 제국주의의 모습을 동시에 가지고 있는 일본에 대한 저항에는 협조하기도 했다. 1910년 일본에 나라를 빼앗기고 난 이후 한국인의 이와 같은 정치적 투쟁은 그 당시의 국제적 상황을 보면 대단히 자연스럽게 느껴진다. 왜냐하면 국가의 수립과 국민의 형성이라는 한국인의 역사적인 정치적 과제가 연기 혹은 지연된 상태에서 정치의 기초 혹은 문법(grammar)을 둘러싼 경쟁과 타협의 학습은 불가능했기 때문이다.

정치적 상황과 더불어 자아에 대한 관념도 굴곡을 겪는다. 서구 현대철학의 한 조류로 유행한 바 있는 "해체주의"와는 뉘앙스가 다른 일종의 자아의 파괴주의 혹은 허무주의가 자유의 이름으로 등장하기도 했다. 항해를 시작할 출발지가 없는 망망대해에서 인간의 자아는 어디로 나아가야 할지 방향성을 상실하게 된다. 파괴주의와 마찬가지로 순수한 자아를 찾으려는 노력도 허무주의로 귀결하기는 마찬가지다. 정치적 지향점을 서로 함께하는 사람들의 모임과 그들의 거처가 사라져버린 자리에 생겨나는 자아는 아리스토텔레스의 말을 빌면 "짐승"이거나 "신"이 될 것이다. 왜냐하면 인간은 정치적 동물이기 때문이다.

1930년대와 1940년대 일본의 패권이 공고화되면서 서양의 제국주의로부터 아세아를 해방해야 한다는 주장이 설득력을 얻어갔다. 서양의 역사학은 "아세아" 혹은 "동아"가 서구의 타자로서 영원히 열등한 존재론적 지위를 가질 수밖에 없는 것으로 그렸다. 일본은 서양역사학을 학습했으나 그 그늘로부터 벗어나려는 계속된 시도를 했고, 그 결과의 하나로 서양과 동등한 "동양"을 넘어서 서양의 기원으로서의 동양을 그려

냈다. 그리고 지금 정체된 동양을 지도하고 계몽해야 할 책임을 일본에 부과했다.[17] 한국인들 중에서는 일본이 아닌 아세아에서 정체성과 자유를 찾으려는 시도가 있었다. 아세아주의는 동양에서 일본의 지도적 위치를 인정한 것이기는 했지만, 식민지 인민이 느끼는 열패감으로부터 어느 정도 해방된 공간을 마련해 준 것이기도 하였다. 달리 말하면 "황국"을 앞세운 아세아공영체의 구상은 식민지 사람들의 열패감을 줄이면서 그들에게 적절한 정치적 정체성을 부여하는 기능을 했다.[18] 일본의 식민지로 전락하기 이전 개화의 정신을 소개할 때에 미국은 찬미의 대상이었고, 한국인은 신문지상을 통해서 미국인들의 자립정신을 찬미하기도 했다. 그러나 그러한 찬미의 대상이었던 서양은 어느새 동양을 압제하는 제국주의의 나라로 비쳐지게 되었다.

다른 한편으로 사회주의 운동은 서구의 제국주의 국가들과 마찬가지로 일본의 제국주의도 다를 바가 없는 것으로 간주했다. 소비에트의 본고장만이 사회주의 운동의 고향이 될 만한 자격을 가진 것이다. 자본주의 제국주의에 대한 극단적인 분노는 박헌영의 예에서 나타나듯이

17 Stefan Tanaka, *Japan's Orient* (Berkeley: University of California Press, 1995).

18 아세아공영체의 구상은 the British Empire(탈식민지 이후의 시대에 the British Commonwealth로 변신해감)나 프랑스의 식민정책으로부터 상당한 자극을 받았을 것이라고 추론할 수 있다. 친일논쟁에서 "황국"의 신민을 주장한 사람을 "친일"로 재단하는 것은 정치적 고뇌를 덜어주는 데는 유용한 측면이 있으나, 식민지 한국인의 고뇌를 이해하는 데는 야박한 태도라고 할 수 있다. 한편 재일한국인의 지위 문제나 위안부 문제 등을 다루는 방식에서 나타나는 일본인의 협소한 민족주의적 태도는 제국의 관리에 요구되는 "관대함"을 학습하지 못한 채 강탈적 제국주의를 추구한 것은 아닌지 강한 의혹이 제기될 수 있다.

소비에트에 대한 극단적 추종주의를 낳기도 했다. 그러나 시야를 넓게 보면 소비에트의 "국제주의"는 제국주의와 동전의 양면처럼 보이기도 하고, 동일한 사물의 다른 이름 같기도 하다. 어쨌든 위와 같은 심리적인 정향으로 인해서 좌와 우를 막론하고 영국과 미국은 제국주의를 대표하는 나라로 낙인찍혔다. 그러나 처칠의 회고에 의하면 미국의 태평양 정책으로 인해 영국이 일본과의 관계를 포기하게 되었을 때, 영국 내에서는 동아시아에서 영국의 이익을 포기한 것에 대해 상당한 아쉬움을 느꼈다고 한다.[19]

위와 같은 태도는 오늘의 우리에게도 낯선 것은 아니다. 미국의 제국주의로부터의 해방을 외치면서, 스스로는 추종할 대상을 외부에 두는 태도는 최근까지 큰 정치적 이슈가 되었다. 다른 한편으로는 자주국방, 자강 등을 외치면서도 실제로는 자주적인 사고나 태도를 결여한 이른바 한국 "보수"의 모습은 정치적 신뢰를 상실해가고 있다. 역사를 반추하지 않는 한국인, 그런 상태에서 일어나는 동일한 것의 역사적 반복이라고 말해도 좋지 않을까? 이러한 상황에서 나타나는 민족주의로의 경도는 한편의 허무한 낭만주의 작품을 보는 듯이 안타깝기만 하다. "최익현은 평소 중망이 있었고 충의가 일세에 뛰어났다. 그러나 군대를 부리는 데 익숙하지 못하고 나이 또한 늙어서 일찍이 기모(奇謀)가 있어 승산을 계획했던 것이 아니며 수백명의 오합지졸은 모두 기율이 없었고 유생종군자는 큰 관을 쓰고 넓은 옷소매의 의복을 입어 장옥(場屋)

---

19 Winston Churchill, *The Second World War* I (London: Cassell & Company, 1959), pp. 78–79.

에 나아가는 것 같았으며 총탄이 어떠한 물건인지 알지도 못했다."[20]

한국인에게 자유는 늘 어려운 문제였다. 만해 한용운이 설파한 자연적인 "자존성"을 유지하며 살기 쉽지 않은 것이 우리의 현실이었다. 한용운은 종교생활을 통해서 인간으로서의 자존성을 일생 동안 지키며 살았을 것이나, 일반인에게 그와 같은 삶을 추천하기는 힘들 것이다. 이와 마찬가지로 민족이나 이념을 위한 혁명가의 "자유로운" 삶도 일반인에게 강요할 수는 없을 것이다. 사람들을 닦달하듯이 몰아세워 자주적인 삶을 쟁취하자는 자강의 논리도 국민들의 자유 함양에 도움이 되지 않았다. 이것은 자유로운 삶이라기보다는 강요된 삶이 아니었던가? 정치적으로 한국인은 강대국의 그늘 아래에서 형식적인 사대로 나름의 생존을 모색해 왔다. 그러나 형식적 사대가 역사적으로 지속됨으로써 사대의 습관이 고질화되지는 않았는지 의혹이 제기된다. 무엇보다 이런 모습이 한국인으로서의 정치적 자긍심을 훼손하는 지경에 이르지 않았는지 염려스럽기도 하다.

자유는 대체로 자긍심(pride)과 친화성이 있다. 국민들의 자긍심을 잘 펼치게 하는 국가의 역할이 무엇보다도 절실히 요구되는 까닭이 여기에 있다. 자긍심은 혼자서 성취할 수 있는 일이 아니라 사람들과의 관계를 통해서 실현되기 때문이다. 한국은 근대국가의 형성과 관련해서 삼일운동, 독립투쟁운동, 4·19 의거, 산업화, 민주화 등을 통해서 국민적인 자긍심을 구성하려 해왔다. 그럼에도 불구하고 각 사건들의 의미에

---

20 황현, 『매천야록』, p. 331.

대한 극한 대립 속에서 그 사건들의 의미가 펼쳐지고 증폭되지는 못한 것 같다. 여기서 영국 대헌장의 사례는 우리에게 교훈을 준다. 영국인들은 대헌장의 의미를 반추하고 증폭시키고 펼치고 보완함으로써 그들의 몸에 맞는 헌정을 구성하였다. 이 과정을 통해서 그들은 자긍심을 가진 영국인이 되었으며 자유헌정을 성취하게 되었다.

IV.

일본의 식민지로부터 해방된 후 한국정치는 식민지의 경험으로부터 오는 과제를 고스란히 떠맡아야 했을 뿐 아니라 국제정치의 힘 대결의 장(場) 한가운데서 진행되었다. 한편에서 사회적 권리 혹은 평등의 원칙에 입각해서 인민을 만들고자 한 정치체제가 수립되었고, 다른 한편에서는 정치적 권리에 기초해서 국민을 형성하고자 한 정치체제가 수립되었다. 주지하듯이 북한의 인민주의에 맞서 이승만은 일민주의를 주창하기도 했지만, 6·25 전쟁 이후로는 반공주의가 그 자리를 대신하게 되었다. 반공주의의 핵심은 적을 부정함으로써 자신의 자유를 규정하는 데 있다. 그리고 북한은 제국주의를 부정함으로써 그들의 자유를 규정하던 습관을 계속 이어가고 있다. 이러한 대결구도 속에서 남북한 어디에서도 시민적 형식의 자유는 좀처럼 성장하지 못했다.

제2절에서 논의한 것처럼 식민시대의 열악한 환경에서는 생존의 권리가 강조된 자유주의적 논리가 강하게 지배했었다. 이른바 홉스식의

"자연상태"에 비유될 만한 환경적 요인이 크게 작용한 까닭일 것이다. 해방 이후 서서히 '사회'가 형성되어 가면서 자유주의 이론의 제2탄이라고 할 로크식의 자유주의가 강하게 영향을 미치기 시작했다. 북한과의 대치상황에서 자유주의의 가장 중요한 의미는 재산에 대한 자연권이었다. 재산에 대한 자연권은 자기보존이라는 근본적 권리로부터 나온 것이지, 사회계약의 파생물이 아니라는 주장은 북한 체제와 남한 체제의 차이를 설명하는 핵심적 사항이 되었다. 고향에 재산을 두고 월남할 수밖에 없었던 사람들의 경험은 그 차이의 의미를 그들에게 각인시키기에 충분했다. 대대로 내려온 소중한 삶의 터전을 폭력적으로 강탈한 정치권력에 대한 공분은 재산의 자연권에 대한 부대적인 설명을 불필요하게 할 정도가 아니었을까. 사실상 사회적 권리를 앞세운 폭력적인 국가의 수립은 일본의 교묘한 수탈을 넘어서는 것이었을 것이다. 덧붙여 6·25 전쟁의 경험은 자기보존의 욕구를 크게 자극했을 것이다.[21]

이런 의미에서 남과 북의 대치 상황은 남한에서 자유의 의미를 규정하는 큰 틀을 만들었다. 이러한 틀 속에서 개인의 권리에 대한 국가 개입의 한계는 논쟁의 여지는 있었지만 대체로 합의되었다고 할 수 있다. 해방 이후 남한에서 이루어진 가장 급진적 개혁의 하나로 간주되는 토

---

21 백가흠, 『나프탈렌』 (서울: 현대문학, 2012). 백가흠은 소설 속 등장인물인 백용현을 통해서 6·25 전쟁에서 아버지의 죽는 모습을 옆에서 지켜본 아들이 죽음의 공포를 벗어나려는 애쓰는 홉스적인 인물을 형상화하고 있다. 이 소설에서 흥미로운 점은 죽음의 공포를 경험한 백용현이 늙어서도 그 외상을 극복하지 못하고 몸에 좋다는 음식에 대한 탐닉이나 젊은 여자에 대한 집착 등의 행위양태를 보여준다는 데 있다. 홉스는 죽을 때까지도 자신의 죽음을 받아들이지 못했다고 말해진다.

지개혁은 북한과 달리 개인의 재산권에 대한 대체적인 인정을 바탕에 두고 진행되었다. 사회주의적 색체가 강했던 조봉암을 날개로 삼아 이승만이 추진한 토지개혁의 성공은 정부에 의한 공적인 개입의 한계를 정하는 중요한 사건이었다. 개혁의 필요성에 대한 절박함과 더불어 이승만에 대한 존경은 개인의 재산을 침해하는 부분에 대해서 사람들을 설득시키는 적절한 구실이 되기도 했다. 반면에 북한에서의 인민 만들기는 결국 인간의 자연적인 성향을 부정할 정도의 인위적 개입이었다. 그 시도는 폭력적이었지만, 사회적 혼란을 신속하게 해결하는 방법이었기 때문에 초기에는 상당히 성공적인 모습을 보이는 듯했다. 하지만 토크빌(Tocqueville)이 지적하듯이 그 힘의 원천이 곧 소진되는 경향을 보였다.[22] 현재의 결과가 보여주듯이 인민을 만드는 시도는 자유의 원천을 막아버리는 정치적 엔지니어링이라고 할 수 있다.[23]

반면에 남한에서의 정부의 수립과 국민의 형성은 혼탁, 부패, 부정, 그리고 저항이 뒤섞인 혼란스러운 과정이었다. 말하자면 홉스의 "자연

---

22 "중앙집권은 예방에는 뛰어날지 몰라도 행동에는 그렇지 못하다. 사회가 중앙집권 쪽으로 심하게 동요하거나 가속적으로 움직여 갈 경우, 중앙집권의 힘은 저절로 빠져버린다. 그리고 중앙집권의 여러 조치를 취하는 데 일반시민들의 협조가 필요해질 경우, 그것이 무력하다는 비밀이 드러나는 것이다. … 인간 의지는 앞으로 나아가는 태도에 있어서 자유로워야 하며 그 행동에 책임을 져야 한다. 그런 것이 인간의 모습이다. 그렇지 못하다면 시민은 자기가 잘 알지도 못하는 일에 꼭두각시가 되기보다는 소극적인 관객으로 남아 있으려 할 것이다." 알렉시스 토크빌, 임효선·박지동 역, 『미국의 민주주의』 (파주: 한길사, 2008), pp. 151–152.

23 사회적 엔지니어링에 대한 하이예크(Heijek)의 비판은 언급할 필요도 없을 것이다.

상태"를 방불케 하는 무정부상태로부터 출발할 수밖에 없었다. 이런 가운데 수립된 선거제도는 한편으로는 사회적으로 광범위하게 부패를 부채질하기도 했지만, 다른 한편으로는 자유를 바탕으로 한 민주적 권력 수립의 의미를 서서히 정착시키는 데 핵심적인 역할을 했다. 이 과정은 고통을 동반한 학습과정이었다. 그 중에서도 자유당의 부정선거에 저항한 4·19 의거는 민주적 권력의 의미를 수립하는 데 중추적 역할을 한 정치적 경험이었다. 아이러니하게도 자유를 당명으로 내건 자유당의 사례는 자유=부패=부정의 연합을 한 줄로 꿰는 경험을 제공했다.

시민적 자유의 경험을 갖지 못한 나라에서는 대체로 상상을 통한 자유의식의 고취나 아니면 이론적으로 자유의 의미를 가르치는 길을 가게 된다. 한국인들은 교육을 통해서 자유의 형식적 의미를 학습했지만 현실의 문제와 부딪힐 때 그들의 교육 내용은 알맹이 없는 것으로 번번이 밝혀졌다. "자율학습"이란 발상은 그 대표적인 사례로 꼽을 수 있을 것이다. 내용이 없는 형식에 의미를 채우려 시적인 상상력이 발휘되곤 했다. 자유, 혁명, 피 등을 연관시켜 사고하는 시적인 상상이 실천적으로 이해될 수 없는 형식으로부터 오는 허전함을 채워주었다. 이런 의미에서 함석헌의 자유의지적 자유(voluntary will)에 입각한 혁명론은 사람들의 마음을 촉발시키는 데는 상당히 큰 역할을 했을 것이다.

형식적 권리로서의 자유나 자유의지적 자유와는 달리, 약자를 짓밟으면서도 생존의 권리를 신성시하는 부정적 이미지의 자유 또한 강하게 남아있다. 재산이 사회계약이 아니라 자연권으로부터 나온다는 로크의 주장은 인간의 이기심을 도덕적주의적 구속으로부터 해방시키는 구실로 사용될 수 있었다. 물론 로크는 재산권의 절대성을 주장하는 길을 택하기보다는 인간의 이기심이 공동의 이익에 합치한다는 논법으로 인간의 탐욕에 명분을 주었다. 한국사회는 아직까지 탐욕과 공적인 이익의 연결고리가 애매한 채로 남아있다고 생각된다. 한때 한국 사회에는 탐욕=부패=부정의 연결고리가 강하게 지배했었다. 때때로 부정부패에 대한 사회정화운동은 이기심과 부정부패를 단죄하려는 도덕적 색체를 강하게 노출하기도 했다. 그러나 한국 정치는 도덕주의적 영향을 강하게 받기는 했지만, 인간의 이기심을 단죄하려는 방향으로 극단화되지는 않았던 것 같다. 그에 반해서 이기심이 공동의 이익에 봉사할 수 있다는 믿음이 사람들의 마음을 꽉 움켜잡은 것도 아니다. 그리고 최근에는 자본주의의 고착화로 인해서 사회적으로 인간의 탐욕 자체를 너무 쉽게 수용해버리는 세태가 자라나고 있다고 생각한다. 이러한 서로 엇갈리는 조류들이 충돌하는 가운데 자유주의에 대한 논의는 답보상태를 면치 못하고 있다.

그렇다면 한국에서 자유의 문제는 어떠한 시각에서 가장 잘 조망될 수 있을까? 자유주의 이론은 자연상태와 그 대칭에 위치한 시민사회의 간극을 너무 쉽게 사고하는 경향이 있다. 그 간극을 메우기 위해서 자유주의 이론이 제시하는 사회계약이란 처방이나, 개인의 이기심이 공적인 이익에 부합할 것이라는 막연한 주장으로는 그 간극이 매워질 수 없다. 오히려 우리는 사회계약이 왜 어려운지 혹은 개인의 이기심과 공적인 이익은 왜 잘 부합하지 않는지를 질문해야 할 것이다.

한국사회가 안고 있는 자유의 문제에 접근하기 위해서 필자는 홉스의 문명에 대한 생각으로부터 말문을 열고자 한다. 문명이 가능하기 위해서는 평화가 필수적이다. 서로 싸움을 하는 상태에서는 문명을 가능하게 하는 인간의 활동이 불가능하기 때문이다. 즉 문명의 기초는 안전 혹은 안보(security)라는 말이다. 안보는 외부의 적으로부터의 안전을 의미한다. 안보는 한국인이 늘 당면했던 문제였고 여전히 문제로 남아있다. 이런 점에서 한국인의 자유의 기반은 위험한 상태에 놓여 있는 것이다. 둘째 내부적인 안전의 문제이다. 한국인은 안전의 문제에 취약했다. 그러나 이 문제를 해결하기 위해서 홉스가 제시한 "강한" 정부의 비전은 냉철하게 보면 허구적이다. 강한 정부는 물리적 힘과 권리로서의 힘이 일치할 때 수립된다. 그러나 힘(power)에 대한 두 가지 견해는 일치하는 것이 아니라 간극이 벌어져 있다. 시민적 자유의 문제는 안전의 문제와 떨어질 수 없다. 그리고 자유의 측면에서 시민적 안전은 법치를 통해서 확보된다. 법치의 취약은 한국사회의 고질병처럼 남아있다. 이런 점에서 제3절에서 독립신문이 지적한 한국사회의 문제는 아직까지도 유효한 문제의식이라 생각된다.

개인의 이기심과 공적인 이익의 간극을 메우는 일 또한 보이지 않는 손 즉 자연으로 간주되는 시장의 기능에 맡겨질 수 없음은 근대의 역사가 증명하고 있다. 그렇다고 해서 정부가 주도하는 계획경제가 그 대안이 될 수 없다는 점 또한 자명한 것이 되었다. 따라서 이러한 간극들을 연결하는 고리를 찾는 문제가 중심적 자리를 차지한다고 생각된다. 정치의 영역에서도 대의제의 원칙을 실현하는 기제인 선거가 위와 같은 동일한 문제를 안고 있다. 앞으로 자유에 기초한 민주성을 수립하는 매개로서 선거 제도가 그 짐을 떠맡을 수 있을까? 선거가 민주적인가라는 질문을 제외한다 하더라도,[24] 후쿠야마가 지적하듯이 형식적 선거제도는 실제 적용에서 각 사회의 맥락에 따라서 전혀 다른 의미로 작동하고 있다.[25] 그렇다면 한국의 자유민주주의를 이해하기 위해서는 한국사회의 역사와 관습을 이해하지 않을 수 없을 것이다. 한국에서 반복된 선거의 경험은 사람들의 정치적 의식과 지혜를 함양하는 데 가장 중요한 위치를 차지했다고 생각된다. 여기서 필자가 강조하고 싶은 바는 형식적 제도로서의 선거가 아니라 반복된 선거를 통한 정치적 학습의 과정이다. 이러한 학습의 과정과 경험이 자유주의 이론이 벌여놓은 간극을 채워가고 있는 것이다. 이것을 사회적·정치적 관행이라고 불러도 좋다.

경험을 통한 학습과정에서 가장 중요한 요소는 감각(sense)의 형성이다. 한국사회에서 가장 예민한 자유의 감각은 권리에 대한 감각이었다. 앞서 필자는 권리의 감각이 형성되어온 과정을 한국정치사를 조망하면서 설명하고자 했다. 사실상 자유주의는 권리에 대한 감각을 예민하게 수립해왔다. 그래서 권리의 축소와 확장을 둘러싼 투쟁이 자유주의 정치사를 설명하는 유력한 틀이 되곤 했다. 이에 반해서 책임에 대한 감각은 대단히 미분화되어 있고 둔탁한 상태에 놓여있다고 생각된다. 한국사회에의 책임의식이 성장하지 못한 원인은 마루야마 마사오가 지적한 바 있는 일본사회의 책임의식 부재의 원인이나, 아렌트가 지적한 "악의 평범성"의 원인과는 달리 설명되어야 할 것 같다.[26] 앞선 절에서 책임

24 버나드 마냉, 곽준혁 역, 『선거는 민주적인가』 (서울: 후마니타스, 2004).

25 프란시스 후쿠야마, 함규진 역, 『정치질서의 기원』 (서울: 웅진지식하우스, 2012). 이에 대한 가장 간명한 예로는 파푸아뉴기니에 이식된 선거제도의 실제를 보라. (후쿠야마 2012, 15−18)

26 이런 시각에서 독일의 뉘렘베르크 전범재판과 일본의 전범재판을 비교하는 것

을 외부로 돌리는 인간의 자연적 성향을 중심으로 한국의 근대사회를 기술했다. 식민지 상황뿐 아니라 해방 이후의 상황은 그러한 일반적인 추론을 가능하게 한다. 그러나 근대 이전의 우리의 내부적인 실상을 볼 때도 긍정적인 평가를 하기는 힘들 것이다. 우리의 내적인 원인에 대한 연구는 조선시대의 역사를 거슬러 올라가야만 하는 방대한 작업이 될 것이다. 여기서는 세종시대의 부민고소제와 관련된 일련의 논쟁을 지적하기로 한다.[27]

권리에 대한 감각과 더불어 시민적 자유의 안정을 위해서는 책임의 감각이 요구된다. 이것은 서구에서 책임(responsibility)에 대한 분별이 확대되고 섬세하게 되었다는 점에서 잘 나타난다. 원초적 단계의 사회에서 책임 의식은 해악의 직접적인 원인에 한정되었다. 그러던 것이 사회의 발전과 더불어 자신이 해악의 직접적인 원인이 아니더라도 책임을 져야 할 책임 확대의 과정을 겪었다. 책임의 확대 과정에는 관계에 대한 세심한 분별이 요구된다. 예를 들면, 보통법에는 accountable, answerable, chargeable 등의 용어로서 책임의 관계 설정이 형성되었다. 책임에

은 흥미로운 연구가 될 것 같다. 정치세계에서 책임의 문제는 우리 편과 정적의 이분법에 휩쓸릴 소지가 크다. 그러나 다양한 형태의 책임을 구분하는 것이야말로 정치발전의 중요한 단계이다.

27 김홍우, 『법과 정치』 (고양: 인간사랑, 2012), 제8장 참조. 이 논쟁에서 세종은 백성이 수령을 고소는 하게 하되 잘못한 수령에게 책임은 묻지 않는다는 중재안에 그친다. 세종의 어정쩡한 중재가 안고 있는 가장 중요한 문제는 법치의 근간을 훼손한다는 점이다. 책임을 묻지 않는다면 법이 존재할 이유가 없을 것이다. 덧붙이자면 영국의 대헌장과는 달리 세종은 정의의 원칙을 신분의 원칙 때문에 희석시키고 말았다. 서로 다른 전통의 수립이 장기적으로 가져온 결과는 나라의 흥망을 가르는 데 큰 기여를 했다고 생각된다.

도 다양한 형식이 존재하는 것이다. 이에 반해서 한국사회는 도의적 책임과 법적 책임이라는 애매한 구분이 통용되는 듯하다. 이 구분은 상당한 의미에서 사회지도층의 책임 회피 습관과 연결되어 있다고 생각된다. 사실상 어느 사회에서나 책임을 지고 싶어 하는 사람을 발견하기는 쉽지 않을 것이다. 그럼에도 여러 가지 원인으로 사회에 해악을 주는 일은 발생할 수밖에 없다. 그리고 해악이 있다면 그 해악에 대해서 책임을 져야 할 사회적 필요가 있는 것이다. 행동에는 위험부담이 따르지만, 행동하지 않는 것보다는 행동하는 것이 사회에 더 이롭다. 따라서 인간은 결정을 해야 하는 존재이고, 책임을 져야 하는 존재이다. 이것이 정치세계가 존재하는 가장 큰 이유가 될 것이다.

이른바 "자유주의" 이론은 시민적 자유가 존립하기 위한 근거인 책임의 문제를 지나치게 단순하게 보았거나 아니면 간과하였다. 이러한 현상은 이론적인 측면에서 볼 때 계약을 단순히 의지의 표현으로 간주한 데 따른 결과이기도 하다. 흄이 지적하듯이 자유주의 이론은 계약이 사회제도로서 존립하는 데 필요한 광범위한 사회적 관행의 존재를 망각하고 있는 것이다. 그 망각의 원인을 더 깊게 올라가면 인간의 자유의지란 허상이 자리하고 있다. 그렇기 때문에 자유주의 이론은 시민적 성숙에 이르게 되는 정치공동체의 변화와 사람들의 존재 양태의 변화를 설명하는 데는 더 없이 무력하다. 바로 이런 이유에서 한국사회를 강타한 신자유주의 광풍도 메마른 개혁에 그치고 사회에 생채기만 남기고 지나갈 가능성이 농후하다.

참고문헌

구지현. 2013. "유길준의『서유견문』에 보이는 견문록의 전통과 확대."『溫知論叢』제37집.

권용립. 2003.『미국의 정치문명』. 서울: 삼인출판사.

김홍우. 2012.『법과 정치』. 고양: 인간사랑.

마냉, 버나드. 곽준혁 역. 2004.『선거는 민주적인가』. 서울: 후마니타스.

백가흠. 2012.『나프탈렌』서울: 현대문학.

우홍준. 2004. "구한말 유길준의 정치·사회·경제론:『서유견문』을 중심으로."『한국행정학보』. 제38권 제1호.

유길준, 허경진 역. 2014.『서유견문』. 파주: 서해문집.

장인성. 1997. "유길준에 나타난 '도덕'과 '정치': 자기-타자 인식의 정치적 사유." 한국정치학회『학술대회자료집』제4호.

전인권 편. 2004.『독립신문 다시 읽기』. 서울: 푸른역사.

토크빌, 알렉시스. 임효선•박지동 역. 2008.『미국의 민주주의』. 파주: 한길사.

황현. 이장희 역. 1978.『매천야록』. 서울: 대양서적.

후쿠야마, 프란시스. 함규진 역. 2012.『정치질서의 기원』. 서울: 웅진지식하우스.

Churchill, Winston. 1959. *The Second World War* I. London: Cassell & Company.

Skinner, Quentin. 1978. *The Foundations of Modern Political Thought*, Vol. I. Cambridge: Cambridge University Press.

Strauss, Leo. 1950. *Natural Right and History.* Chicago: The University of Chicago Press.

Tanaka, Stefan. 1995. *Japan's Orient.* Berkeley: University of California Press.

4장 서구 국가사상의 수용과 건국헌법*

김경희 (이화여대)

I. 머리말

이 글은 1948년에 제정된 대한민국의 건국헌법을 구한말 서구정치학, 특히 독일의 유기체적 국가론 수입의 연장선에서 살펴보고자 하는 시도이다. 건국헌법에 대한 논의는 정치학계와 헌법학계의 논의로 크게

* 이 글은 *Oughtopia*, 31/1 (2016)에 실린 필자의 글을 가져온 것이다.

나눌 수 있다. 정치학계의 건국헌법에 대한 논의는 주로 그 권력구조에 초점을 맞춘 것으로 혼합형 권력구조를 강조한다. 김성호와 최선은 절충적 대통령제를 택한 건국헌법은 경로의존성(path-dependent)을 지녔다고 지적한다. 임시정부 이후의 정부구성 논의나 광복 후 건국헌법이 제정되는 3년간의 과정은 혼합적 권력구조의 지속과 대통령제로의 수렴 경향성에 의존했다는 것이다.[1] 건국헌법의 전사(前史)와 배경 등 그 계보학에 대한 방대한 연구를 수행하고 있는 서희경은 정부형태의 구성에 초점을 맞추고 있다.[2] 건국헌법을 대통령제와 의원내각제를 혼합하여 절충한 것으로 파악한다.[3] 대통령제는 이승만을 중심으로 한 세력이 당시 엄중한 정치상황을 고려한 것이다. 분열과 혼란 속에서 독립과 안정이라는 정치적 목적을 우선시했기 때문에 '잠정적 처방책'으로 옹호한 측면이 강하다는 것이다. 반면 한국민주당을 중심으로 한 세력은 의원내각제를 지지했다. 이것은 대통령 일인(一人)의 권력 집중을 제어하고, 국민의 민의가 반영된 국회에 기초하여 견제와 균형이 가능한 정부를 도모하고자 한 것으로 파악된다.[4]

---

1 김성호·최선, "1948년 건국헌법에 나타난 혼합적 권력구조의 기원: 미군정기와 제헌국회의 헌법안 및 헌법논의를 중심으로," 『헌법학연구』 15/2 (2009).

2 서희경, 『대한민국 헌법의 탄생: 한국 헌정사, 만민공동회에서 제헌까지』 (파주: 창비, 2012).

3 건국헌법을 민주공화주의의 정신으로 파악한 논문으로는 서희경·박명림 (2007) 참조.

4 개화기부터 독립운동시기를 거쳐 건국헌법제정까지의 과정을 역사적으로 고찰한 박찬승(2013)의 방대한 연구도 참조할 만하다. 제헌헌법의 역사적 의미에 대한 연구로는 이승우(2012) 참조.

권력구조나 정부형태에 초점을 맞춘 정치학계의 논의와 달리 헌법학계에서는 건국헌법의 헌법학적 원리, 그 중에서도 '민주공화국' 혹은 '공화국'의 원리에 주목하고 있다.[5] 이들은 조항 분석을 통해서 건국헌법이 '공화국'의 특성을 어느 정도 그리고 어떻게 구현하고 있는지를 고찰하고 있다. 정치학적 연구가 헌법 조항들에 대한 미시적인 연구와 더불어 그 발생의 통시적이고 공시적인 연구를 수행한다면, 헌법학적 연구는 주로 미시적인 연구에 치중한다고 볼 수 있다. 따라서 정치학적 연구는 건국헌법의 원리에 대한 분석은 미흡하다고 할 수 있다. 반면 헌법학적 연구는 건국헌법 탄생의 정치적 배경이나 의미에 대한 분석이 부족하다고 볼 수 있다.

본 논문은 건국헌법에 나타난 '공공복리'(公共福利)의 개념을 주목하고자 한다. 공공복리는 추후 국익(國益)의 개념과 연결되기도 한다. 국가의 전체성 의미를 강조하는 개념이다. 그 영어번역어인 public welfare에도 잘 드러나 있듯이 공공복리는 public을 강조한다. public은 라틴어 publicus에서 온 말로 populus에서 전이된 것이다. 라틴어 populus는 국가공동체를 이루는 인민을 의미한다. 집합적인 전체로서의 인민이 국가공동체인 것이다. 따라서 '공적인'이라는 public의 의미는 개별성보다는 전체성을 지니고 있다.[6] 전체성은 통일성을 강조하게 되고 그것은 개별성과 다양성보다는 획일성과 단일 의지를 중심에 놓을 수 있다. 그런데

---

5 김선택(2008), 이국운(2013), 이영록(2010) 참조. 한편 건국헌법의 자유주의적 의미에 대한 연구로는 강정민(2003) 참조.

6 공공성 개념에 대해서는 김경희(2009) 참조.

구한말 국가위기의 상황에서 한반도의 지식인들은 난국을 타개하기 위해 서양의 정치학과 국가사상을 흡수했는데 그 중에 독일의 유기체론 국가사상이 이러한 전체성과 통일성을 강조하고 있다.

구한말 우리에게 수용된 국가사상은 시민혁명의 경험을 소유한 미국과 서유럽의 계약론적 국가론과 뒤쳐진 근대국가 건설의 염원을 표현한 독일의 유기체론적 국가론으로 대별된다.[7] 구한말 외세의 침탈에 속수무책이었던 지식인들은 새로운 국가건설만이 난국을 타개할 계책으로 보았다. 그러나 시민들의 힘이 미약했던 시기에 계약론적 국가론보다는 유기체적 국가론을 선호하였다. 군왕, 권문세가, 백성 등 국가공동체 각 부분들의 조화로운 통합과 통일 속에 국가의 강화를 꾀하고자 했던 것이다. 폭군의 전제정이 아니라 입헌군주정과 국민의 자유 등을 주장했지만, 전체로서의 국가와 국민의 구성을 목표로 했기에 국가라는 공적 인격체와 그 의지가 강조되었다. 하지만 국가를 유기체로 파악하고 각 부분들의 조화로운 통일 속에 국가라는 인격체가 강력해 질 수 있다는 국가유기체론은 전체와 통일을 강조하는 경향이 있었다. 이는 미비했던 국가체제 건설과 분열되어 있는 백성들을 하나의 국민으로 만들기 위한 고육지책이었을 것이다. 하지만 개별 시민이 아닌 전체로서의 국민과 국가의 단일성이 강조되면 결국 시민사회의 이해관계나 시민 개개인의 관심사는 무시될 상황에 놓일 위험이 상존하게 된다. 공공복리 앞에서 개별이익은 그 목소리를 잃게 되는 것이다.

---

7 김도형(1994), 김효전(2000), 전복희(1996) 참조.

본 논문은 건국헌법의 공공복리라는 개념과 구한말 국가유기체설과 연관성을 살펴보고자 한다. 구한말의 구한말 국가사상은 쓰러져 가는 나라를 일으키기 위한 고민의 모습이 담겨있다. 건국헌법은 잃었던 나라를 되찾고 새로운 나라를 건설하기 위한 노력의 모습이 담겨있다. 구한말이나 건국기의 한국, 모두 국가가 제대로 확립되지 않았던 시기에 전체로서의 국민과 국가의 확립을 염원했고, 그 모습이 공공복리라는 이름으로 헌법에 나타난 것으로 파악할 것이다. 아래에서는 먼저 구한말 서구 정치학과 국가사상의 수용을 국가 유기체론을 중심으로 살펴볼 것이다. 다음으로는 국가 유기체론의 논의가 공공복리라는 개념 속에서 건국헌법에서는 어떻게 드러나는 지에 대해 알아볼 것이다.

II. 구한말 서구 국가사상의 수용: 유기체적 국가론

구한말 당시 서양 정치학의 수용을 통해 전해진 핵심 사상은 사회진화론과 유기체적 국가론이라고 할 수 있다. 이렇게 사회 진화론과 유기체적 국가론을 중심으로 서양 정치학을 수용한 것은 당시 구한말의 상황과 밀접한 연관이 있다. 서양 정치학의 수용이 일어났던 구한말 개화기 시기는 나라의 명운이 풍전등화와도 같았다. 서양 강대국들의 등장과 함께 청나라와 일본 사이에 낀 동방의 조그만 나라의 지식인들은 나라의 생존을 걱정하는 위치에 서 있었다. 이러한 상황에서 지식인들은 '정치학'이라는 새로운 학문에 의지했다. 그들은 당시 조선 혹은 대한제국의 문제를 정치와 국가의 문제에서 찾았다. 강대국들과의 대결에서 속수무책으로 밀릴 수밖에 없었던 이유를 군왕과 그의 신하들 그리고 그 밑에서 살고 있는 일반 백성들의 잘못에서 찾았던 것이다. 한 나라가 잘못 운영되고 있었고, 그 밑에서 살고 있는 백성들은 무지로 인해 그것을 어떻게 해 볼 수도 없는 상황에 있다고 보았던 것이다. 한 나라가 총체적으로 움직이고 있는 모습의 문제점을, '국가'를 중심문제로 다루고 있는 '정치학'으로 바라보고, '서양 정치학'의 눈을 빌려 그 잘못을 비판하고 대안을 제시하려고 하였던 것이다. 여기에 더해 '국가'의 문제를 다루는 '정치학'의 근본 문제는 사실 '권력'에 있었다. 강대국 사이에서 국가존립의 위기 상황을 겪고 있던 당시의 지식인들은 '권력'의 문제를 뼈저리게 느끼고 있었다. 어떻게 하면 나약한 나라를 강하게 만들 수 있을 것인가의 문제는 '국가'와 '권력'의 문제를 다루는 정치학에 있었던 것이다.

1. 유기체적 국가론

구한말 개화기의 서양 정치학 수용에 대한 연구는 많은 학자들에 의해 이루어져 왔다. 그 중 김학준의 『한말의 서양 정치학 수용연구 – 유길준·안국선·이승만을 중심으로』는 대표적인 저서라고 할 수 있다.[8] 이

8 김학준. 『한말의 서양정치학 수용 연구: 유길준·안국선·이승만을 중심으로』 (서울: 서울대학교출판부, 2000). 이외에도 이홍구(1986) 등 참조.

책은 최초의 정치학 저서라고 할 수 있는『서유견문』을 저술하고『정치학』이라는 책을 번역해 낸 유길준, 여러 정치학, 법학 서적을 번역·집필해 내고 당시 정치풍자 소설인『금수회의록』이라는 베스트셀러를 출간한 안국선, 그리고 한국 최초로 미국 정치학 박사학위를 취득한 이승만 등에 대한 연구들을 집대성하고 일목요연하게 풀어낸 역작이라고 할 수 있다. 김학준의 저서에 기초하여 구한말 개화기의 서구 정치학 수용을 간략히 요약하면 다음과 같다.

구한말 개화기에 수입된 서구 정치학은 두 가지 경로를 통해 유입되었다. 하나는 일본 유학생을 통한 것이고, 다른 하나는 미국 유학생을 통해서였다. 전자는 유길준과 안국선이, 후자는 이승만이 대표적인 인물이다.[9] 일본을 통해 수입된 서구 정치학은 독일식 정치학의 영향을 받은 것이다.[10] 당시 독일식 정치학은 사회진화론과 국가유기체론을 그 특징으로 하고 있었다. 사회진화론은 자연도태와 약육강식을 주장하며 강한 힘의 축적만이 생존의 유일한 길임을 밝히고 있다. 다른 한편 국가/사회유기체론은 국가중심의 사고관으로 사회와 국가의 구성원들은 전체에 유기적으로 결합된 일부분이라는 것이다. 이것은 개인주의적 사

---

9 양승태·안외순(2007) 참조.

10 독일의 경우 전통적으로 국가학(Staatswissenschaft) 내지 국법학(Staatsrechtslehre)이 정치학의 영역을 포괄하고 있었다. 근대국가와 시민사회의 발달이 여타 서유럽에 비해 늦게 이루어진 독일에서는 계몽군주의 지도하에 관료제와 법률을 통해 통치를 하였던 것이다. 하지만 2차 대전 이후 승전국이었던 미국은 독일에 시민교육을 특징으로 하는 영미식 정치학(Politikwissenschaft)을 도입하여 국가학/국법학 중심의 국가중심전통 속에서 나타나는 전체주의적 속성과 호전성을 교정하려고 하였다. 독일 정치학의 형성에 관해서는 최순영(2009) 참조.

고보다는 전체를 먼저 생각하는 전체주의적 사고로 흐를 수 있다. 한편 이승만의 경우 미국식 정치학을 수용하는데 그것은 자유주의와 사회계약론적 특징을 지니고 있다.

이렇게 서로 다른 전통의 서구 정치학을 수용하였기에 이들이 당시 구한말의 정치상황을 진단하고 제시한 그 대안들은 서로 다를 수밖에 없었다. 일본을 통해 독일식 정치학을 수용한 이들은 개인이나 인민 중심의 계약론보다는 유기체로서 국가의 머리 부분에 해당하는 군주 중심의 왕정을 사고하였다. 하지만 그것은 전제적이거나 폭군적인 군주제는 아니었다. 법에 의해 제한되는 입헌군주제를 사고하였고, 그 모범은 일반적으로 영국식 입헌군주제였다. 반면 미국식 정치학을 수용한 경우에는 자유주의적 그리고 공화주의적 사고를 대변하였고, 왕정보다는 공화국의 수립을 더 옹호하였다.[11]

물론 이들은 모두 당시 조선과 대한제국의 문제를 왕의 무능과 양반 귀족들의 부패와 탐욕에 있다고 보았다. 아울러 무지몽매(無知蒙昧)한 백성들도 문제라고 보았던 점에서는 공통점을 지니고 있다. 그리고 강대국들 앞에서 무력(無力)한 조선이 어떻게 하면 힘을 키울 수 있을까에 대해 고민을 하였다. 구한말 개화기 서구 정치학을 수용했던 인물들은 조선 혹은 대한제국의 근본적인 국가재정립이 필요하다고 보았던 것이며, 그 재정립의 마스터플랜을 서구 정치학에 의존하고자 했던 것이다.

---

11 구한말 민주공화제 수용에 대해서는 윤대원(2001) 참조.

그런데 이러한 서구 정치학의 수용은 당시 한반도의 상황과 상호연관관계에 있었다. 강대국들 사이에서 느낀 나약함에 대한 뼈저린 인식은 권력에 대한 사고를 증폭시켰고, 그것은 국가를 어떻게 재구성할 것인가에로 귀결되었다. 이렇게 수입되어 당시 구한말 지식인들의 관심을 끈 서구의 정치학은 사회계약론에 기반 한 자연법적 국가론과 국가유기체론이라고 할 수 있다.[12] 자연법적 국가론은 계약론에 기반 한 것으로서 개인주의 혹은 시민의 권리를 강조하고 있다. 반면 유기체적 국가론은 국가를 인간의 몸체인 유기체에 비유함으로써 그 유기적 관계와 더불어 전체로서 국가나 그 머리로서 군주의 중요성을 강조한다. 그런데 자연법적 국가론은 국가 건설의 기반으로서 시민들의 동의를 상정하는 사회계약론에 뿌리를 두고 있다. 이는 국가의 건설을 다수의 사람들로 구성된 시민들에 의지해야 함을 지적하고 있다. 반면 유기체적 국가론은 기존 몸체로서 국가의 유지에 더 초점을 맞춘다. 나약한 몸이기에 그 구성부분들의 통합과 협동을 통해 기력을 되살려 놓아야 한다는 것이다. 이런 점에서 자연법적 국가론은 새로운 나라의 건설을 시민들의 주도권에 의지한 서구 시민혁명들의 기억이, 반면 유기체적 국가론은 기존 국가의 통합과 강화를 꾀하는 독일 같은 후발국의 현실이 반영되어 있다.

그런데 이러한 유기체적 국가론을 수용할 수밖에 없었던 구한말의 상황은 바로 군주제에 있었다. 구한말 당시에 서양 정치학의 수용을 통

---

12 자연법적 국가론과 유기체적 국가론의 용어와 그 대립구도는 김도형에게 의지하였다. 김도형, 『대한제국기의 정치사상연구』 (서울: 지식산업사, 1994), p. 100.

해서 두 국가론이 공히 존재하였지만 구한말의 지식인들은 왕정 혹은 황제정에 대한 근본적인 문제제기를 할 수 없었던 것이다. 다시 말해 인민이나 백성보다는 군주통치하의 개혁을 옹호하였고, 군주가 중심이 되어 귀족과 백성들의 힘을 모아 부국강병을 꾀하고자 했던 것이다. 자의식과 힘을 구비한 건전한 시민층이 부재한 상황에서 국가의 주도세력으로서 시민을 상정할 수는 없었던 것이다. 이런 의미에서 김동택은 구한말 당시 지식인들은 "'국민'의 형성"을 통한 국가의 건설을 기도하지 못했을 뿐만 아니라, 기대하지도 않았다고 적고 있다.[13] 아래에서는 우선 약소국이라는 고민 속에 유기체적 국가론이 어떻게 군주나 국가 중심의 관점을 드러내는 지를 구한말의 국가유기체설 수용과의 관계 속에서 살펴보겠다.

유기체적 국가론의 뿌리는 인간의 몸과 정치공동체를 비유하여 설명하는 서양정치사상의 전통에 기반한다.[14] 그것은 바로 정치체론(body politic theory)이다. 정치체론은 인간의 신체와 정치체제를 비교하는 가운데 인간 몸의 생로병사(生老病死) 현상을 정치공동체의 융성 및 몰락현상과 비교하여 설명하는 것이다. 정치체론은 몸체를 여러 지절로 구성된 유기체로 파악한다. 다양한 지절들로 구성된 유기체는 그 구성부분들이 조화를 이루고 제 기능들을 다할 때 제대로 유지될 수 있다. 국가

13 김동택, "중세적 인식론의 전환과 새로운 담론의 모색: 근대 국민과 국가개념의 수용에 관한 연구," 『동서문화연구』 41 (2002), p. 383.

14 이하 국가유기체론과 관련된 정치체론의 논의는 김경희(2010) 참조.

공동체 또한 다양한 부분들로 구성되고 그들의 조화와 균형 속에 평화와 안정이 유지된다. 이렇게 볼 때 정치체론은 기능론적 설명과 도덕주의적 설명을 공히 지닌다고 할 수 있다.[15]

아리스토텔레스는 그의『정치학』에서 국가는 자연의 일부로서, 여러 요소들로 이루어진 구성물임을 밝히고 있다.[16] 다시 말해 국가는 여러 계층이 함께 구성하는 것으로서 그 구성요소로는 농민 계급, 직공 계급, 상인 계급, 품팔이꾼 계급, 전사 계급, 공직자, 심의 기능을 맡은 부분 그리고 재판 기능을 맡은 부분 등을 들 수 있다는 것이다. 아울러 아리스토텔레스는 자연에 대한 위계질서적인 관점을 표출한다. 다시 말해 몸과 영혼을 놓고 보았을 때, 영혼이 몸보다 더 우위에 있으며, 본질적인 역할을 수행한다는 것이다. 이러한 비유는 국가에도 적용되어 육체적 필요를 담당하는 농민 등의 계층 보다는 혼의 역할을 담당하는 전사계급과 재판업무와 심의기구를 담당하는 계급을 더 우위에 놓는

---

15 고대 서양정치사상에서 국가의 구조를 인간의 몸체와 연결하여 사고한 정치체론은 자연적 몸체론과 신비적 몸체론으로 나눌 수 있다. 자연적 몸체론은 정치공동체를 인간의 신체와의 유비관계 속에 이해하는 것이다. 각 신체부분들의 조화 속에 전체 몸체의 건강이 이루어지듯이, 공동체의 번영도 그 구성부분들의 조화와 균현을 통해 이룰 수 있다는 것이다. 이러한 사고를 대표하였던 고대 정치사상가로는 아리스토텔레스(Aristoteles)를 들 수 있다. 반면 신비적 몸체(mystical body)론은 구성원들의 총합을 이루는 단일체로서 그 신비성을 강조한다. 이는 사도 바울(St. Paul)이 주장하는 것으로 믿는 자들로 이루어진 공동체인 교회를 한 몸으로 파악하는 것이다. 이러한 신비적 몸체론은 서양 중세 시기 국왕의 주권과 대표성을 강조하는 논의에 이용된다.

16 Aristoteles(2009), 1253a1, 1289b27, 1290b24 등 참조. Aristoteles, 천병희 역,『정치학』(서울: 도서출판 숲, 2009).

다.[17] 유기체라는 공동체 전체의 복리를 증진시키기 위해서는 그 구성부분들이 맡은 역할과 기능을 잘 수행해 나가야 한다는 것이다. 자연주의적 유기체론의 특징은 바로 조화와 균형 속에 이루어지는 공동체 전체의 복리 증진이라고 할 수 있다. 서양정치사상사에서 이렇게 국가 전체를 통일적인 유기체로 상정하는 국가유기체론은 19세기 중후반 독일의 요한 카스파 블룬칠리(Johann Kaspar Bluntschli)에까지 이어지게 된다.[18] 이 블룬칠리의 국가유기체론은 일본과 중국의 사상가들을 거쳐 한반도에까지 유입된다.[19]

구한말 논의되었던 유기체적 국가론에 대해 살펴보면 다음과 같다. 1906년 김성희(金成喜)는 『대한자강회월보』 7호에서 "국가는 유기체적 조직이며, 집합민인지근육과절하야(集合民人之筋肉關節)하야 착종이구조(錯綜以構造)라."고 주장함으로써 유기체적 국가관을 드러내고 있다.[20] 아울러 1905년 11월 3일 《대한매일신보》 사설에는 민족정신을 생로병사의 비유를 들어 설명함으로써 유기체적 관점을 드러내고 있다. 이러한 유기체적 관점과 더불어 개인은 국가의 일부로서 자신의 안위보다

---

17 이하의 내용은 Aristoteles(2009), 1290b37–1291a33 참조. Aristoteles, 『정치학』, pp. 208–209.

18 서양 중세시기에 국가유기체론은 군주를 머리로 비유하며 국가의 다른 지절들을 지도해야 한다는 군주제적 특성을 지니고 있었다. 이에 대해서는 Struve(1978) 참조. 블룬칠리의 유기체론에 대해서는 우남숙(2000)과 오향미(2014) 참조.

19 일본과 중국을 중심으로 한 블룬칠리의 수용과 한반도로의 전파에 대해서는 김도형(1994), 우남숙(2000), 전복희(1996) 참조.

20 전복희, 『사회진화론과 국가사상: 구한말을 중심으로』, p. 164.

는 국가의 보존을 먼저 사고해야 함을 《대한매일신보》의 사설들은 보여주고 있다.[21] 앞에서 서술했듯이 지절들로서의 개인과 단체들은 전체로서의 몸체인 국가의 안위에 먼저 복무해야 한다고 보았던 것이다.

이렇게 구한말의 지식인들은 강대국들 사이에서 풍전등화의 위기에 몰린 나라의 보전을 위해 유기체적 국가론을 적극적으로 수용했던 것이다. 그러나 그들은 당시 지배자의 문제와 민도가 낮은 백성들의 문제를 동시에 인식하고 있었다. 무능하고 전제적인 왕이 지배할 수 있는 전제군주제와 민도가 낮은 백성들이 정치에 참여할 권리를 가질 수 있는 공화제는 선택할 수 없었다. 따라서 그들은 서양의 정치학을 통해 이미 숙지하고 있었으며, "어느 정도 군주의 권한을 제한하고 민권을 신장시킬 수 있는" 입헌군주제를 옹호하였다. 하지만 이 경우에도 군주는 전체로서 국가의 일부분일 뿐 국가라는 몸체이자 유기체의 강화를 위해 혼신의 힘을 다해야 했던 것이다.

> 근세(近世)에 군주국체(君主國體)의 개념(概念)은 신권주의(神權主義)가 아니며 우봉건사상(又封建思想)도 아니며 순연(純然)한 정치적(政治的) 기초(基礎)의 상(上)에 입(立)하야 전(專)히 국가(國家)의 본질(本質)로 기(基)하야 통일(統一)케 한 인민공동단체(人民共同團體)의 원수(元首)로 군주(君主)를 국가(國家)의 일원(一員) 우(又)는 국가(國家)의 기관(機關)이 되는 지라 예(例)컨대 인(人)의 두(頭)는 유기체(有機體)의 일부분(一部分) 우(又)는 기일기관(基一機關)

21 전복희, 『사회진화론과 국가사상: 구한말을 중심으로』, p. 175.

이 되는 전체(全體)의 수뇌기관(首腦機關)으로 전체(全體)를 통일(統一)하고 우차(又此)를 독제(督制)함과 여(如)하니 …[22]

김도형은 구한말에 인민주권론이나 공화주의보다 국가유기체설과 입헌군주제가 더 선호된 것이 다음과 같은 이유에 기인한다고 말한다. 첫째, 유교를 근본적으로 부정하지 않고 서구 정치학을 수용했던 점. 둘째, 현실인식론에 기반 해 당시 정치현실의 권력자인 지배층이나 군주를 부정하지 않았던 점. 셋째, 서구 정치학의 유통경로였던 중국이나 일본의 경우와 비슷한 조류를 받아 들였다는 점. 넷째, 지식인들이 지배층의 사고를 반영하여 우민관에 기반하고 있었기 때문에 지배층 위주의 개혁방안을 제기할 수밖에 없었던 점.[23]

구한말의 지식인들은 당시의 국내외적인 정치상황 속에서 권력의 문제에 몰두할 수밖에 없었다. 약소국의 입장에서 그들은 당연히 강대국에 관심을 가질 수밖에 없었던 것이다. 부국강병을 하기 위해 서양 강대국의 경험과 그들의 정치에 대한 지식이 필요했고 그것이 서구 정치학에 대한 관심을 불러일으켰던 것이다. 하지만 그것은 서양을 위한 관심이 아니라 구한말의 '우리'를 위한 관심이었다. 따라서 당시의 현실이 반영된 서구 정치학이 수용될 수밖에 없었다. 그리고 그것은 계약론에 기반 한 자연법적 국가론과 유기체적 국가론이었다. 그런데 전자는 서양

---

22 "國家論의 概要(續)," 『西北學會月報』 13호 (1909), p. 13. (전복희 1996, 181에서 재인용)

23 김도형, 『대한제국기의 정치사상연구』, pp. 103–108.

에서 시민혁명의 논리에 기반했기 때문에 시민 혹은 인민에게 더 많은 권리와 정치 참여의 공간을 제공하고자 하였다. 반면 후자는 국가를 인간 몸체와의 비유 속에서 유기적인 전체로 파악하였다. 전자는 시민이 주체가 된 국가의 건설을 강조하며, 후자는 전체로서 국가의 강화와 유지에 초점을 맞춘다. 당시 구한말의 많은 지식인들은 국가를 새로 건설해야 할 것인가 아니면 기존의 국가를 개혁하여 더 나아지도록 만들 것인가의 기로(岐路)에 서서 후자를 선택했다. 당시 백성들에 대한 믿음이 부족했고, 군주제에 대한 근본적인 부정을 수행하지 못했기 때문이다. 강대국의 전장이 된 조국을 바라보며 정치의 실패를 뼈저리게 경험한 지식인들이 자신들의 전통을 부정하고, 강대국의 정치학을 수용하고자 한 것은 당연한 일일 것이다. 하지만 구한말 지식인들은 혁명에 가까운 국가의 근본적인 재구조화와 부분적인 개혁 사이에서 망설이다가 결국 후자를 선택했던 것으로 보인다.

2. 신민에서 국민으로

앞에서 보았듯이 구한말의 지식인들은 정치학을 단지 '학문'으로서만 다룬 것이 아니라 현실의 문제를 해결하기 위한 실제의 학문으로 여겼다. 그 결과 부국강병을 통한 국가권력의 강화라는 권력의 문제에 천착하게 된 것이다. 하지만 당시 예로부터 이어져 내려온 전통과 그 귀결인 현실은 부정될 수밖에 없었다. 무기력한 나라가 그 반증이었기 때문이다. 따라서 강한 군대와 자본으로 무장한 서양의 것을 받아들이려고 하였다. 그들처럼 강해지고 싶었기 때문이다. 그로인해 서양의 국가와 정치에 대해 관심을 가졌고 그들의 정치학을 수용하고자 하였다. 그런데 그들의 국가와 관련된 정치학은 당시 크게 둘로 나눌 수 있었다. 하나는 계약론에 기반 한 자연법적 국가론이었고, 다른 하나는 유기체적 국가론이었다.[24] 전자는 국가의 건설에 관한 논의를 담고 있다. 누구와 무엇에 의지하여 국가를 건설해야 할 것인가를 설명하고 있기 때문이다. 반면 후자는 현 국가를 설명하고 그것을 어떻게 구성해야 할 것인가의 문제를 담고 있다. 자연법적 국가론에서는 인민 혹은 대중들의 힘에 기반 한 국가건설을 주장한다. 다시 말해 국가는 "시민혁명의 논리적 배경이 되었던 자연법 사상, 천부인권설, 계약설에 의해 인간의 자유의사로 형성"된 것으로 보는 것이다. 반면 유기체적 국가론은 유기적 전체로서의 국가를 중시하는 것으로서 "개인의 권리보다는 국가를 우선으로 하는 논리"를 통해 "유기체의 각 부분은 끊임없이 전체를 유지하고 또 그렇게 함으로써 스스로가 유지된다는 논리"를 펼치고 있다.[25] 유기체적 국가론 속에서는 계약론과는 달리 시원적 국가건설 나아가 국가건설자에 대한 질문이 없다. 국가는 주어진 전체이기 때문에 그것에 대한 물음보다는 주어진 전체를 어떻게 유지할 것인가가 중요해 진다. 이는 계약론의 주인공인 주체적인 시민층의 부재와 소국들의 난립 하에서 상대적으로 늦어진 근대국가의 건설을 국가라는 유기체 속으로 결합시키려는

---

24 전자의 경우는 보댕, 홉스, 로크, 몽테스키외 그리고 루소 등의 국가론이었고, 후자는 옐리네크, 블룬칠리 등의 국가론이었다. (김도형 1994, 100).

25 김도형, 『대한제국기의 정치사상연구』, pp. 100-101.

독일의 상황을 잘 반영하고 있는 것이다. 통일국가로의 결합을 강조하기 위해 국가유기체론에 의지한 블룬칠리의 논의를 살펴보도록 하자.

서양의 근대국가는 전쟁의 수행 등을 통해 지식과 폭력의 수단을 독점함으로써 성립되었다.[26] 절대왕정을 거치면서 근대국가를 수립한 서양의 역사에서 건국의 정치학은 권력을 독점하되 그 기반으로서 국가 구성원들의 힘을 응집하는 것을 정당화 하였다. 상비군으로서 국민군의 완성, 조세 제도 등의 완비를 통한 재정제도의 수립 그리고 관료제의 건설은 근대국가가 물질적 폭력수단을 독점하도록 만든 제도들이다. 이러한 폭력의 독점을 정당화하는데 일조한 논리가 바로 사회계약론으로서, 국가의 건설에 그 구성원들의 동의와 합의가 전제되어 있다는 것이다.[27] 사회계약론에 기반 한 자연법적 국가론은 권력의 독점을 통한 근대국가의 건설을 정당화하는 이론인데, 그것은 바로 국민들이 자발적으로 동의하고 그들의 권리를 국가에 이양하는 것에 기반한 것이다. 이러한 건국시기 권력의 독점은 비록 동원의 측면이 있다 할지라도 '국민'을 국가의 중요한 구성원으로서 인정하고 그들의 권력에 의지하여 그들을 대변한다는 것을 상정하고 있다. 무기를 부여함으로써 그들에게 권력의 일단을 수여하고 그들을 국가의 일원으로 수용한 것이다. 인민들을 국가의 자원으로 인정하고 그들을 국가에 포섭해 근대국가의 군대와 조세의 원천으로 삼은 것이다.

한편 이러한 서양 근대국가 성립의 시기 이러한 권력의 독점은 오래

---

26 근대국가의 성립에 대한 간략한 해설로는 김준석(2011) 참조.

27 홉스, 로크, 루소의 사회계약론에 대한 연구로는 조긍호·강정인(2012) 참조.

갈 수 없었다. 어느 정도 근대국가의 기틀이 갖추어 지면서 권력의 분점에 대한 요구가 거세어졌기 때문이다. 입헌군주제에 대한 요구나 민주적 제도의 확충에 대한 요구는 바로 이러한 권력분점에 대한 요구라고 볼 수 있다. 즉, 권력독점을 통해 건국의 과정이 어느 정도 완수되자 귀족이나 일반 시민들의 권력분점에 대한 요구가 분출되었던 것이다. 이러한 국가구성계층의 요구에 군주는 자신의 권력유지를 위해 권력을 나누어 줄 수밖에 없었고 그것이 입헌군주제의 형식을 띠게 된다. 아울러 시민혁명을 통해 수립된 민주제에서는 권력분립의 이론을 받아들여 행정, 입법, 사법부간의 권력을 분할하는 정치체제를 수립하게 된다. 이렇게 볼 때 권력의 분점이나 분립은 새로운 국가를 세우는 건국(建國)보다는 기존의 국가를 유지하는 치국(治國)의 과정에서 나타난 것이라고 볼 수 있다.

그렇다면 구한말의 상황은 건국과 치국의 상황 중 어느 쪽에 더 부합했을까? 당시 외세의 힘에 좌지우지되는 풍전등화의 상황에 있었던 것을 생각해 보면 아무래도 치국보다는 새로운 나라를 세워야하는 건국의 상황에 있었다고 보는 것이 더 적합할 것이다.[28] 서양의 근대국가를 건설하여 부국강병을 이룩하고자 했다면, 일반 백성들에게 무기를 주어 상비군으로 만들어야 했을 것이다. 아울러 그들의 자발적 동의에 기반하여 한반도에 들어설 새로운 국가의 권력을 구성하는 정치이론을 설

28 김준석 또한 당시 구한말의 상황을 서구 열강의 제국주의적 침략 속에서 조선 혹은 대한제국이 자발적으로 근대국가를 건설하려 했던 것으로 묘사하고 있다(김준석 2011, 123-125). 아울러 개화기 한국의 근대국가 개념의 형성에 대한 연구로는 김성배(2012) 참조.

파해야 했을 것이다. 하지만 당시의 엘리트들은 근대국가의 핵심인 인민 혹은 백성을 주체적인 시민으로 만들고 그들에 의지하고자 하지 않았다. 그들의 능력에 의심의 눈초리를 보냈고, 계몽하고 계도해야 할 대상으로만 여겼던 것이다. 아울러 기존의 왕에 대해 전폭적인 지지를 보내지도 않았다. 그렇다고 왕의 폐지를 주장할 수도 없었다. 왕의 실정(失政)에 의해 나라가 그 지경에 이르렀다고 파악하였기에 왕의 권한을 제한하면서 백성들을 계도해 그동안 그들이 못했던 중요한 기능을 국가에서 수행하도록 하는 것이 중요했다. 물론 왕과 백성 사이에서 왕을 견제하고 백성을 이끌어 부강한 국가를 이루는 것은 지식인을 포함한 엘리트 계층의 임무였다. 때문에 구한말의 지식인들은 계약론에 기반 한 자연법적 국가론 보다는 유기체적 국가론을 수용했던 것이다. 이러한 상황에서 독일의 블룬칠리의 유기체적 국가론과 정확히 일치했다. 그는 국가를 중심으로 단합된 국민을 형성하고 전제군주가 아닌 입헌군주제를 주장하였기 때문이다.

블룬칠리의 국가 유기체론은 국가의 통일성과 총체성 그리고 유기체적 인격성을 그 특징으로 한다. 개별이 아닌 전체로서 국민을 상정하고, 대내외적 독립성과 자립성을 특징으로 하는 최고권인 주권은 국가가 가지고 있는 것이다. 이는 다수의 제후국으로 분열되어 있던 독일을 하나의 통일국가로 결합시키기 위해 공적인 유기체로서 국가를 강조한 것이다.[29] 뒤늦게 근대국가의 토대를 구축해야 했던 독일의 상황에서 블룬칠

29 오향미, "요한 카스파 블룬칠리의 주권론: 국민주권으로서의 "국가주권," 『국제정치논총』 54/3 (2014), p. 53.

리는 국가를 "치자와 피치자의 형태로서 하나의 윤리적·정신적·남성적 인격으로 결합한 인간의 총체성"이자 일정한 국토위에 정치적으로 조직된 "국민 인격"(Volksperson)으로 정의한다.[30] 이렇게 전체 국민에 기반 한 국가는 하나의 인격체로서 그 주권을 스스로 지니게 된다. 왕이 주권을 가지는 것이 아니라 통일체의 인격으로서 국가가 주권을 가지고 군주는 국가 내의 헌법적 기관에 지나지 않는 것이다. 이렇게 입헌군주정을 주장하는 블룬칠리는 "군주에게는 권력과 권위를, 귀족에게는 위엄과 권위를, 민중에게는 평화와 자유를 부여"함을 주장함으로써 국가 내 지절들의 조화와 발전 속에서 자유로운 완전체가 됨을 설파한다.[31] 인민도 귀족도 군주도 주권자가 아니라, 그들의 유기적 총합체인 국가가 바로 주권자인 것이다. 그런데 이러한 국가의 영혼은 바로 국민이다. 그것은 전체로서의 국민으로 블룬칠리는 유기체적 전체로서 국민만이 국가의 근본 조건임을 말하고 있다. 이것이 한 국가의 대내외적 존엄과 최고권을 주장하는 주권의 기반이 된다. 따라서 블룬칠리에게 국가주권은 곧 국민주권이 되는 것이다.[32] 이 국민주권은 국가의 기반이자 통치의 원리로서 헌법과 법 제정 권력의 근원이 되는 것이며, 정치권력의 원천이 되는 것이다. 블룬칠리는 독일의 각 제후국들에서 제후와 신민들로 연결된 사적 관계를 통일국가라는 공적인 관계로 변화시키고자 하였다. 제후의 신민에서 국가의 국민으로 고양되었을 때, 그 국가는 강한 국가가

30 우남숙, "한국 근대 국가론의 이론적 원형에 관한 연구," p. 122.

31 오향미, "요한 카스파 블룬칠리의 주권론," p. 58.

32 오향미, "요한 카스파 블룬칠리의 주권론," pp. 64–65.

될 수 있다. 부분들의 유기적 결합으로 구성된 유기체로서의 국가는 각 부분의 조화와 통일 속에 법을 기반으로 하여 자유롭고 질서 있는 행위를 할 수 있다. 분열된 사적인 개인이 아니라, 국가 속에서 정치적인 권리와 자유를 누리게 될 때 유기체 국가 속의 통일된 국민은 그 주권적 권력을 국가를 통해 발휘할 수 있게 되는 것이다. 국가라는 유기체 속에서 다양한 지절들의 통합이 이루어지고 그것은 국민으로 거듭나서 강력한 통일국가를 이룰 수 있다고 본 것이다.

구한말의 지식인들은 나라의 무력함을 절실히 느끼고 부강한 서양 국가의 힘을 배우고자 하였다. 이는 국가에 관한 서양 정치학의 이론을 수용하게 하였다. 그런데 당시 일본을 통해 수입된 독일의 정치학은 근대국가건설이 늦었던 후발국의 문제의식이 녹아있던 국가중심의 사상이었다. 열강의 권력다툼 속에서 나라의 존립과 부강함과 목표로 했던 구한말의 상황에 시민들 중심의 계약론적 국가론보다는 유기체적 국가론이 더 적합했던 것이다. 군주, 권문세가, 그리고 백성 그 어느 세력도 믿을 수 없는 상황 속에서 유일한 수단은 국가의 각 부분들을 조화롭게 통합시켜 강력한 국가를 창출해 내는 것이었다. 그리고 개인들이나 사회세력의 이해관계가 아니라 국가를 최우선으로 생각하는 국민으로 재창출해 내는 것이었다.

III. 건국헌법: 공공복리를 중심으로

이 장에서는 구한말 수입된 유기체적 국가사상의 흔적을 건국헌법 속에서 찾아볼 것이다. 앞 장에서 설명했듯이 유기체 국가론의 특징은 인민주권보다는 국가주권 혹은 국민주권의 사상이라고 할 수 있다. 유기체로서 국가의 통일성과 총체성을 강조하기에 개인보다는 국가 내의 역할 등이 강조된다. 물론 유기체 국가론은 개인의 사적·정치적 권리도 강조하며 자유 속에서 입헌정치를 주장한다. 그럼에도 전체로서의 '국가'와 그 속에서 전체로서의 '국민'이 강조되는 것은 부정할 수 없다. 국가는 국민으로 이루어진 인격체이기에 그 이해관계를 대변해야 한다. 개인과 집단의 사적인 이해관계가 아니라 공적인 이익, 다시 말해 공공복리를 추구해야 하는 것이다. 국가의 이익으로서 공공복리를 강조하는 것은 사적인 이해관계가 정치영역에서 추구될 때 나타나는 혼란과 분열을 방지하기 위한 것이다. 따라서 국가 행위에서 공공복리는 최우선적인 것이다. 이러한 공공복리의 논의를 건국헌법에서도 찾아볼 수 있다. 그리고 그것은 대부분 전체로서의 국가를 위해 개인이나 사적 부분의 이해관계를 제한하는데 적용된다.

1948년 제정된 건국헌법은 전문과 10개의 장 그리고 총 103개의 조항으로 이루어져 있다. 그 배열순서는 다음과 같다; 전문, 제1장 총강, 제2장 국민의 권리의무, 제3장 국회, 제4장 정부(제1절 대통령, 제2절 국무원, 제3절 행정각부), 제5장 법원, 제6장 경제, 제7장 재정, 제8장 지방자치, 제9장 헌법개정, 제10장 부칙. 전문에서 건국헌법은 그 주체를 '대한국민'으로 두고 있다. 헌법 전문에 명기되어 있듯이 대한민국을 건립하고, 독립정신을 계승하여 민주독립국가를 재건하는 주체는 대한국민이다. 그런데 이 대한국민은 평등과 자유를 향유하는 민주공화국의 국민이다.[33] 이는 우선 건국헌법 전문에 잘 나타나 있다. 전문에서 대한국민은 "민주독립국가를 재건함에 있어서 정의·인도와 동포애로써 민족의 단결을 공고히 하며 모든 사회적 폐습을 타파하고 민주주의 제 제도를 수립하여 정치, 경제, 사회, 문화의 모든 영역에 있어서 각인의 기회를 균등히 하고 능력을 최고도로 발휘케 하며 각인의 책임과 의무를 완수케 하여 안으로는 국민생활의 균등한 향상을 기하고 밖으로는 항구적인 국제평화의 유지에 노력하여 우리들과 우리들의 자손의 안전과 자유와 행복을 영원히 확보할 것을 결의하고 우리들의 정당 또 자유로히 선거된 대표로써 구성된 국회에서 단기 4281년 7월 12일 이 헌법을 제정한다."라고 나와 있다.[34]

전문에 주체로 나타난 국민은 '제2장 국민의 권리의무'에서 구체적인 모습을 나타낸다. 모든 사회적 폐습이 타파된 민주주의 제도를 만드는 국민은 8조의 법률 앞의 평등을 보장받고, 사회적 신분에 의하여든 혹은 제 영역에서의 차별을 받지 않는 국민이다. 이는 사회적 특수계급이 일체 인정되지 않는 여러 가지 기본권적 자유들과 평등을 누리는 국민

---

33 최근 우리학계에서 헌법의 민주공화성에 대한 연구가 활발히 일어나고 있다. 이에 대한 연구로는 정상호(2013), 한상희(1998; 2003) 참조. 건국헌법의 민주공화성에 대한 연구로는 서론에서 언급했던 연구 외에도 박명림(2003) 참조.

34 정종섭, 『대한민국 헌법이야기』 (파주: 대한민국역사박물관, 2013), p. 190.

이다. 이러한 국민은 또한 공무담임권과 선거권을 통해 직·간접적인 정치참여의 자유를 누릴 수 있다. 물론 자유에 따르는 의무로서 납세의 의무 및 국토방위의 의무 등도 지어야 한다.

그런데 이러한 국민은 주권자이다. 이는 제1장 총강 제2조에 명시되어 있다. "대한민국의 주권은 국민에게 있고 모든 권력은 국민으로부터 나온다." 국민주권의 원리를 천명한 후 건국헌법은 대한민국이 그 국민에게 행해야 할 의무를 제5조에서 다음과 같이 적고 있다. "대한민국은 정치, 경제, 사회, 문화의 모든 영역에 있어서 각인의 자유, 평등과 창의를 존중하고 보장하며 공공복리의 향상을 위하여 이를 보호하고 조정하는 의무를 진다." 여기서 국민은 개별이 아니라 전체로 묘사되고 있다. "각인"이라는 표현에서 일견 국민 개별에 대한 의미가 포함된 것 같으나, "자유, 평등과 창의를 존중하는" 것은 전체 국민이라는 집단의 일원으로서 국민에게 적용되는 것이다. 따라서 각자 보다는 전체로서 국민의 의미가 더 강조된다고 볼 수 있다. 여기에 "공공복리"의 대상은 전체로서의 집합적 국민이라고 할 수 있다.[35] 따라서 주권자로서 국민은 개개인의 총합으로서 국민이 아니라, 전체로서 집합적인 국민이 상정된 것이라고 할 수 있다. 이런 의미에서 공공복리는 개별보다는 전체를 강조한다고 볼 수 있다. 이는 건국헌법에 나타난 공공복리 혹은 공공의 의미를 통해서 살펴볼 수 있다.

---

35 브리태니커 백과사전에 나타난 공공복리의 사전적 의미는 다음과 같다. "공공복지(公共福祉)라고도 한다. 공동으로 사회생활을 영위하는 사회 구성원 전체를 위한 공존공영의 이익을 말한다." 이런 의미에서 공공복리는 공공선과 비슷한 개념이라고 할 수 있다.

우선 '공공복리'라는 말은 건국헌법에서 세 번 등장한다. 제5조, 제15조 그리고 제28조이다. 하지만 '공공필요'(제15조, 제85조, 제87조)와 '공공의 안녕질서'(제57조)까지 포함하면 총 7번 등장한다. 제1장 총강과 제4장 정부 제1절 대통령 부분에서 각각 한번씩, 제6장 경제 부분에서 두 번, 그리고 제2장 국민의 권리의무 부분에서 세 번 등장한다.

제1장 총강에서 나타난 공공복리의 의미가 전체로서의 의미를 지님은 이미 앞에서 언급하였다. 국민의 권리와 의무를 선포하는 2장에서 사용되는 공공복리의 의미도 전체의 의미를 강하게 지니고 있다. 우선 제15조에서는 "공공복리"와 "공공필요"가 나온다. 그런데 첫 번째 공공복리는 개인의 사적 영역과 권리를 제한하는 의미를 지니고 있다. "재산권 행사는 공공복리에 적합하도록 하여야 한다."는 말은 개인의 사적 권리인 재산권의 행사의 범위를 제한하는 조항으로 전체의 공공선으로서 공공복리는 사적인 이익의 추구 위에 존재한다는 것이다. 이는 바로 다음에 이어지는 "공공필요에 의하여 국민의 재산권을 수용, 사용 또는 제한함은 법률의 정하는 바에 의하여 상당한 보상을 지급함으로서 행한다."는 문장에서도 나타난다. 비록 보상을 한다고 하지만 이는 재산권이라고 하는 근대 이후 개인의 가장 기본적인 사적 권리의 행사를 제한하는 조항인 것이다. 공공복리에 의거한 국민의 기본권 제한에 대한 조항은 28조에서 절정에 달한다. 제28조는 우선 국민의 기본적인 자유와 권리에 대한 보장으로 시작한다: "국민의 모든 자유와 권리는 헌법에 열거되지 아니한 이유로써 경시되지는 아니한다." 하지만 곧 그 제한에 대한 규정이 뒤따른다. "국민의 자유와 권리를 제한하는 법률의 제정은 질서유지와 공공복리를 위하여 필요한 경우에 한한다." 헌법에 의한 국

민의 자유와 권리 보장을 질서유지와 공공복리의 필요가 제한할 수 있다는 것이다. 공공선이라는 전체의 관점에서 부분과 개별이익에 대한 제한의 모습은 제6장 경제 부분에서도 잘 드러난다.[36] 제85조에서는 "지하자원이나 경제상 이용할 수 있는 자연력은 국유로 한다."라고 말하면서, 그 개발과 이용에 대한 허가는 "공공의 필요"에 의하여 법률의 정하는 바에 의하여 행함을 적고 있다. 자연자원의 국유화는 일제 강점기를 막 벗어난 대한민국의 재건 상황을 반영하는 것이다. 그럼에도 불구하고 그 개발과 이용의 근거는 공공복리였던 것이다. 아울러 제87조에서도 "중요한 운수, 통신, 금융, 보험, 전기, 수리, 수도 가스 및 공공성을 가진 기업은 국영 또는 공영"으로 하며, 그 사영을 허가하거나 취소하는 것은 "공공필요"에 의함을 천명하고 있다.

그렇다면 이러한 질서유지와 공공복리의 필요는 누가 판단하는가? 건국헌법에 의하면 그것은 행정부이고 그 수반인 대통령이다. 제4장 정부 제1절 대통령 하의 제57조는 다음과 같다. "내우, 외환, 천재, 지변 또는 중대한 재정, 경제상의 위기에 제하여 공공의 안녕질서를 유지하기 위하여 긴급한 조치를 할 필요가 있는 때에는 대통령은 국회의 집회를 기다릴 여유가 없는 경우에 한하여 법률의 효력을 가진 명령을 발하거나 또는 재정상 필요한 처분을 할 수 있다." 물론 국회에 보고하고 승인을 받아야 한다는 조항이 있지만, 대통령은 국민을 대표하여 공공복리를 판단하고 그 실행방법을 결정해야 하는 공적 인격(public person)이 되

36 건국헌법의 경제부분의 사회경제적 민주주의 성격에 대한 연구로는 신용옥(2004) 참조.

는 것이다.

건국헌법에 나타난 권력구조는 주지하다시피 혼합적 대통령제이다.[37] 이는 의원내각제와 대통령제가 혼합된 것이다. 국회에 대통령 탄핵소추권 등이 주어져 있지만 대통령의 힘이 더 우세하다는 것은 헌법에 잘 드러나 있다. 우선 국민이 직접 뽑은 국회의원들로 구성된 국회가 대통령을 뽑는다 하더라도 대통령은 행정부의 수반이자 국가의 원수로서 국회와는 독립된 지위를 갖는다. 이는 대통령 선서 내용을 명시한 제54조에도 잘 나타나있다. "나는 국헌을 준수하며 국민의 복리를 증진하며 국가를 보위하여 대통령의 직무를 성실히 수행할 것을 국민에게 엄숙히 선서한다."[38] 전체로서 국민의 복리와 국가를 보위하는 것이 대통령의 직무이며 국가로서 국민에게 선서하고 있다. 이는 공공복리를 사고하고 판단하며 그것을 대변하는 공적 인격체로서 대통령의 성격을 그대로 드러내고 있는 것이다. 반면 국민이 뽑는 국회의원과 그들로 구성된 국회에 관한 건국헌법 제3장에는 국민 혹은 공공복리를 대표한다는 말이 거의 나타나지 않는다. 물론 제42조에서는 국가의 대외적 업무로서 조약의 비준과 선전포고 등에 대한 동의권을 언급함으로써 국민의 대표로서의 기능을 설명하고 있다. 하지만 이도 여타 조항과 마찬가지로 정부의 행위에 대한 견제의 의미를 지니고 있는 것이다.

건국헌법에 나타난 공공복리 혹은 공공선의 의미는 혼란 속에서 질

37 이미 잘 알려져 있듯이 원래 유진오안의 의원내각제안이 건국헌법의 기본 골격이었지만, 이승만의 개입으로 대통령중심제가 덧붙여지게 된다.

38 정종섭, 『대한민국 헌법이야기』, p. 197.

서를 세우고 나라를 건국해야 하는 당시의 특징이 잘 나타나 있다. 전체로서의 국가를 세워야 하기 때문에 공공복리는 부분 혹은 개별 이익보다는 전체로서 공공선의 의미를 강조하였다. 때문에 행정권을 쥐고 국가를 이끌어야 하는 대통령에게 더 강한 권력과 더불어 공공질서의 수호자 역할을 부여하였다. 하지만 이것이 권력의 독점을 통한 독재로 흐를 수 있는 점을 건국헌법의 제정자들은 잘 알고 있었다. 때문에 국무원을 통해 대통령의 독단적 판단과 행동을 제어하고자 하였으며, 국회를 통해 견제의 역할을 부여하고자 하였다.

하지만 건국헌법이 지닌 공공복리의 관점에서 보았을 때 그러한 제어장치는 근본적 한계를 지니고 있었다. 왜냐하면 건국헌법에는 전체로서 공공선의 관점, 즉 공공복리와 공공필요라는 개념만이 있었기 때문이다. 그리고 그것을 수호하고 대변해야 하는 임무를 대통령에게 부여하였다. 국회는 탄핵소추권을 가지고 있었지만 견제역할 보다는 공적 역할의 보조자 혹은 동의자 역할을 수행할 뿐이었다. 국회의 동의하에 행해지는 대통령의 행위는 전체로서 국가의 공적 이익을 판단하고 보호할 수 있는 유일하고 절대적인 것으로 정당화되는 것이다. 이는 결국 1954년 대통령 연임제 제한을 폐지하는 헌법 개정으로 이어지고 이후 대한민국의 정부형태는 제왕적 대통령제로 불리는 상황까지 나아가게 된다.

IV. 결론

건국헌법은 분명 당시 상황에서 근대적이고 민주적인 헌법을 지향했다고 볼 수 있다. 하지만 공공복리의 관점에서 보면 그것은 대통령에게 국가의 공공복리를 판단·결정하게 하고 그것을 위한 행위권한을 전적으로 부여할 가능성을 충분히 내포하고 있었다. 이는 건국 시기의 혼란스러웠던 상황을 반영한 것으로 볼 수 있다. 하지만 한편으로는 구한말 이래로 미루어져 왔던 근대국가 건설의 꿈이 그 당시 함께 수용되었던 유기체적 국가론의 흔적과 함께 표현된 것으로도 읽힐 수 있을 것이다. 공공복리의 강조는 개인과 시민사회에 대한 믿음보다는 통합된 국가와 국민의 건설을 위한 공적인 행위자로서 국가와 공적인 인격으로서 대통령의 역할을 중시한 것이다. 하지만 이것은 결과적으로 건국헌법에서 천명한 대한민국의 국체로서 민주공화국을 위태롭게 하는 방향으로 이끌었다고도 볼 수 있다.

공화국은 다양한 계층으로 이루어진 공동체이다. 이들을 하나로 묶어주기 위해서는 전체로서의 공공선과 부분으로서의 공동선에 대한 고찰이 필요하다. 전체는 부분의 합이 아니기에 전체의 관점을 가지고 그 공공복리를 사고하고 행동할 수 있는 지도자가 필요하다. 하지만 이를 통해 그 힘이 과대 대표되고 독점화될 때 이는 독재로 나아가고 공동체는 불만과 폭력으로 물들게 된다. 때문에 시민사회의 부분들이 모여 그들의 참여 공간을 가지고 정치에 관여할 때 정치는 견제와 균형을 통해 안정을 얻게 된다. 이것이 밑에서부터 올라오는 공동선의 관점이다. 따라서 공화국은 전체로서의 공공선과 부분으로서의 공동선이 조화를 이룰 때 가능하다. 국익이나 공공복리는 토론과 숙고의 과정을 거친 합의를 통해 찾아질 수 있는 것이기 때문이다. 이를 위해 최근의 논자들은 민주공화국을 동태적으로 해석하고 시민사회의 정치참여 공간이 확대되어야 함을 강조하고 있다.

이렇게 볼 때 대한민국의 건국헌법은 전체로서의 국가와 국민 그리고 그들의 이익으로서 공공복리 개념이 강조된 형태로 볼 수 있다. 이는 추후 국가이익 혹은 국익을 통한 국가발전 논리로 이어지게 된다. 공공복리의 개념은 전체라는 국가와 공적인 총합으로서 국민을 구성해 내기 위한 필수개념일 수 있었다. 그리고 그것을 판단하는 것은 개별 시민이나 일부 시민단체 혹은 이익단체일 수가 없다. 권위를 가진 헌법상의 국가 대표자만이 자격을 갖추게 된다. 건국헌법에서는 바로 대통령이었다. 대통령의 권한 강화는 건국기의 혼란 속에서 질서 확립을 위해 불가피한 선택이었다고 볼 수도 있을 것이다. 하지만 전체로서의 국익과 공공복리가 강화되면 이는 독재나 전체주의로 흐를 수 있다. 이는 서구 파시즘의 경험이나 우리나라의 역사를 통해 현실화 되었다. 따라서 전체 혹은 위로부터 결정되는 공공복리의 개념은 부분 혹은 아래로부터의 공동선 개념과의 조화를 통해 제어되어야 한다. 이에 대한 구체적인 방안은 여러 가지가 있을 수 있다. 우선은 공공복리 개념을 통한 기본권 제한 조항을 좀 더 세밀하고 엄격하게 만들어 그 남용의 기회를 제한할 수 있을 것이다. 또한 공공복리 개념 자체를 국가 전체의 이익뿐만 아니라, 개인의 불가침의 인권 등으로 시민화 시킬 수 있을 것이다. 아울러 대통령 등 한 기관의 권한을 특별히 강화시키는 요소를 제한할 수 있을 것이다. 권력의 독점을 제어하는 다양한 제도는 다양하다. 그 무엇보다 중요한 것은 헌법에 명시된 권력의 주체로서 국민들이 민주주의에 대한 자의식을 가지고, 다양성과 권력의 분점을 특징으로 하는 공화국에 대한 이해 속에 권력의 균형만이 공화국의 활력을 유지하는 길임을 인식하는 것일 것이다.

참고문헌

Aristoteles, 천병희 역. 2009.『정치학』. 서울: 도서출판 숲.

Struve, Tilman. 1978. *Die Entwicklung der Organologischen Staatsauffassung im Mittelalter.* Stuttgart: Anton Hiersemann.

강정민. 2005. "제헌헌법의 자유주의 이념적 성격."『정치사상연구』 11/2.

김경희. 2009. "공공철학의 이해." 이민호·윤수재·채종헌 편.『한국의 행정이념과 실용행정』. 서울: 법문사.

김경희. 2010. "공공성과 좋은 삶: 마키아벨리의 정치체론." 제9회 한국-일본 정치사상학회 국제학술회의『좋은 삶과 공공성』 발표논문집.

김경희. 2016. "서구 국가사상의 수용과 건국헌법." *Oughtopia* 31/1.

김도형. 1994.『대한제국기의 정치사상연구』. 서울: 지식산업사.

김동택. 2002. "중세적 인식론의 전환과 새로운 담론의 모색; 근대 국민과 국가 개념의 수용에 관한 연구."『동서문화연구』 41.

김선택. 2008. "공화국원리와 한국헌법의 해석."『헌법학연구』 14/3.

김성배. 2012. "한국의 근대국가 개념 형성사 연구: 개화기를 중심으로."『국제정치논총』 52/5.

김성호·최선. 2009. "1948년 건국헌법에 나타난 혼합적 권력구조의 기원: 미군정기와 제헌국회의 헌법안 및 헌법논의를 중심으로."『헌법학연구』 15/2.

김준석. 2011.『근대국가』, 서울: 책세상.

김학준. 2000.『한말의 서양 정치학 수용 연구: 유길준·안국선·이승만을 중심으로』. 서울: 서울대학교출판부.

김효전. 2000.『근대한국의 국가사상: 국권회복과 민권수호』. 서울: 철학과현실사.

박명림. 2003. "한국의 초기 헌정체제와 민주주의: '혼합정부'와 '사회적 시장경제'를 중심으로."『한국정치학회보』 37/1.

박찬승. 2013.『대한민국은 민주공화국이다: 헌법 제1조 성립의 역사』. 파주: 돌베개.

서희경·박명림. 2007. "민주공화주의와 대한민국 헌법 이념의 형성."『정신문화연구』 30/1.

서희경. 2012.『대한민국 헌법의 탄생: 한국 헌정사, 만민공동회에서 제헌까지』. 파주: 창비.

신용옥. 2004. "대한민국 제헌헌법의 주권원리와 경제질서."『한국사학보』 17.

양승태·안외순. 2007. "安國善과 安廓의 근대 정치학 수용 비교 분석."『온지논총』 17.

오향미. 2014. "요한 카스파 블룬칠리의 주권론: 국민주권으로서의 '국가주권.'"『국제정치논총』 54/3.

우남숙. 2000. "한국 근대 국가론의 이론적 원형에 관한 연구: 블룬츨리와 양계초의 유기체국가론을 중심으로."『한국정치외교사논총』 22/1.

윤대원. 2001. "한말 일제 초기 정체론의 논의 과정과 민주공화제의 수용."『중국현대사연구』 12.

이국운. 2013. "제헌헌법에 나타난 민주공화국 프로젝트의 모습."『내일을 여는 역사』 51.

이승우. 2012. "제헌헌법의 역사적 의미."『헌법학연구』 18/2.

이영록. 2010. "한국에서의 '민주공화국'의 개념사: 특히 '공화' 개념을 중심으로."『법사학 연구』 42.

이홍구. 1986. "근대 한국 정치학 백년."『한국정치학회보』 20/2.

전복희. 1996.『사회진화론과 국가사상: 구한말을 중심으로』. 서울: 한울아카데미.

정상호. 2013. "한국에서 공화 개념의 발전 과정에 대한 연구."『현대정치연구』 6/2.

정종섭. 2013.『대한민국 헌법이야기』. 파주: 대한민국역사박물관.

조긍호·강정인. 2012.『사회계약론 연구: 홉스, 로크, 루소를 중심으로』. 서울:

서강대학교 출판부.

최순영. 2009. “독일 정치학의 형성과 역사적 전개과정: 대학제도 변화와의 관계를 중심으로.” 『한국정치연구』 18/2.

한상희. 1998. “민주공화국의 헌법적 함의: 공화주의 논쟁과 동태적 주권론.” 『일감법학』 3.

한상희. 2003. “민주공화국의 의미: 그 공화주의적 실천규범의 형성을 위하여.” 『헌법학연구』 9/2.

5장 헌법 전문(前文)과 대한민국 정통성 논의*

서희경 (서울대)

I. 서론

이 연구의 목적은 1948년에 제정된 대한민국 헌법 전문(前文)과 관련

* 이 글은 일본의 政治思想學會(編)『政治思想研究 17: 政治思想史における「方法」』(風行社,2017年)에 "大韓民國憲法前文と大韓民國の正統性に關する議論" 제목으로 게재된 논문이다.

하여 제기된 정통성 문제를 고찰하려는 것이다.[1] 1948년 건국헌법 전문에 따르면, 대한민국을 세운 것은 3·1운동이고 그 정신은 '독립정신'이다. 그런데 건국헌법 전문에는 3·1운동의 결과 대한민국이 건립되었다고 규정했지만, 대한민국이 정확히 대한민국임시정부인지는 명시되지 않았다. 그리하여 40년이 지난 1987년 헌법전문에 비로소 "3·1운동으로 건립된 대한민국임시정부의 법통 계승"을 명시했다. 왜 이런 과정을 거쳤을까? 헌법 전문의 '대한민국 임시정부의 법통성 계승' 문제는 오늘날 대한민국의 헌법이념과 국가정통성 논의와 직결된다고 볼 수 있다.[2]

애커먼(Bruce Ackerman)에 따르면, 정치는 헌정사의 관점에서 두 유형으로 나눠 볼 수 있다. 하나는 통상적인 정치과정이 진행되는 '일상정치'(normal politics)이고, 다른 하나는 헌법원리를 형성하거나 변혁하는 '헌법정치'(constitutional politics)이다.[3] 또한 한나 아렌트에 따르면, '헌법'은

---

1 정통성(orthodoxy)은 법통성(法統性)과 유사한 개념으로 계보적 연속성을 말하는 통시적 개념이다. 반면에 정당성(legitimacy)은 공시적 개념이다. 당대 사람들의 동의 또는 합의에서 비롯된다. 이와 관련하여 김성호는 "정통성의 관점에서는 1919년, 정당성의 관점에서는 1948년에 대한민국이 건국"되었다고 주장했다(《동아일보》 2008/08/01).

2 헌법은 여러 차례 개정을 거치면서 헌법 개정의 유례, 제정 주체, 민주적 사회 건설에 관한 국민적 결의, 그리고 평화통일의 의지 등으로 그 내용이 확대되었다. 향후 진행될 제10차 헌법전문 개정에 대한 견해는 양분된다. 한편에서는 "특정한 역사적 사건을 삭제하고 건국이념, 국민적 결의, 헌법의 기본원리 및 제정(개정)과정"을 기술하자고 주장한다. 또 다른 한편에서는 "동학혁명의 민중적 의지와 3·1운동의 독립정신, 4·19 민주이념, 5·16 혁명 이념, 5·18 광주항쟁 등 민족사의 성격을 규정할 수 있는 역사적 사건들을 최대한으로 기술해야 한다"고 주장한다.

3 Bruce A. Ackerman, *We the People, Vol. 1: Foundations* (Cambridge: Belknap

두 가지 의미를 담고 있다. 국가 형성 이전의 행위인 '제헌행위'와 성문화된 문서에 의한 '입헌행위'가 그것이다.[4] '제헌행위'는 헌법정치의 시기에, '입헌행위'는 일상정치의 시기에 이루어진다.

정치와 헌법을 이렇게 나눠보면, 헌법에 관한 한국 헌정사 연구의 문제점이 보다 명료해진다. 그동안 한국헌정사 연구는 1948년 건국헌법이 매우 기술적이고 단순한 과정을 거쳐 제정된 것으로 인식하였다. 즉, 이승만과 한민당의 소수 유력 정치가, 그리고 유진오 등 법률전문가들에 의해 아주 단기간에, 정부형태(대통령제 vs. 의원내각제)를 제외하고는 큰 논란 없이 제정된 것으로 보았다.[5]

그러나 헌법정치의 시기는 헌정인식과 체제선택을 둘러싼 갈등이 가장 큰 때이다. 정치 세력마다 헌정인식이 다르고, 다양한 국가건설 대안들이 치열하게 경쟁하기 때문이다. 우리의 경우도 해방 후 어떤 정치체제를 수립할 것인가를 놓고 치열한 정치투쟁이 있었다. '해방 3년'이라 불리는 1945–48년은 어떤 의미에서 정치적 자연상태인 헌법정치의 시기였다. 그러므로 이 시기에 대한 의미 해석은 당시는 물론이고 오늘날도 헌법이념과 국가정체성 논의에 있어 핵심 쟁점이다. 구체적으로는 '8월 15일'의 역사적 의미가 무엇이며,[6] '대한민국임시정부(이하 대한 임정)'

Press of Harvard University Press, 1991), pp. 133–136.

4 Hannah Arendt, 홍원표 역, 『혁명론』 (서울: 한길사, 2004), p. 324.

5 서희경, 『대한민국 헌법의 탄생: 한국헌정사, 만민공동회에서 제헌까지』 (파주: 창비, 2012), pp. 18–19.

6 1949년 9월 21일 제헌국회에서 〈국경일에 관한 법률안〉을 논의할 때, '광복절'은 당초 정부 원안에서 '독립기념일'로 제출되었으나 국회 법제사법위원회에서

를 어떻게 수용할 것인가 하는 문제이고, 이념적으로는 민족주의와 국가주의[7]의 충돌이다.

특히 2008년 8월 제기된 대한민국의 건국절 제정을 둘러싼 논쟁은 그 대표적 사례 중 하나이다. 기존의 '8월 15일'의 의미는 일제식민 통치에서 벗어난 '광복의 날'이라는 것이었다. 이에 대한 반론은 그 날이 '건국의 날'이기도 하다는 것이다. 즉, "8월 15일이 자유민주주의체제하에 대한민국정부가 최초로 수립된 날임에도 광복절 기념에만 국한"되어 있고, 또 "일부에서 건국을 '반쪽자리 정부수립'이라는 불행한 사건으로 치부"하고 있으므로 "건국이 지닌 가치와 의미를 재정립해야 한다"고 주장하였다.[8] 반면, 대한민국 건국절 제정에 반대하는 입장은 8월 15

'광복절'로 그 명칭을 수정한 것이었다. 당시 제헌의원들은 이러한 변경에 별 다른 이의가 없었는데, 이는 양자를 같은 의미로 이해했던 것으로 생각된다. (국회사무처, 『제5회 임시회의 속기록』 제3호, 1949/05/10)

7 이 연구에서의 국가주의는 국가건설(state building)과 국민건설(nation building) 문제를 최고 가치로 간주하는 이념을 말하며, 또한 안전(security) 보장과 정치질서(political order) 등을 유지하게 하는 효과적인 정치제도를 강조한다. 이는 국가가 소멸할 것이라는 맑스의 주장이나 시장경제의 힘이 정부를 불필요하게 할 것이라는 우파의 입장과는 상반된다. 국가건설은 전통적인 지배체제나 식민지를 청산하고 근대적 주권 정부를 수립하는 과정이다. 헌법제정과 승인, 정부수반 및 대의원 선거, 정부구성과 군대 설치 등의 공식적 과정을 주로 한다. 국민건설은 '우리는 같은 국민'이라는 의식이 빈약한 상황을 극복하고 국민의식과 국가에 대한 충성심을 확보하는 과정이다. 이를 위해 여러 국민통합 정책을 포함하는 공식·비공식 과정을 포괄한다. Francis Fukuyama, 함규진 역, 『정치질서의 기원』 (서울: 웅진지식하우스, 2012), pp. 14, 36.

8 2008년 7월 3일, 한나라당 정갑윤 의원 등이 광복절의 명칭을 '건국절'로 개칭하자는 '국경일에 관한 법률 일부 개정안'을 국회에 제출하였다. 이 법안의 취지 설명에 "대한민국은 민족통일을 저해하고 분단을 초래한 정통성 없는 반쪽짜리

일을 건국일로 하는 것은 "대한민국임시정부를 부정하는 것"이며, 또한 "38선 이남지역만을 대상으로 설립된 정부만을 인정하게 된다"고 주장했다.[9] 2008년 8월 12일에는 역사학계를 대표하는 14개 학회가 '건국 60주년' 기념사업을 비판하는 공동성명을 발표했다(《연합뉴스》 2008/08/12). 이 성명은 "'광복절'의 명칭을 '건국절'로 바꾼다면 대한민국 정부수립만을 경축하자는 것이며, 결국 민족의 해방을 위해 싸운 이들보다 건국에 참여한 이들이 더 중요하다고 생각하는 것"이라고 주장했다. '나라 찾기'(독립운동)와 '나라 만들기'(건국) 이슈는 1948년 김구와 이승만의 대립으로부터 시작하여 그 이후 국가 정통성 관점에서 지속적 쟁점이 되고 있다. 결국 2008년 8월 15일 '건국 60주년' 기념 광복절 행사는 세종로와 백범기념관, 두 곳에서 개최되기에 이르렀다.

헌법이념과 국가정통성 문제에 관한 또 하나의 사례는 2004년 이래 진행된 역사교과서 논쟁이다. 2004년 10월, 보수 진영은 검인정 교과서

정부"가 아니며, "자유민주주의와 시장경제라는 국가적 정체성을 바탕으로 자유와 번영을 성취하고 또 지향하는 국가"라고 기술되어 있다. (의안정보시스템 참조, http://likms.assembly.go.kr/bill/jsp/BillDetail.jsp?bill_id=PRC_Q0S8S-0M7U0Q3I1M0A2I1V3V1P2O3O1)

9 대한민국 건국60년 기념사업위원회의 설치 및 운영에 관한 규정 위헌확인(2008헌마517) 결정요지 참조. 2008년 11월, 헌법재판소는 "대한민국 건국60년 기념사업위원회 설치 및 운영이 헌법에 보장된 국민의 기본권을 침해한다"는 취지의 헌법소원을 재판부 전원 일치로 기각하였다. 헌법소원청구서의 주장이 국민의 개별적 기본권의 침해여부를 판단하기 어렵고, 명예권과 행복추구권의 침해 가능성 및 법적 관련성이 인정되지 않는다는 이유에서였다. 요컨대 이에 대한 판단은 "사법부의 업무가 아니라 국민적 동의가 요구되는 정치의 영역이며, 그것을 뒷받침하는 학계의 과제"라고 볼 수 있다.(http://www.ccourt.go.kr/cckhome/kor/event/selectrecentMainDecisionList.do)

〈한국근현대사〉가 "대한민국의 정통성을 부인하고, 건국과 근대화의 의미를 지나치게 평가절하하며, 좌편향적 시각으로 기술되어 있어 청소년들의 역사인식을 오도하고 있다"고 비판하였다(《동아일보》 2004/10/06). 반면에 교육인적자원부는 2007년까지 기존 역사교과서가 교육과정과 검정절차에 따라 간행했기 때문에 별 문제가 없다는 입장을 고수해왔다.[10] 이를 시정하기 위해 교과서 포럼[11]은 2008년 3월 〈대안교과서 한국근현대사〉를 출간했다. 이 책에 대해 언론은 상반되게 평가했다. 오마이뉴스는 이 책이 "식민지 근대화론을 인정하고, 제주 4·3사건을 좌파 세력의 반란으로 규정하며, 이승만·박정희 반공 독재체제를 긍정한 내용을 담아 논란을 빚었"다고 주장하였다(《오마이뉴스》 2013/06/02). 반면에, 《동아일보》는 "기존 역사교과서들은 '대한민국은 태어나지 말았어야 할 나라'라며 '부끄러운 역사'를 부각"시켜 온 반면, 이 책은 "세계사에 유례없는 단기간에 민주화와 산업화의 기적을 이룬 대한민국의 '자랑스러운 역사'를 같이 봐야 한다고 강조하고 있다"고 소개하였다(《동아일보》 2008/03/24). 이후 2011년에는 〈고등학교 한국사〉 교과서가 새로 개편되었다. 하지만 보수 진영은 여전히 이 책이 "건국과 분단, 전쟁에 대한 편향된 서술, 이승만에 대한 평가절하, 대한민국의 성

---

10 노무현 대통령 재임시기인 2004년 10월, 역사교육연구회, 한국사연구회, 한국역사연구회 등 역사학회는 금성출판서 교과서에 대한 편향성 여부를 공개 검증한 뒤 "7차 교육과정에 충실했다"는 공동 의견서를 낸 바 있다(한겨레 2008/10/06).

11 2011년 5월에는 교과서 포럼의 멤버가 주축이 되어 한국현대사학회를 창립했다.

취에 대한 부정적 평가, 북한에 대한 근거 없는 우호적 서술이 개선되고 있지 않다"고 비판했다.[12] 중고교 역사교과서의 내용을 둘러싼 수 년에 걸친 그간의 논쟁을 살펴보면, 양쪽 진영 간 이견을 좁히기는 매우 어려운 상황이다.

이 두 논쟁을 살펴보면, 핵심 쟁점은 대한민국의 정통성과 정체성의 문제이다. 1948년 이 문제를 둘러싸고 김구의 대한임정 세력과 이승만·한민당의 대한민국 건국 세력이 대립했다. 오늘날 진보(좌파)와 보수(우파) 간의 대립은 기본적으로 그때의 대립을 계승하고 있다. 이념적으로 볼 때는 민족주의와 국가주의의 대립이다. 즉, 국가보다 민족을 앞세우는 역사관과 민족보다 국가를 중시하는 역사관의 충돌이다. 두 이념은 대한민국의 정체성을 이루는 가장 중요한 이념이지만, 민족주의는 대한민국 건국을 부정했고, 국가주의는 분단을 수용하고 국가 건설을 위해 철저한 친일파 숙청을 유보했다.

이 같은 대립은 헌법이념과 국가정체성의 관점에서 볼 때 매우 고통스러운 일이다. 이 사실만 보아도, 1948년 제헌 과정은 결코 기술적으로 간단히 이뤄질 수 없었다. 그런데 헌법이념과 국가정체성의 안정화에는 장구한 시간이 소요된다.[13] 그런 대립과 각축이 첨예하게 드러나는 공간

---

12 한국경제 2011/04/17. 검정 심의를 통과한 '고교 한국사' 교과서 8종의 집필진 59명 가운데 진보성향을 가진 교수나 교사가 36명(61%)인 것으로 파악됐다(《동아일보》, 2013/10/21).

13 프랑스의 7월 14일 혁명기념일은 1880년 제3공화정에서 제정되었는데, 정파들 사이에서 복잡한 논쟁의 국면을 거친 후에 비로소 국가기념일로 결정되었다. 미국의 '메모리얼 데이' 또한 국민적 추모일로 정립되기까지 오랜 정치적 대립의 시

이 바로 헌법 전문이다. 헌법 전문의 역사는 헌법이념과 국가정체성을 둘러싼 이념전쟁의 역사이기도 하다.

본 연구는 이상의 관점에서 첫째, 해방공간에서의 3·1운동과 대한임정 정통성 논의를 살펴보고자 한다. 1946년 해방 이후 첫 번째 치러진 3·1절 기념식이 좌우로 분리되어 개최되었다. 이는 단순한 불화가 아니라 향후 대한민국의 운명을 예시하는 사건이었다. 구체적으로 3·1운동의 의미 해석을 둘러싼 해방공간에서의 좌우 대립, 그리고 대한임정의 법통을 둘러싼 논쟁을 살펴보고자 한다. 둘째, 1948년 대한민국 헌법 제정과정에서의 3·1운동과 대한 임정 논의를 살펴보고자 한다. 이 논의 과정을 검토해보면, 건국헌법 전문은 대한 임정의 법통성을 승인하는 방식으로 구성됐다. 하지만 대한임정이 3·1운동에 의해 건립된 대한민국을 대표하는 정부인지가 확실히 명기되지 않았다. 이는 정치세력간의 타협의 산물이며, 민족과 국가, 독립과 건국 등의 위태로운 공존을 보여주는 것이었다. 결론적으로 해방공간과 헌법제정과정에서 제기된 대한민국 정통성 논쟁이 민족주의와 국가주의, 그리고 한국헌정사와 관련해서 어떤 함의를 갖는지 검토하고자 한다.

간을 지나야 했다. (하상복 2012, 114)

II. 해방공간에서의 3·1운동 해석과 대한민국 임시정부 법통성 논쟁

1. 해방공간에서의 3·1운동 논쟁

1919년에 발생한 3·1운동은 한국독립운동의 역사에서 뿐만 아니라 대한민국의 정체성 확립에 가장 중요한 의미를 지닌 사건이었다. 국가 상실 후, 한민족이 '정치적 주체'로서 '독립'이라는 정치적 목표 아래 모든 차이를 뛰어넘어 하나가 되었기 때문이다. 그런데 27년이 지난 1946년 3월 1일, 좌우파는 해방 후 처음 맞는 3·1절 기념행사를 따로 개최했다. 행사 준비를 위해 우파는 '기미독립선언기념전국대회준비회'를, 좌파는 '3·1기념전국준비위원회'를 구성했다(《조선일보》 1946/02/28). 이 사태는 단순한 불화가 아니라, 새로운 국가의 정체성을 둘러싼 근본적 균열이 존재하고 있었다는 점에서, 향후 대한민국의 운명을 예시하는 사건이었다.

이때 좌우는 이미 모스크바삼상회의 결정에 따른 신탁통치 문제로 나누어져 있었다. 하지만 이날만은 함께 기념하자는 제안이 있었지만 결국 성사되지 못했다. 우파가 주최한 3·1절 기념식은 서울 보신각에서, 좌파의 기념식은 탑골공원(현 파고다 공원)에서 열렸다. 우파 대한국민대표민주의원의 3·1절 기념식 개회사에서 이승만은 3·1운동이 '민족혼'과 '국가혼'의 근간이라고 연설했다.

> 이 날에 생명과 재산을 희생하려는 가장 어려운 결심을 정한 것이며, 이 결심으로 한족이 민혼을 찾게 되었고, 그 후에 무한한 고초와 고통 중에서, 국혼을 견고케 하며, 그 결과 우리의 원대한 장래가 앞에 전개됩니다. 국내에서 악전고투하던 당신네와 해외의 망명으로 독립에 종사하던 우리들이 태극기 밑에서 자유일을 자유로 경축하기는 27년 동안 오늘이 처음입니다. 자유를 얻게 된 것은 연합국 승전한 결과이니 (…) 미군장병의 승리한 사실은 우리가 영구히 기념할 것입니다(《대동신문》 1946/03/02).

이상에서 이승만은 3·1운동을 통해 주권자로서의 민이 탄생하고, 그 결과 임시정부가 수립되었으며, 이제 앞으로 새로운 국가가 세워질 것이라고 말하였다. 그는 대한민국 역사적 정통성을 3·1운동과 임시정부에서 찾았다고 볼 수 있다. 나아가 이승만은 3·1운동을 '자유일'로 명명하였다. 이날 김구 또한 '독립'과 '자유'를 강조했다. 김구는 이 3·1절 기념식에서 다음과 같은 경축사를 낭독했다.

> 삼일운동의 위대한 의의는 실로 그 통일성에 있는 것입니다. 지역의 동서가 없었고, 계급의 상하가 없었고 종교, 사상 모든 국한된 입장과 태도를 버리고 오로지 나라와 겨레의 독립과 자유를 찾자는 불덩어리와 같은 일념에서 이 운동을 일관했습니다(《동아일보》 1946/03/02).

김구는 3·1운동이 19세기말 동학파와 위정척사파, 개화파 등이 진행한 개별적 독립운동이 아니라 통일된 지도 밑에서 이루어진 통합된 운동이었음을 강조하였다. 특히 그는 계급의 관점에서 3·1운동을 인식하는 것을 거부했다. 요컨대 우파는 새로운 최고 규범을 '민족,' '독립,' '자유'로 보았다. 이는 오늘날 대한민국 국가정체성의 기본개념이다.

그러나 좌파의 입장은 이와 근본적으로 달랐다. 결론적으로 말하면, 3·1운동은 '민족혼'이나 '국가혼'의 근간이 될 수 없으며, "조선민족의 우수성"을 강조하는 것은 과대평가라는 것이다. 박헌영은 "3·1운동의 의의와 그 교훈에서"에서 3·1운동의 주체를 보다 정확히 이해하려면 '민족'보다 '인민'의 관점에서 보아야 한다고 주장했다. 박헌영은 3·1운동이 "토지개혁의 구호가 하나도 나서지 아니"한 인민해방투쟁이었다고 보았다.[14] 또한 3·1운동이 전민족적 단결의 결과가 아니라고 주장했다. 일제와 타협한 지주와 자본가까지 한 민족이라고 할 수 없다는 것이다. 요컨대 박헌영의 계급적 관점에 따르면, 3·1운동은 "완전한 일대혁명"이 아니라 '불완전한 혁명'이며, 어떤 의미에서 '기만적 혁명'이었다.

나아가 우파와 좌파는 국제관계 인식에서도 대립하였다. 이승만이 3·1운동의 '자유'의 문제를 미국에 연결시킨 반면, 박헌영은 소련과 연결시키고 있다. 박헌영은 "쏘베트 로씨야만이 세계 피압박식민지 및 약소민족의 진정한 원조자이며 친우"라고 주장하였다.[15] 좌파는 우리 민족이 완전한 해방을 이루자면 미국을 축출해야 한다고 보았다. 이처럼 해방 후 3·1운동에 대한 서로 다른 이해는 곧바로 국제관계에 대한 인식

14 이정 박헌영전집 편집위원회 편, 『이정 박헌영전집』 제2권 (서울: 역사비평사, 2004), p. 570.

15 이정 박헌영전집 편집위원회 편, 『이정 박헌영전집』 제2권, p. 569.

의 차이로 이어지고 있다. 이러한 견해 차이는 보다 근본적으로는 체제 선택이라는 심각한 정치적 대립을 내포하고 있었다.

1946년의 3·1운동 기념식이 따로 실시된 것은 해방공간에서 민족 분열을 드러낸 상징적 사건이었다. 이는 1920년대 이후 좌우 분열의 연장이자 분단, 그리고 전쟁으로 나아가는 예후였다. 3·1운동에 대한 인식 차이는 이렇듯 헌정과 체제선택의 문제로까지 연장되어 있다. 이승만은 민족과 국민에 기초한 자유민주주의체제를, 박헌영은 '인민'에 기초한 공산주의체제를 지향했다.

2. 대한민국 임시정부에 관한 법통성 논쟁과 이승만·김구의 노선

해방공간에서 제기된 대한 임정의 법통성에 대한 입장을 살펴보자. 이들 입장은 (1) 좌파의 대한 임정 부정론 (2) 김구 등 임정세력의 대한 임정 법통론 (3) 이승만의 한성임시정부 법통론–대한 임정 보류론 (4) 미국의 대한 임정 부정론 등으로 나누어 볼 수 있다.

먼저 좌파의 입장을 살펴보자. '인민'을 중심으로 새로운 국가를 세우고자 한 여운형,[16] 박헌영, 허헌 등은 '민족'을 우선시하는 대한 임정에 찬성할 수 없었다. 여운형은 1918년 신한청년단을 조직하여 임정을 출

16 여기에서는 여운형을 인민에 대한 강조, 임정에 대한 인식, 그리고 신탁통치에 대한 입장 등을 기준으로 좌파에 포함시켰다. 여운형은 1945년 10월 이래 신탁통치에 대한 공식적인 태도를 유보하다가 1946년 2월에 찬탁을 표명했다.

범시킨 주역 중 한 사람이지만, 해방공간에서 임정의 법통성을 부정했다.

> 중경에 있는 임시정부가 들어오면 곧 조선정부가 될 수 있다고 관측하는 분이 있는데 그것은 그렇지 않다. 임시정부를 지지하고 환영하는 데 있어서 나는 결코 누구에게도 뒤지지 않는다(…) 그렇다고 해서 임시정부만을 지지하라는 법은 없으리라고 생각하며, (…) 나는 해외에 있는 모든 정권을 환영한다(《조선주보》 1945/10/22).

나아가서 여운형은 임정 인사들이 "밤낮 앉아 파벌 싸움이나 하는 무능무위(無能無爲)한 사람들뿐"이라고 주장했다.[17] 허헌도 1946년 2월 15일 개최된 민주주의민족전선 결성대회에서 "김구 일파가 법통을 주장하는 것은 부당"하다고 주장하였다. "몇 사람이 모여 상해 임시정부를 만들었는데 그것도 계속적으로 투쟁하지 않았다"는 것이다.[18] 박헌영은 "3월에 인민운동이 전국적으로 전개됨을 보고, 4월에는 벌써 망명가들이 모여서 (…) 주권을 잡는 벼슬로 관료가 되기 위한 임시정부를 조직"하였다고 비판하였다.[19] 즉, 임시정부가 출세주의자들의 집합소라는

17 허정, 『내일을 위한 증언』 (서울: 샘터사, 1979), p. 97.

18 박갑동, 『통곡의 언덕에서』 (서울: 서당, 1991), p. 206.

19 이정 박헌영전집 편집위원회 편, 『이정 박헌영전집』 제2권, p. 567. 1946년 1월 5일, 뉴욕타임스 존스톤 기자가 "당신은 임시정부를 한국의 사실상의 정부로 받아들이기를 원치 않는가?"라고 질문하자, 박헌영은 "나는 그런 희망을 갖고 있지 않다. 활동기간이 길었음에도 불구하고 임시정부는 실제 한국 민중과 아무

것이다. 그 증거로 박헌영은 "33인 중의 거의 전부가 (…) 결국 친일파로 타락했다"는 점을 들었다.[20] 좌파는 임정 대신 "인민의 절대다수가 지지하는 인민위원회 정부"를 구성해야 한다고 주장했다. 그 정치적 결과가 "조선인민공화국 선언"이었다.

둘째, 김구 등 임정세력은 대한 임정이 전 민족을 대표하는 유일한 조직이고, 임정의 법통성은 모든 정치적 분열을 초월한 절대적인 것이라고 주장했다. 김구는 1946년 1월 반탁운동의 기세를 몰아 미군정의 정권을 접수하기 위해 국자(國字) 제1호 및 제2호의 포고문(임정 내무부장 신익희 명의)을 발표하여 대한 임정의 절대 지지를 호소한 바 있다(《동아일보》 1946/01/02). 미국은 김구의 이런 행위를 미군정에 대한 쿠데타로 이해했다. 이후 1948년 5월 31일 국회 개원 때, 기자가 "국회 개회식 때에 이승만 박사가 대한민국 임시정부법통계승을 언명하였는데 이에 대한 주석의 견해"를 묻자, 김구는 "현재 의원 형태로서는 대한민국임시정부의 법통을 계승하는 아무 조건도 없다고 본다"고 답변하였다(《서울신문》 1948/06/08). 또한 파리에서 열릴 제3차 UN총회(1948.9.21)에 정부대표와는 별도로 김규식을 파견하여 "대한 임정을 승인할 것"을 호소하고자 했다. 이는 "남한이나 북한이나 간에 남이 만든 정부의 대표들뿐이므로 순 민간의 의사"를 표명해야 한다는 이유에서였다(《동아일보》

런 관계도 갖고 있지 못하다"고 답변했다. 또한 그는 "어떠한 경우에도 임시정부를 한국의 민족정부로 간주할 수는 없다"고 말하였다. 이정 박헌영전집 편집위원회 편, 『이정 박헌영전집』 제2권, p. 93.

20 이정 박헌영전집 편집위원회 편, 『이정 박헌영전집』 제2권, p. 568.

1948/08/07). 그러나 김규식은 이를 거부하고 소극적이나마 신생 대한민국을 지지했다. 1948년 8월 12일 김구는 재차 "임정 승인을 요청할 것"이라는 소신을 피력하였다. 그는 "미소 양국이 한국문제를 이렇게 악화시키는 정책을 취하지 말고, 차라리 38선의 장벽도 없고 사상적 분립도 없이 국민의 의사로써 조직된 대한임시정부를 인정하였더라면 민족통일은 속히 실현되었을 것"이라고 안타까워했다(《서울신문》 1948/08/13). 요컨대 국내 세력뿐만 아니라 미국과 소련도 대한 임정의 대표성을 인정해야 한다고 주장했다. 김구에게 대한 임정은 한국인의 유일하고 합법적인 주권체였다.

셋째, 이승만은 임정 승인 입장에서 선회하여 임정봉대를 보류할 것을 주장하였다. 1919년 이후, 이승만은 한성임시정부의 정통성을 주장했다.[21] 특히, 1948년 5월 31일 제헌국회 개원 식사에서도 그는 "오늘 여기에 열리는 국회는 국민대회의 계승이오, 이 국회에서 건설되는 정부는 기미년에 서울에서 수립된 민국임시정부의 계승"이라고 주장했다(《경향신문》 1948/06/01). 이렇듯 이승만이 한성임시정부의 정통성을 주장

---

21 상해의 대한임정은 절차적 정당성을 획득할 수 없는 상황에서 조직되었으므로 대표성이 문제가 되었다. 그러나 한성임시정부와 통합함으로써 이 문제를 해결하고자 하였다. 한성임시정부도 선거를 거치지 않았지만, 13도 지역 대표들이 모여 정부를 결성하고자 했다는 점에서 부분적인 대표성을 갖췄다. 이승만이 상해 임정에 앞서 한성임시정부를 강조하는 것은 이 때문이다. 그것은 물론 이승만이 한성정부 명단에 집정관 총재로 선임되었으므로 그 자신의 정치적 입지에도 유리하다. 이승만은 한성 임정의 입장에서 상해 임정을 이해하고, 해방 후 그의 임정봉대론도 그런 해석에 기초하고 있다. 그 반면 김구는 상해 임정를 중심으로 다른 임정 즉 한성임시정부와 노령 국민의회를 통합한 것으로 이해했다. (서희경 1993, 20-31)

하는 근거는 서울에서 13도 대표자가 모여 국민대회라는 주권적 절차를 통해 수립된 임시정부이기 때문이다. 그 밖의 해외 임시정부들은 독립운동 지도자들 스스로 조직했을 뿐이다. 그렇다고 이승만이 대한 임정의 법통성을 주장하지 않은 것은 아니다. 그는 해방 직전 트루만 대통령에게 대한 임정의 헌법인 〈대한민국임시헌장〉에 따라 '1년 이내' 총선거를 실시하여 자치를 위한 임시정부 구성을 주장하고, 그 전단계로서 대한임정 승인을 요청하기도 하였다.[22] 그러나 이승만은 미국을 다녀온 후인 1947년 4월 27일 환국환영국민대회 석상에서 "미국정책의 전환에 따라 우리가 미군정과 합작해서 우리 문제를 해결할 수 있게 되었으니 이제 우리는 대한임정의 법통을 고집할 필요가 없으며 이 문제는 보류해 두어야 될 것이다"라고 연설하였다(《동아일보》 1947/04/29). 대한임정 봉대 보류에 관한 이승만의 진의는 1947년 5월 9일 발표한 성명서에서 보다 잘 드러난다. 그는 다음과 같이 성명하였다.

> 이때에 대한민국임시정부 문제가 경향 각처 여러 동포에게 이론을 일으켜서 혹은 임시정부를 봉대하야 총선거를 폐지하자 하며, 또 혹은 총선거를 행할지라도 임시정부 주장으로 하자하며, 또 혹은 임시정부로 승인을 얻어 그 명의로 통일을 이룬다 하야 언론이 귀일치 못한 형편인데 (…) 그런즉 임시정부 법통관계를 지금 문제 삼지 말고 아직

22 NARA. RG 59. Internal Affairs of Korea, "Syngman Rhee – Frank P. Lockhart," 1945/07/25; 아름출판사 편, 『미국무성 한국관계문서(Internal Affairs of Korea 1945–1949)』 제8권 (서울: 아름출판사, 1995), pp. 376–378.

잠복한 상태로 계속하였다가, 정식 정부가 성립된 후에는 의정원과 임시정부의 법통을 정당히 전임시킬 수 있을 것이요, (…) 모든 동포는 깊이 생각하여 정당한 길로 동일이 나가기를 바란다(《동아일보》 1947/05/10).

요컨대, 이승만은 해방 이전 임시정부의 승인외교 과정에서 미국의 임정 불승인을 경험했고, 이후 해방 정국에서도 미국이 대한 임정을 부인하는 정치현실을 인식하였다. 더욱이 1947년 미국이 대한정책을 변경하자, 이승만은 대한임정봉대 보류론을 제기하였다. 그렇지만 그는 위의 성명과 같이, 후일 정식 정부가 성립되면, 그 때 "임시의정원과 임시정부의 법통을 정당히" 계승하고자 하였다.

넷째, 미국은 대한 임정을 승인하지 않았다. 해방 후 미 국무성은 대한임정의 귀국을 허락하는 조건으로 미군정이 남한지역의 유일한 합법정부임을 서약하라고 요구했다. 『백범일지』에 따르면, "미 국무성에서는 북위 38도선 이남의 지역이 미군에 의해 군정을 받고 있다는 사실을 인정하며, 군정이 끝날 때까지 정부로서 행사하지 않으며, 군정당국의 법과 규칙을 준수할 것에 동의한다"는 서약을 김구·임정 측이 받아들일 것을 일방적으로 통보하였다.[23] 결국 김구와 임시정부는 26년 만에 조국에 돌아오면서 개인 자격의 귀국을 수용할 수밖에 없었다. 하지만 입국 후 대한 임정과 미군정은 계속 갈등을 빚었다. 특히 1947년 5월 12일 러

23 김구, 『백범일지』 (파주: 돌베개, 2003), p. 400.

치(Archer L. Lerch) 군정장관은 "남한에는 단지 한 개의 정부밖에 없다. 이 정부에 대립하는 다른 정부를 수립하고 회합을 계획 중이라는 것은 불법이며 용허하지 못할 일이다"라는 단호한 성명서를 발표했다.[24]

한편 이승만은 반탁운동 와중에 국제정치의 흐름을 깊이 자각했다. 1946년 6월 3일 이승만은 정읍에서 "남방만의 임시정부 혹은 위원회 조직이 필요하다"고 주장했다(《서울신문》 1946/06/04). 주지하듯이 정읍 발언은 제1차 미소공동위원회가 무산된 직후 단독정부 수립을 공식화시킨 것이다. 이른바 '48년 체제'의 시작이며, 이로써 역사의 흐름이 '독립운동'으로부터 '국가수립'으로 바뀌었다.

반탁운동 국면은 임정세력에게 가장 유리한 정치적 환경이었다. 신탁통치는 독립을 염원하는 전 한국인들의 희망과 정면으로 충돌했기 때문에 일반 대중의 반탁 지지에 힘입어 임시정부는 정치적 존재감을 회복했다. 그런데 반탁운동은 어떤 의미에서 외세와의 대결이었기 때문에 독립운동의 연장이었다. 이에 반해 단정노선은 외세의 영향력을 인정한 현실주의이다. 가능한 지역부터라도 자유민주주의 국가를 수립하자는 것이었다. 요컨대, 단정노선은 이상과 현실, 민족과 국가, 통일과 체제 중 어느 하나의 선택을 요구한 것이었다.[25]

---

24 손세일, 『이승만과 김구』 제6권 (서울: 조선 뉴스프레스, 2015), p. 782.

25 이승만은 1947년 5월 20일 독촉 중앙상무집행위원회 석상에서도 "미국식 민주주의 정부를 세우느냐 소련식 민주주의 정부를 세우느냐 하는 문제를 투철히 규정하여 놓지 않고는 공위에 협력하기는 어려울 것"이라고 체제 선택 문제를 제기하였다. 양우정 편저, 『이승만대통령 독립노선의 승리』 (서울: 독립정신보급출판부, 1948), pp. 160−161.

해방 후 미소가 한반도를 분할 점령했지만, 대중은 물론 대부분의 정치가들도 그런 상황이 일시적이고 잠정적이라고 생각했다.[26] 반면에 스탈린은 동유럽에서와 거의 같은 정책을 북한에서 진행했다. 이에 따라 김일성은 이미 1945년 12월 17일 '혁명적 민주기지론'을 공표하고, 건당, 건군, 건국의 과업을 강력히 추진하고 있었다. 1946년 1월 15일, 소련은 모스크바 삼상회의의 결정에 따라 통일정부수립을 위해 미소공동위원회 대표단을 서울로 파견했다. 하지만 바로 그날 평양에 북조선 중앙은행이 설립됐다. 2월 8일, 북조선임시인민위원회와 인민군 간부양성사관학교인 평양학원이 창설되었다. 이후 대대적인 토지개혁과 주요 산업 국유화가 단행되었다. 이는 국가 없이는 실행할 수 없는 것이다. 아니 통상의 국가로는 거의 불가능하고, 강력하면서도 혁명적인 국가만이 실행할 수 있는 것이라 할 수 있다. 요컨대 북쪽 좌익진영은 처음부터 단정노선을 걷고 있었다. 남한의 반탁운동은 표면적으로 당시 정국의 흐름을 압도하고 있었지만, 실제 역사의 장기 국면을 결정한 것은 수면 아래에서 진행되고 있던 이러한 체제 경쟁이었다.

정치상황이 이렇게 전개되자 이승만과 김구는 건국 대업의 방안을 놓고 대립하게 되었다. 이승만은 처음에 국가건설을 위한 하나의 방안으로 임정봉대론을 주장하였으나, 국제관계로 인하여 이 방안이 어렵

26 좌파의 판단도 동일하다. 박갑동에 따르면 좌파는 "미국이 일제를 타도한 연합국의 주력이며, 또한 그들이 조선 정세가 안정되면 소련군과 함께 철수할 것"이라고 믿었다. 박갑동, 『통곡의 언덕에서』, p. 157. 여운형은 "결국에 있어서는 미국 진주군의 생각에 대한 우리의 착오가 있었"다고 말했다(《조선주보》 1945/10/22).

게 되자, 국민총선거를 주장했다. 그는 오히려 "국민총선거 방안이 민중의 공의를 따라 정부를 세우는 방식"이며, 이렇게 "정부수립 후 임정 계통을 전하는 것이 적법이요 순리"라고 주장했다. 그러므로 "남조선 총선거를 거부하고 절대 맹목으로 단독행동을 고집하는 것은 고립무원의 길"이라고 비판하였다(《동아일보》 1947/09/04).

그러나 김구는 임정봉대론을 끝까지 포기하지 않았다. 그것이 민족의 대의에 부합했기 때문이다. 김구는 반탁운동으로 미군정을 부정하고자 했고, 그것이 실패하자 남북합작에 의해 공산주의자들과의 협력을 통해 외세의 지배력을 부정하고자 했다. 남한만의 단독선거가 가시화될 때, 김구는 "삼천만 동포에게 읍고(泣告)함"이라는 담화에서 "나의 유일한 염원은 삼천만동포와 손을 잡고 통일된 조국, 독립된 조국의 건설을 위하여 공동 분투하는 것뿐이다. 삼팔선을 베고 쓰러질지언정 일신에 구차한 안일을 취하여 단독정부를 세우는 데는 협력하지 아니하겠다"고 했다(《경향신문》 1948/02/11). 이 담화는 민족노선의 비통한 절규이자 순교를 다짐하는 맹서이다. 제헌국회에서 헌법안 심의가 진행될 무렵, 그는 또한 "남북을 통일한 선거를 통하여 남북통일정부를 수립하여야만 되며 현재의 반조각 정부로서는 계승할 근거가 없다. 정부를 하나 아니라 열 개를 만들었대도 법적으로 조직이 안 된 정부는 법통을 계승할 수 없다"고 주장하였다(《조선일보》 1948/07/02). 그리고 대한민국 정부가 수립된 8월 15일, 김구는 "비분과 실망이 있을 뿐"이라는 성명을 발표하였다(《동아일보》 1948/08/15).

식민지화, 분단, 한국전쟁 등 19세기말 이후 한반도의 운명은 기본적으로 국제정치의 틀 속에서 결정되었다. 민족 통합만으로 유효한 해결책을 찾을 수 없는 한반도의 정치 환경 속에서, 그것을 무시한 정치행위는 의도와 달리 비극을 초래할 수 있었다. 국가수립의 시기에 김구와 임정세력은 체제선택을 해야 하는 상황에 직면했는데, 그것은 동시에 민족의 분단을 수용해야 하는 선택이었다. 그러나 이들은 체제선택을 부정하고, 민족의 이름으로 체제를 초월하자고 호소했다. 결과적으로 김구가 대한민국 정부를 부정한 것은 현실 인식의 통렬한 실패라 할 수 있다. 요컨대 1948년 건국헌법은 내용상 대한민국임시정부의 헌장을 계승했지만,[27] 이상과 같은 상황이었으므로 헌법 전문에 대한 임정의 법통성을 명시적으로 규정할 수 없었던 것이다.

하지만 민족 통일의 대의는 지고의 역사적 과제이다. 이 때문에 김구와 대한 임정은 좌절되고 상처받은 한국민족주의의 순교자로서 역사의 전당에 봉헌되었다. 대한민국 건국의 부정이자 동시에 민족주의의 순교라는 이 역설로 인해, 대한민국 헌법과 국가정통성 논의에서 대한임정을 어떻게 수용할 것인가라는 난제가 탄생된 것이다.

---

27 건국헌법은 임시정부를 비롯한 독립운동 세력이 주창해왔던 이상과 이념을 수용한 것이었다. 주권재민의 원칙은 물론 개인의 자유와 평등, 재산권에 대한 보호, 권력분립 등 자유민주주의 공화국의 조건을 망라하였고 교육과 노동에 대한 권리까지 규정함으로써 사회민주주의적 복지국가 체제로 이행할 수 있는 여지까지 포함하고 있었다. 이인호, "대한민국 건국 혁명사: 프랑스 혁명의 성공과 닮았다"《뉴데일리》 2010/11/18).

Ⅲ. 헌법 제정과정에서의 3·1운동과 대한민국 임시정부 논의

다음은 건국헌법 제정 단계에서 제기된 3·1운동과 대한 임정에 관한 논의를 살펴보자. 3·1운동에 대한 논의는 결국 대한임정의 정통성 문제에 직결되고, 나아가 신생 대한민국이 무엇을 계승하고 있는가라는 국가적 정체성 문제와 직접 관련되어 있다. 이 논의는 1948년에 진행된 제헌국회 헌법기초위원회와 본회의에서 이루어졌다.

헌법기초위원회의 헌법 전문 논의는 비공개로 진행되었기 때문에 그 논의 내용을 상세히 알 수 없다. 하지만 헌법전문의 내용과 관련자들의 회고를 비교해 보면, 〈유진오 헌법초안〉이 토대가 되어 헌법기초위원회에 제출된 헌법 원안(유진오·행정연구위원회 헌법안)의 전문이 작성되었음을 알 수 있다. 유진오에 따르면, 1948년 5월 초 사법부 법전기초위원회에 헌법안을 제출할 때, 황동준, 윤길중의 협력을 얻어 작성한 전문이 있었다. 하지만 이를 빼고 본문만 제출하였다고 한다. "본문은 명확한 토론의 대상이 되기 쉽지만 전문은 사람에 따라 이론이 얼마든지 나올 수 있고, 그 이론을 간단하게 조정하는 방법도 없기 때문이었다."[28] 유진오는 처음부터 전문에 관한 합의가 거의 불가능하다 생각했던 것이다.

우선, 3·1운동을 헌법 전문에 도입한 유진오 헌법초안 전문의 내용

28 유진오, 『헌법기초회고록』 (서울: 일조각, 1980), pp. 37–38.

은 다음과 같다.

> 유구한 역사와 전통에 빛나는 우리들 조선인민은 우리들과 우리들의 자손을 위하야 기미혁명의 정신을 계승하야 정의와 인도와 자유의 旗ㅅ발밑에 민족의 국법을 공고히 하고, 민주주의 제제도를 수립하야, 정치, 경제, 사회, 문화의 모든 영역에 있어서 각인의 기회를 균등히 하고 각인의 능력을 최고도로 발휘케 하야 (…)[29]

이 초안에서 주목할 점은 첫째, '조선' 인민이 3·1운동 등의 기미년에 일어난 혁명을 계승하되 그 '정신'을 계승한다고 하였다. 그리고 그 정신은 정의, 인도, 자유의 정신이며, 그 정치체제는 민주주의와 균등을 지향하는 공화제, 즉 민주공화제이다. 둘째, 3·1운동의 정치적 산물인 대한 임정을 언급하지 않았다. 요컨대 새로운 국가와 대한임정 사이에는 직접적이고 정치적인 연속성이 존재하지 않고, 단지 3·1운동의 정신을 통해 간접적이고 추상적으로 연결되어 있다고 본 것이다.

이후 제헌국회 헌법기초위원회에 제출된 헌법 원안, 이른바 〈유진오·행정연구위원회 헌법안〉의 헌법전문은 다음과 같다: 유구한 역사와 전통에 빛나는 우리 한국인민은 3·1혁명의 위대한 발자취와 거룩한 희생을 추억하며, 불굴의 독립정신을 계승하여 지금 자주독립의 조국을 재건함에 있어서 우리들과 우리들의 자손을 위하여 정의와 인도의 깃발

29 유진오, 『헌법기초회고록』, p. 109; 고려대학교박물관 편, 『현민 유진오 제헌헌법 관계 자료집』 (서울: 고려대학교 출판부, 2009), p. 144.

밑에 민족의 단결을 공고히 하며 (…).[30]

이 헌법 원안은 3·1운동의 정신을 '독립정신'으로 한정했다. 하지만 더 큰 특징은 '한국'인민(표결 후에 대한민국)이 3·1혁명의 독립정신을 계승하여 조국을 재건한다 라는 규정이다.[31] 대한임정의 법통성이라는 관점에서 보면, 이는 유진오의 정신적 계승보다 한 발자국 진전된 것이다. 다만 어떤 국가가 "조국을 재건"하는 것인지 명시적으로 표현되고 있지 않았을 뿐이다.

헌법 전문의 3·1운동과 관련한 제헌국회의 본회의 논의를 살펴보자. 1948년 6월 23일 본회의에서 조헌영 헌법기초위원이 낭독한 헌법초안의 전문 내용은 다음과 같다: 유구한 역사와 전통에 빛나는 우리들 대한민국은 3·1혁명의 위대한 독립정신을 계승하여 지금 자주독립의 조국을 재건함에 있어서 정의, 인도와 동포애로써 민족의 단결을 공고히 하며(…).[32]

이와 관련하여 1948년 6월 26일, 헌법안 제1독회에서 최운교 의원은 다음과 같이 질의하였다.

5월 31일에 개원식에 의장의 식사 가운데 대한민국 임시정부를 계승

---

30 유진오, 『헌법기초회고록』, p. 208.

31 헌법기초위원회에서는 6월 7일에 가장 쟁점이 된 것은 국호문제였다. 표결 결과 대한민국 17표, 고려공화국 7표, 조선공화국 2표, 한국 1표였다. 이청천 등의 독촉계는 '대한민국'을 주장했고, 한민당은 '고려공화국'을 주장하였다(《조선일보》 1948/06/09).

32 국회사무처, 『대한민국국회 제1회 속기록』 제17호 (1948), p. 2.

한다는 말씀이 있으므로 그것이 여기에 적혔는가 하는 것을 듣고 싶습니다. (…) 임시정부로 말하면 과거에 약헌헌법을 정해서 대외에 석명했고 30년간에 3·1운동을 중심으로 석명을 대외에 국내에 선포했던 것입니다. 그러면 정치, 경제, 사회의 삼균주의를 확실히 분명히 있어야 하는데 이 헌법은 그 정신을 계승해서 했는가 하는 것을 말씀하십시오.[33]

최운교 의원의 질문 요점은 5월 31일 이승만 국회의장의 개원식 연설에는 대한임정을 계승한다는 분명한 발언이 있었는데, 왜 헌법 전문은 "3·1혁명의 위대한 독립정신을 계승하야" 라는 식의 모호한 표현으로 이루어져 있는가 하는 문제였다. 둘째로, 헌법안이 삼균주의 정신을 계승하는지의 여부를 물었다. 결국 대한민국은 대한임정의 법통성을 잇는 것인지를 묻고 있다. 이에 대해 서상일 위원장은 헌법 전문에 대한임정의 계승에 관한 내용이 있는지에 대해서는 답하지 않고, 삼균주의에 대해서만 답변하였다.[34] 그런데 그는 헌법안 전문이 '삼균주의'보다 더 포괄적 균등 즉 '만민균등주의'를 제시하고 있다고 주장하였다. 헌법안 전문의 "정치, 경제, 사회, 문화의 모든 영역에 있어서 각인의 기회를 균등히 하고"는 확실히 개인 간 균등을 위해 정치, 경제, 교육의 균등을 주장한 조소앙의 삼균주의의 영향을 받았을 뿐 아니라, 그 내용을 확장한 것이다. 그런데 삼균주의 대신 '만민균등주의'란 표현을 사용한 이유

33 국회사무처, 『대한민국국회 제1회 속기록』 제18호 (1948), pp. 8–9.

34 국회사무처, 『대한민국국회 제1회 속기록』 제18호 (1948), pp. 8–9.

는, 삼균주의란 표현을 명시적으로 사용하지 않기 위한 것처럼 보인다.

그 이유는 앞에서 살펴본 바와 같이, 김구 등 대한임정 세력이 대한민국 정부를 반대하는 데도 불구하고, 그 핵심이념을 명시적으로 계승한다고 천명하는 데 어려움이 있었기 때문일 것이다. 그러나 독립운동에서 우파의 정통성을 대표해 온 대한임정의 계승을 명시적으로 반대하는 것도 어려웠다. 서상일 의원의 "우리는 임시정부 정신을 계승한다"는 표현은 그런 딜레마를 피하는 표현 중 하나였다. 하지만 '정신'이 무엇을 뜻하는지는 모호하다. 이것은 유진오가 처음부터 사용한 전략이다.

김명동 의원은 그 모호성을 분명히 할 것을 요구했다. 그는 "그렇다면 정신이라고 하면 임시정부 헌법이 있는데도 불구하고 (…) 새로 헌법을 기초할 필요가 없다고 생각하는데 그 점을 자세히 설명해"달라고 요청했다.[35] 딜레마를 해결하기 위한 서상일 의원의 전략은 '정신적' 계승과 '정치적' 계승, '임시'정부와 '정식'정부를 구분하는 것이다. 그는 다음과 같이 답변하였다.

> 임시정부 정신을 계승한다는 말이지 임시정부의 헌장이라든지 임시정부의 모든 제도를 계승한다는 말은 아닙니다. 그러면 우리가 3·1혁명의 독립정신을 계승하는 것을, 즉 말하자면 3·1혁명으로 말미암아서 그때에 임시정부가 된 것이니 그 정신을 계승해 나가서 이것이 새로운 국회로서, 말하자면 정식 국회로서의 새로운 헌법을 제정하는

35 국회사무처, 『대한민국국회 제1회 속기록』 제18호 (1948), p. 12.

것이 당연한 순로입니다.[36]

최운교 의원, 김명동 의원의 질문에 담긴 뜻은 대한임정과 대한민국의 직접적이고 총체적 연속성을 주장하려는 것이다. 하지만 서상일 의원은 대한임정과 대한민국의 연속성을 인정하면서도 동시에 단절성을 주장한다. 즉 대한민국은 대한임정과 '정신적'으로 연속되어 있지만 '정치적'으로는 단절되어 있고, 따라서 직접적이 아닌 간접적으로 연속되어 있으며, 총체적이 아닌 부분적으로 연속되어 있다는 것이다. 이를 통해 서상일 의원은 당시 민족과 국가 사이에 존재했던 강력한 원심력을 완화시키고자 했다.

헌법전문 제2독회는 1948년 7월 7일 재개되었다. 최운교 의원 외 14인은 헌법 전문 중, 3·1운동 관련 사항에 대한 수정안을 제출하였다. 수정안의 내용은 다음과 같다.

> 유구한 역사와 전통에 빛나는 우리들 대한민국은 기미년 3월 혁명으로써 대한민국을 수립하여 세계에 선포한 그 위대한 독립정신을 계승하여 지금 독립 민주정부를 재건함에 있어서 민족의 통일을 공고히 하고 모든 고래의 폐습을 타파하여 정치, 경제, 사회, 문화의 모든 영역에 있어서 각인의 기회를 균등히 하고 (···)[37]

---

36 국회사무처, 『대한민국국회 제1회 속기록』 제18호 (1948), p. 12.

37 국회사무처, 『대한민국국회 제1회 속기록』 제27호 (1948), p. 5.

이 수정안의 특징은 첫째, 대한민국이 3·1운동으로 수립되었음을 명백히 천명하며, 둘째, 1948년 대한민국은 1919년 대한민국의 '재건'임을 규정하였다.[38] 셋째, 재건 대한민국의 제1목표는 민족의 통일을 공고히 하는 것이다. 즉, 1948년 건국된 대한민국은 1919년 대한민국을 직접적으로 계승하고 있다고 본다. 뿐만 아니라, 대한민국의 목표로 '민족' 통일을 강조하고 있다. 이는 김구와 대한 임정의 입장에 가까운 주장이다. 다만 1919년 대한민국을 대표하는 정부가 상해의 대한임정인지가 구체적으로 명시되지 않았을 뿐이다.

그런데 최운교 의원 등의 수정안은 이승만이 1948년 7월 1일 개최된 헌법 제2독회에서 제시한 내용과 유사하다.

> 내 생각은 총강 전의 전문 이것이 긴요한 글입니다. 거기에 즉 우리의 국시, 국체가 어떻다 하는 것이 표시될 것입니다. (…) 「우리는 민주국 공화체이다」하는 것을 쓰는 것이 있습니다. 독립선포 전문 기미년 때 선포한 것에도 있는 것입니다. 그 후 정부가 상해로 갔던 남경을 갔던 그동안에도 이것은 독재제가 아니라 민주정권이다 하는 것을 쓴 것이 있습니다. 이 정신은 벌서 35년 전(29년 전—필자 주)에 세계에 공포하고 내세운 것입니다. (…) 우리는 우리의 정신을 우리 헌법에 작정할

---

38 헌법안 제3독회에서 이재형 의원이 "기미 이 때에 건립된 국가는 언제 운운하였든가 이러한 전후 착각이 생기는 것으로 봅니다. (…) 이제 독립국가 건설에 있어서 재건을 빼고 이렇게 하면 모순이 없어지리라고 생각합니다"라고 주장하였으나, 바로 "전문 그대로 채용하자"는 동의가 있었고, 이후 가부 표결하였다. 국회사무처, 『대한민국국회 제1회 속기록』 제27호 (1948), pp. 14–15.

생각이 있어서 말씀하는 것입니다. 그런 까닭에 여기서 우리가 헌법 벽두에 전문에 더 써널 것은「우리들 대한민국은 유구한 역사와 전통에 빛나는 민족으로서 기미년 3·1혁명에 궐기하여 처음으로 대한민국 정부를 세계에 선포하였으므로 그 위대한 독립정신을 계승하여 자주독립의 조국 재건을 하기로 함」이렇게 넣었으면 해서 여기 제의하는 것입니다.[39]

위의 이승만의 제의 및 최운교 의원 등의 수정안을 〈유진오·행정연구위원회 헌법안〉의 헌법전문과 비교할 때, 가장 큰 차이점은 3·1운동으로 수립된 국가가 '대한민국'임을 명시했다는 것이다.[40] 이로써 대한민국이 재건하려는 국가가 바로 1919년의 대한민국임이 확실해 진 것이다. 다만 그 대한민국이 상해의 대한임정인지는 명백히 하지 않았을 뿐이다. 그리고 최운교 등의 수정안은 대한민국 정부를 '선포'했다는 표현을 '수립'으로 보다 명료하게 바꾸었다. 따라서 이승만의 위의 제안은 일종의 최종 타협안으로 제시되었던 것으로 보인다.

또한 위의 이승만의 발언을 통해 알 수 있는 것은 그는 이미 1948년

39 국회사무처,『대한민국국회 제1회 속기록』, 제22호 (1948), p. 8.

40 이와 관련하여 양동안은 "건국헌법 전문의 해당 내용과 대한민국이라는 국호의 채택은 당시 국회의장이며, 초대 대통령에 선출될 것으로 예상되던 이승만의 주도하에 이루어졌"는데, "그러나 이승만의 그러한 주장과 행동은 실제와 부합하지 않았던 것"이고, "이승만은 대한민국이 우리 민족의 독립운동을 계승한 국가이며, 자신이 독립운동세력의 적장자라는 점을 과시하려는 의욕이 지나쳐, 실제와 부합하지 않은 그런 주장과 행동을 했던 것으로 보인다"고 주장하였다. (양동안 2011, 30)

에 3·1운동이 한국 민주공화주의의 기원이고, 이후 일본제국주의와의 투쟁 속에서 한국인이 계속 진력해 온 것이며, 대한민국 건국이 그 최종 결과라고 주장했다. 한국 민주주의는 미국에 의해 이식된 것으로 보는 입장이 다수였다. 그러나 이승만은 3·1운동이 대한민국의 역사적 정체성의 기원이자, 한국 민주주의의 기원이고, 대한민국은 그것을 계승하는 국가라고 보았다.

최종적으로 백관수, 김준연, 최국현, 이종린, 윤치영 의원 5인을 지정해서 오후 회의에 안건을 제출토록 할 것을 가결하였다. 이들은 "유구한 역사의 전통에 빛나는 우리들 대한민국은 기미 3·1운동으로 대한민국을 건립하여 세계에 선포한 위대한 독립정신을 계승하여 이제 민주독립국가를 재건함에 있어서"라는 내용의 수정안을 제출하였다.[41] 표결 결과 재석 157명 중 가 91명, 부 16명으로 가결되었다.[42]

요컨대 유진오 헌법초안, 그리고 서상일 의원의 구상과 비교할 때, 1948년 건국헌법 전문은 대한임정의 법통성을 승인하는 방식으로 구성되었다.[43] 하지만 결정적으로 대한 임정이 3·1운동에 의해 건립된 대한민국을 대표하는 정부인지가 확실히 명기되지 않았다. 그것은 당시 정치세력간의 타협의 산물이자, 민족과 국가, 독립과 건국이라는 두 범

41 1948년 7월 7일, 제27차 회의에서 최종 가결된 수정안은 "우리들 대한민국"이라고 되어 있지만, 이후 자구수정과정에서 "우리들 대한국민"으로 수정되었다.

42 국회사무처, 『대한민국국회 제1회 속기록』 제27호 (1948), p. 15.

43 1919년 당시 임시정부들 중, '대한민국'을 국호로 정한 것은 대한민국임시정부가 유일하다. 기타 정부는 조선민국임시정부, 신한민국정부, 한성정부(후에 칭함)라고 칭했다.

주의 위태로운 공존을 보여주는 것이다.

이상의 헌법 전문 내용을 도표로 비교하면 다음과 같다.

〈1948년에 제안된 대한민국 헌법 전문(前文) 비교〉

유진오 헌법 초안 (1948. 5월초)	유진오·행정연구위원회 헌법안 (1948. 5.31)	대한민국 헌법 초안 (1948. 6.23)	이승만 제의안 (1948. 7.1)	최운교 외 14인 수정안 (1948. 7.7)	백관수 외 4인 수정안 (1948. 7.7)	대한민국 헌법 최종안 (1948. 7.12.)
우리들 조선인민은 우리들과 우리들의 자손을 위하야 기미혁명의 정신을 계승하야(…)	우리 한국인민은 3·1혁명의 위대한 발자취와 거룩한 희생을 추억하며, 불굴의 독립정신을 계승하여 지금 자주독립의 조국을 재건함에 있어서(…)	우리들 대한민국은 3·1혁명의 위대한 독립정신을 계승하여 지금 자주독립의 조국을 재건함에 있어서(…)	우리들 대한민국은 (…) 기미년 3·1혁명에 궐기하여 처음으로 대한민국 정부를 세계에 선포하였으므로 그 위대한 독립정신을 계승하여 자주독립의 조국 재건을 하기로 함(…)	우리들 대한민국은 기미년 3월 혁명으로써 대한민국을 수립하여 세계에 선포한 그 위대한 독립정신을 계승하여 지금 독립 민주정부를 재건함에 있어서(…)	우리들 대한민국은 기미 3·1운동으로 대한민국을 건립하여 세계에 선포한 위대한 독립정신을 계승하여 이제 민주독립국가를 재건함에 있어서(…)	우리들 대한국민은 기미 3·1운동으로 대한민국을 건립하여 세계에 선포한 위대한 독립정신을 계승하여 이제 민주독립국가를 재건함에 있어서(…)

IV. 결론: 대한민국 정통성 논쟁의 함의

대한민국 정통성 논쟁을 요약해보면 결국 "대한민국은 누구인가"이다. 이 질문은 다시 "대한민국은 언제 탄생했는가," "1948년 대한민국은 정당한가"라는 두 개의 주요 질문으로 나뉜다. 즉, 과거에 대한 인식을 통해 현재의 존재를 이해하려는 것이고, 미래의 방향을 결정하려는 것이다. 결국 대한민국의 자기인식이자 방향모색인 것이다.

그런데 오늘날 좌파 진영은 대체로 대한 임정을 지지하고, 대한민국을 부정하는 것이 올바른 상식이자 합리적 판단이고, 역사의 정의라는 견해를 갖고 있다. 하지만 학문적으로 볼 때, 이는 '민족'과 '국가'를 평면적으로 동일시하는 이해에서 비롯된 것으로 생각된다. 이 문제를 정당하게 평가하기 위해서는 해방공간에서 대한임정의 정치적 행로를 검토해야 하며, 북한 공산주의 정권의 수립과정, 그리고 한반도를 둘러싼 국제정치를 종합적으로 살펴보아야 한다. 나아가 역사의 '이념'과 정치의 '현실'을 함께 고려하는 양가적 이해(ambivalent understanding)가 필요하다.

우리 민족 스스로 독립을 쟁취했다면 국가 수립의 필요성에 직면하여 민족의 대의를 일시 유보해야 하는 비극이 없었을 것이고, 대한 임정과 대한민국의 계승을 둘러싼 대립도 없었을 것이다. 대한 임정은 근대정치운동에서 최고의 가치인 '독립운동'에 헌신한 정치세력이지만, 문제는 그들이 '민족'의 정통성을 '국가'의 정통성으로 전환해야 했을 때 발생했다. 1948년 대한민국의 국가정통성은 "독립운동의 대표성"이 아니라 "선거의 대표성"에 의해 새롭게 주어졌다. 이승만은 이 전환을 받아들이고 새로운 대표성을 획득했다. 그러나 김구의 대한임정 세력은 이것을 거부했다. 국가형성과 체제선택의 시기에 '국가'와 '민족'이 분열되었던 것이다.

하지만 대한 임정의 대안이 역사 속에서 소멸된 것은 아니다. 해방 후 정치이념 중 민족주의는 민주주의나 자유주의, 보수주의를 규정하는 신성한 이념의 지위를 유지해 왔기 때문에 김구와 대한임정은 민족주의의 순교자로 인식되어 왔다.[44] 국가 수립과 체제 선택 때문에 민족주의가 훼손되어야 했다는 점에서 뒷 세대의 부채의식도 컸다. 단정노선이 민족주의의 죄인으로 단죄되어 온 것도, 이승만에 대한 낮은 평가도 그 때문이다.[45] 그러한 부채의식이야말로 오늘날 국가정체성 논란 밑에 깔린 가장 깊은 감정 중 하나이다.

---

44 이와 관련하여 한인섭은 다음과 같이 말하였다: 김구 선생은 어떤 분이고, 그와 대한민국의 관계는 어떠한가요?(…) 김구 선생은 대한민국 임시정부를 몇 십년 간 주지(主持)해온 절대공로가 있습니다.(…) 그런데 그 법통을 지켜낸 김구 선생을 삭제한다는 것은 역사 말살이고 헌법 왜곡입니다.(…) "38선을 베고 쓰러질지언정 구차한 안일을 위해 단독정부를 세우는 데 협력하지 않겠다"는 선생의 읍소는 솔로몬 재판에서 진짜 엄마의 마음이었을 겁니다. (…) 선생의 생애는 대한민국의 바탕이고 상징입니다. 현실정치에서의 패배에도 불구하고 선생은 뚜렷한 이정표를 남겼습니다. 한인섭, "김구 선생의 대한민국" (《한겨레》 2014/10/26). 한국현대사에서 민족주의의 신성화(sanctification of nationalism)에 대해서는 강정인(2014)을 참조.

45 최근 전국 80개 초중고교 도서관에 있는 책 124만여 권을 분석한 결과, 현대사 주요 인물 중 김구임시정부 주석에 대한 책이 1,866권으로 압도적으로 많은 것으로 조사되었다. 반면에 이승만을 주제로 한 책은 31권으로 김일성(34권)에 관한 책보다도 적었다(《조선일보》 2013/10/24).

원래 대한 임정은 탄생할 때부터 민족주의와 국가주의를 지향했고, 이 두 축에 의해 유지되었다. 일제로부터의 해방을 목표로 한다는 점에서 민족주의이며, 민주공화정이라는 새로운 국가를 건설하고자 했다는 점에서 국가주의였다. 하지만 두 이념의 공존이 깨졌고, 따라서 임정의 정통성은 오랜 기간 동안 헌법 전문에 모호하게 표현되었다. 그로 인해 1948년 대한민국은 대한 임정을 포용할 수도 없고 버려둘 수도 없는 난관에 빠졌다. 그리고 이후에는 대한민국이 민족주의를 배신하고 세워진 국가라는 오명을 쓰게 되었다. 더욱이 김구의 죽음이 민족주의를 위한 순교가 됨으로써, 민족주의의 슬픔과 고통은 극대화되었다. 그 결과 대한민국 정통성 문제는 한국 현대사의 항구적 문제가 되었다. 한국 민족주의자들이 1948년 대한민국을 부정하고, 이승만을 비판하는 이유도 여기에 있다.

하지만 한국 민족주의 이면에는 민족은 어떻게 생존할 수 있는지에 대한 성찰이 결여되어 있다. 1947년 9월 이승만은 "우리 현상으로 삼팔선 이남은 고사하고 다만 한 도나 한 군만이라도 정부를 세워"야 한다고 역설했다. 민족은 국가 없이 생존할 수 없다. 생존할 수는 있어도 큰 고난을 겪어야 한다. 이는 이스라엘 건국 이전의 유태인이나 국가가 없는 쿠르드족의 운명을 보면 잘 알 수 있다. 반탁운동에 의해 군정을 극복할 수 없고, 미소공동위원회가 실패한 때에 김구는 민족주의에서 국가주의로 전환했어야 한다. 아무리 늦어도 1948년 남북연석회의가 실패로 돌아간 다음에는 그랬어야 했다. 하지만 김구는 실패를 인정하지 않았고, 입장을 바꾸지도 않았다. 그 결과 그 자신의 비극은 물론이고 한국인의 삶에 큰 짐을 지우는 결과를 빚었다.

그런데 이 유산은 어떤 의미에서 지적인 문제이기도 하다. 국가(state)와 정치(politics)에 대해 한국인들의 이해가 깊어지고, 성숙되는 것을 막고 있기 때문이다. 오늘날 한국현대사를 둘러싼 논쟁이나 역사교과서 논쟁도 그 연장선상에 있다. 이런 분열과 논쟁은 국가의 창조적 에너지를 근본적으로 손상시키고 있다. 우리가 역사 연구를 통해 알 수 있는 것은 국가와 정치에 대한 이해가 성숙되지 않고는 인간의 비극을 막을 수 없다는 것이다. 그런 점에서 김구가 남긴 부정적 유산은 생각 이상으로 깊고 근본적인 것이다.

마지막으로 대한민국 헌법전문을 둘러싼 논쟁, 그리고 건국절 제정과 역사교과서 논쟁이 한국헌정사의 성숙에 많은 기여를 했다는 점을 지적하고자 한다. 주지하듯이 대한민국 헌법은 민주화 이전까지 단지 법률로서 존재해왔다. 하지만 이 논쟁들은 헌법을 '국민적 담론'(national narrative)으로 만들었다. 한국헌정사에서 이것은 초유의 경험이다. 이제 헌법은 국가로부터 국민의 생활 속으로 들어와 국민의 생활감정이 담기게 되었다. 이것을 뒤집어 생각하면, 단순한 생존으로서의 국민 생활이 헌법원리의 관점에서 재성찰되는 것이기도 하다. 이는 공동체의 삶의 정신적 고양이기도 하다. 헌정사적 관점에서 이 논쟁들을 고찰하는 장점이 있다면, 그것은 이 논쟁이 다루고 있는 역사, 정치, 생활을 헌법 원리의 관점에서 재성찰함으로써 보다 높은 차원에서 통합할 계기를 제공할 수 있다는 점일 것이다.

참고문헌

고려대학교박물관 편. 2009.『현민 유진오 제헌헌법 관계 자료집』. 서울: 고려대학교 출판부.

국회사무처. 1948.『대한민국국회 제1회 속기록』.

국회사무처. 1949.『제5회 임시회의속기록』.

아름출판사 편. 1995.『미국무성 한국관계문서(Internal Affairs of Korea 1945–1949)』 제8권. 서울: 아름출판사.

이정 박헌영전집 편집위원회 편. 2004.『이정 박헌영전집』 제2권. 서울: 역사비평사.

《경향신문》, 《뉴데일리》, 《대동신문》, 《동아일보》, 《서울신문》, 《연합뉴스》, 《오마이뉴스》, 《조선일보》, 《조선주보》, 《한겨레》 (해당 시기)

강정인. 2014.『한국 현대정치사상과 박정희』. 서울: 아카넷.

김 구. 2003.『백범일지』. 서울: 돌베개.

김성호. 2008. "1948년 건국헌법 전문(前文)에 나타난 '우리들 대한민국'의 정체성과 정당성."『한국정치학회보』 42/4.

박갑동. 1991.『통곡의 언덕에서』. 서울: 서당.

서희경. 1993. "독립운동과 정치." 서울대학교 대학원 정치학과 석사학위논문.

서희경, 2012.『대한민국 헌법의 탄생: 한국헌정사, 만민공동회에서 제헌까지』. 파주: 창비.

서희경. 2014. "헌법적 쟁점과 대한민국의 국가정체성(1945–1950)."『한국정치학회보』 48/2.

손세일. 2015.『이승만과 김구』 제6권. 서울: 조선 뉴스프레스.

양동안. 2011. "대한민국은 언제 건국되었나?"『대한민국은 왜 건국을 기념하지 않는가』. 서울: 뉴데일리.

양우정. 1948.『이승만대통령 독립노선의 승리』. 서울: 독립정신보급출판부.

유진오. 1980.『헌법기초회고록』. 서울: 일조각.

하상복. 2012. "이명박 정부와 8.15 기념일의 해석."『현대정치연구』5/2.

허 정. 1979.『내일을 위한 증언』. 서울: 샘터사.

Ackerman, Bruce A. 1991. *We the People, Vol. 1: Foundations*. Cambridge: Belknap Press of Harvard University Press.

Arendt, Hannah. 홍원표 역. 2004.『혁명론』. 파주: 한길사.

Fukuyama, Francis. 함규진 역. 2012.『정치질서의 기원』. 서울: 웅진지식하우스.

6장 막스레닌주의와 북한

이지수 (명지대)

Ⅰ. 들어가며

한국사에서 막스레닌주의[1] 사상의 그림자를 찾는 것은 결코 어려운 일이 아니다. 볼셰비키 혁명을 전후해서, 다른 나라의 상황과 마찬가지로 조선인 가운데에서도 막시스트를 자처하거나, 막시즘을 표방한 정치적인 단체들이 나타나기 시작했다. 그리고 결국, 이 사상을 표방했다고 내외가 인정하는 체제가 한반도의 북부에 수립되기에 이른다. 그런 의미에서 한인들의 공산주의 운동은 결국 일정한 성공을 거둔 것으로 평가할 수 있는가? 세계사적 맥락에서 볼 때, 현실사회주의 국가들의 공산당 정권들은 결과적으로 대체로 실패한 것으로 확인된다. 사회주의국가를 표방하고 출발한 조선민주주의인민공화국의 경우는 어떠한가? 유감스럽게도, 정통적인 막스레닌주의를 연찬하고, 막스레닌주의에 입각해서 식민지 공간에서 혁명활동을 해 온, 정통 공산주의자들의 자취를 북한 현대사에서 찾기는 쉽지 않다. 그들은 북한의 공식 역사에서 사라져 버린 운명이 되었다. 김일성을 중심으로 한 당시나, 그의 손자인 김정은 시대에 이르기까지 북한에서는 정통 막스레닌주의자, 사회주의자, 혹은 공산주의자들을 찾아보기 힘들다. 오히려 서구식 자유민주주의와 자유 시장경제를 채택한 대한민국에서 시기적으로 좌파 사상의 영향을 찾아 볼 수 있다는 것이 역설적인 현실이다. 조선민주주의인민공화국의 현재의 모습은 본래 표방하던 사상과는 매우 이질적인 이념, 이데올로기인 주체사상을 어느 순간인가부터 내세우고 있다.

하지만 성공 실패에 대한 평가 이외에 우리는 조선민주주의인민공화국의 탄생과 현주소에 막스레닌주의가 어떤 역할을 했는지와 한국사에서 이 이데올로기가 차지하는 현상에 대해 살펴보려고 한다. 탄생에는 중요한 역할을 했으나, 막상 외부에서 수용된 이념이 내부에서 발원된

---

1 막스레닌주의에 대한 개념정의는 대체로 추상적 개념에 대한 정의가 그렇듯이 다분히 논쟁적인 동시에 다의적으로 사용된다. 공산주의라는 개념도 역시 마찬가지다. 여기서는 여러 주장들이 말하는 막스레닌주의에 대한 개념들 가운데 가장 광범위하게 동의 받는 내용들을 막스레닌주의에 대한 이해의 기초로 한다. 또한 막스레닌주의, 공산주의는 특별한 단서가 없는 한, 광의에서 동의어로 사용되고, 막시스트, 공산주의자 역시 대체로 같은 의미로 사용된다.

주체사상으로 대체되는 과정을 겪으면서 결국 막스레닌주의가 어떻게 한반도에서 변용되었는가를 보여줄 것이다. 본래의 이데올로기와 이론에 따라 도입된 제반 제도, 특히 경제제도들이 결국 파국에 이른 것은 여타 사회주의국가들과 기본적으로 큰 차이가 없다. 다만, 대부분의 나라들에서는 공산당(집권당의 명칭은 노동당 혹은 다른 이름인 경우도 있으나, 통칭 공산당 정권이라고 인정되던 국가들의 경우)이 실권하고, 기존의 이념을 버리고 그들이 비난하던 자유시장경제와 복수정당제 및 자유민주주의를 채택하고 있는데 반해 북한에서는 여전히 구 체제가 지속되고 있다. 이에 대한 해명도 역시 추가될 것이다.

Ⅱ. 막스레닌주의와 초기(해방 전) 한인 공산주의자들

막스레닌주의는, 대개의 사상이나 이데올로기들이 그렇듯이, 그들 이론가들에 의해 역사적으로 매우 다양한 정의가 주장되어 왔고, 또 실제 현실에서의 구현 또한 매우 다양한 형태로 전개되었다. 그러나 다양한 형태와 주장들 가운데 해방 전 한인 공산주의자들에 의해 공통적으로 인정되던 강령들을 간추리면 다음과 같다.[2]

2 당시 그들의 인식은 소위 해방 3년 공간에 발간된 각종 잡지, 신문, 당의 공간물을 통해 접근해 볼 수 있다. 그 이전인 일제식민지 시대에는 사상검열과 탄압 때문에 공개적으로 접할 수 없었던 그들의 주장은 해방 직후부터 쏟아져 나온 각종 출판물을 통해 쉽게 알 수 있다. 우선 조선공산당, 나중에는 남조선노동당의

첫째, 정치적인 제도로서 (공산당) 일당 지배체제를 채택한다. 자유민주주의 체제가 복수 정당 체제를 제도적 특징으로 삼는다면, 이에 반해 막스레닌주의에서는 일당 체제가 불가피함을 주장하고 있다. 그 이론적 근거의 배경은 이른 바 국가소멸론과 관계가 깊다. 즉, 막스레닌주의가 지향하는 소위 계급해방과 사해평등주의가 실현된다면 동시에 기존의 국가체제는 소멸된다는 것이 그들의 주장이다. 지역적으로 국경선에 따라 개별적으로 존재하는 국가들이 사라지고 전 인류가 하나의 공동체를 이룬다는 일종의 종말론적인 역사관과 유사하다. 혁명 이전의 국가는 계급적 착취를 가능하게 하는 제도적 장치이므로 철폐되어야 한다는 당위 명제와도 유관하다. 그러나, 동시에, 일부 국가에서 혁명이 완수되었다고 하더라도, 아직 전 세계적 수준에서 혁명이 완수되지 않은 상태에서는, 과도기적으로 (사회주의) 국가의 형태를 유지할 수 있다고 본다. 그러나 어디까지나 과도기적 상태의 국가이므로, (사회주의) 국가의 전략적 목표는 국가의 유지 발전이 아니라, 세계혁명 추진에 있다고 그들은 주장한다. 그래서 (사회주의) 국가들은 통상적인 국가들과 다른 독특한 체제를 구축하게 되는데, 이를 소위 일당독재체제 국가라고 부르기도 한다. 사회주의 혁명에 성공한 일국의 국가기구 가운데 가장 중요한 기구는 세계혁명을 추진할 지휘사령을 담당할 부분이다. 그들의 이론에 따르면, 이 혁명의 지휘사령부를 당으로 설정했다. (공산)당은 지휘

기관지였던 《해방일보》, 좌파 경향이었던 《조선인민보》, 《동광신문》, 《호남신문》, 《현대일보》 같은 신문들, 잡지로는 『건국』, 『과학전선』, 『산업노동시보』 등이 있다.

사령부이므로 본래적으로 단일하게 존재할 수밖에 없다. 유일당 시스템 혹은 일당독재체제라는 명칭은 그들의 표현에 따르면 혁명의 사령부체제인 셈이다.

막스레닌주의자들에게 이데올로기적인 최종 전략 목표는 일국 차원에서 실현하는 게 아니라 전 세계에 걸쳐 관철되어야 하는 당위명제이기 때문이다. 그러므로 일국에서 일단 혁명이 성공했더라도 아직 자본제 국가나 제국주의 국가가 존재하는 한에서, 혁명에 성공한 국가[3]는 세계혁명을 위해 진력해야 하고, 그러기 위해서는 자국을 혁명의 기지로 인식하는 경향이 강하다. (사회주의) 국가체제라는 것도 결국은 일단 혁명에 성공한 국가가 세계 공산혁명을 위해 노력하는 과정에서 출현한 것이라고 이해할 수 있다. (사회주의) 국가는 세계 공산혁명을 위해 존재하는 일종의 과도국가인 셈이다. 다시 말해, "사회주의국가"란 존재나 개념은 실재하지만, "공산주의국가"라는 존재나 개념은 엄밀하게 말해 형용 모순이다. 왜냐하면 전 세계적으로 공산혁명이 완성된 단계가 되면 국가는 자연스럽게 소멸되기 때문이다. 여기서 "사회주의국가"는 세계공산혁명의 완수를 국가 전략으로 채택한다는 이론적 설명이 가능하다. 그러므로 사회주의체제국가는 여타 역사적으로 나타난 국가의 형태와 질적으로 다른 차별성을 지니게 된다. 즉, 사회주의 국가를 제외한 대체로 역사적으로 나타난 국가란, 어쨌든 일정한 영토와 그 영토에 거

3 여기서 혁명에 성공한 국가는 일당체제를 형성하고, 생산수단의 사적인 소유를 폐지하고 국가 혹은 사회의 소유를 확립하는데 성공한 경우를 말한다.

주하는 거주민들의 주권[4], 그리고 그 일정한 영토를 운영하는 시스템을 국가적 수준에서 경영한다. 그러나 사회주의국가는 어짜피 소멸될 국가 수준의 통치 시스템 대신에 세계혁명을 보다 효율적으로 수행하기 위한 체제를 만들어 냈는데 이른바 일당(독재)체제다. 세계혁명을 달성하기 위해서 총력전을 벌어야 할 사회주의국가는 세계혁명의 사령탑으로서 공산당의 영도를 채택한 것이다. 요컨대 전투사령부 내지 혁명지도부는 단일해야지 복수일 수가 없다는 것으로 이해된다. 결국, 사회주의국가는 일국적 차원에서 국가발전을 지향하는 것이 아니라 세계적 혁명을 목표로 설정하기 때문에 항상 외부, "적"들과의 긴장관계를 일상화하여 스스로 전시국가화 되었다. 결국, 인민의 복리후생을 치중하는 것도 중요하지만, "적"들인 자본주의체제보다 우수함을 선전하는 데 보다 더 주력하는 경향이 강하다. 그러니까 일국민의 현재 행복보다 세계인민의 미래 해방을 추구한 셈이다. 그들의 이론에 따르면, 일국의 인민들은 세계혁명을 위해 개인의 행복을 희생 내지 유보했다고 이해 할 수 있다.[5]

---

4 이 주권은 역사적으로 때로는, 일인이 갖는 경우, 소수의 특권층에게 위임되는 경우, 일반 국민이 행사하는 경우 등으로 다양한 형태를 보여준다. 플라톤의 주장을 수용한다면, 이상적인 형태로서 군주정(monarchy), 귀족정(aristocracy), 민주정(democracy), 그리고 이것이 타락하는 경우, 참주정(tyranny), 과두정(oligarchy), 중우정(ochlocracy)으로 나누어볼 수도 있다. Plato: The Republic. Plato – His Philosophy and his life, allphilosophers.comhttp://www.socialdesign.kr/news/articleView.html?idxno=6845 (2015. 6.21. 검색).

5 1950년대 소련은 스푸트닉을 발사하는 데 성공했다. 소련인들로서는 당시 충분히 예측했던 자랑스러운 일이었는지 모르겠지만, 적어도 외부 시각에서 보면 이 또한 당시로서는 도저히 이해하기가 쉽지 않았던 사건이었다. 왜냐하면 당시 부분적으로 알려진 소련의 인민들의 일상 소비 생활수준은 서방세계의 그것에 비

그것이 인민의 자발적 선택인지 여부는 여기서는 논외로 한다.

둘째, 경제적인 측면에서 당시 한인 공산주의자들에게 수용된 막스레닌주의의 두 번째 특징은 생산의 정부성, 바꿔 말해 계획경제를 지향하는 점이다. 실제 모델은 당시 소련의 시스템을 따르고 있다. 수요와 공급, 그리고 시장의 기능을 중앙 권력이 통제하는 방식에 따르면서 원칙적으로 중앙의 통제와 계획을 벗어난 생산, 소비, 혹은 수요자-공급자

해 현격한 차이가 있었기에, 우주개발과 같은 과학기술의 개가는 도저히 예측하기가 용이하지 않았던 것이다. 그러나 당시 소련 체제의 특성을 감안하면 이러한 인식은 상당한 오해에서 비롯된 것이었음이 확인되었다. 초점을 바꾸어 설명하면, 당시 미국의 어느 기업도 인공위성을 쏘아 올릴만한 자본도 기술도 보유하지 못한 것이 아니라 자본도 기술도 충분했음에도 불구하고 인공위성 개발을 하지 않았다고 보는 것이 타당하다. 무엇보다 투여 자본 회수가 불분명한 사업에 뛰어 들 이유가 없었기 때문이다. 민간 기업이 외면하는 부분이라면 정부가 검토해 볼만 하기도 했다. 그러나 4년마다 대통령 선거가 치러지고 상하의원 선거가 정기적으로 실시되는 정치시스템에서 국민의 세금을 쉽게 국민 공감대가 형성되기 어려운 사업에 쏟아 붓는다는 것은 한계가 있다. 반면에 소련에서는 인민들의 소비생활이 상대적으로 형편없었음에도 불구하고, 일상 생활용품의 질이 현저하게 떨어졌음에도 불구하고 정치권력은 인민들의 불만으로부터 한결 자유로웠다. 인민들의 지지 여부로부터 일정하게 무관한 정치권력 시스템이었기에 가능했다. 대체로 자본제 진영과의 전쟁-총성없는 전쟁이란 점에서는 경쟁-에 국가의 인적·물적 자원을 국민들의 의사와 무관하게 일방적으로 동원하는 것이 정치권력에게 제한 없이 허용된 체제였다. 인민들의 불만도 비교가 가능한 데서 비롯된다면 대외적으로 폐쇄적이었던 당시 사회 시스템은 어쩌면 인민들의 불만 또한 원천적으로 통제할 수 있었다. 당시 사회주의의 승리라고 오해되었던 우주개발 사업은 결국 소련이 해체되는 데 중요한 원인이 되었다. 궁극적으로는 자본제 국가들과의 체제 경쟁에서 패배를 자초한 셈이다. 요컨대 인민들의 삶의 질을 향상시키기보다는 당장의 이익과는 무관해 보이는 상징적인 사업에 몰두하다 결국은 인민경제의 파탄을 가져옴으로써 스스로 패배하게 된 셈이다. 이지수, "김정은은 과연 「조선민주주의인민공화국」을 상장할까," 『통일전략』 13/1.

간의 거래를 금지한다. 그들에 따르면 자본제 체제는 '생산의 무정부성'이라는 특징 때문에 초기 식민지가 필연적으로 요구되고, 궁극적으로는 붕괴되고 만다는 것이다. 하지만 생산의 '정부성' 혹은 생산의 계획성이 전 국가적으로, 그리고 범 사회주의권 블록 내에서 관철되기 위해서는 사회주의국가 내, 그리고 사회주의 국가 간에 이른바, "노동의 등가교환법칙"이 전제가 되어야 한다. 노동 가치는 인간에 따라 차별적이지 않으며, 귀천이 없고, 고급 저급의 구분이 없는 자체로서 고귀한 것이라는 다소 이상적인 전제에서 출발하는 이 이론은 결국, 자본제 사회에서는 일상적인 임금의 차이를, 노동 가치의 임금 가격으로 왜곡되는 모순적 현상이라고 이해한다. 결국, 그들 체제에서는 버스기사의 월급이나 유능한 외과의사의 월급이 동일하거나, 경우에 따라서는 전자가 후자보다 더 많은 현상도 목격된다.

셋째, 당시(해방 전) 유일한 사회주의국가였던 소련, 모스크바의 소공산당 중앙의 지도에 대체로 따르고 있었다는 점이다.

넷째, 생산수단의 사적 소유를 지양한다는 점이다. 현실적으로는 국유화로 나타나는데, 그들에 따르면, 사회주의적 생산관계를 지향한 결과다.

북한체제의 이해를 위하여 이상과 같은 특징들을 포괄하여 동구 소련의 현실 사회주의 체제 국가들의 역사를 요약해 보자. 아래 문단 내용은 필자의 기고문에서 인용한 것이다.[6]

사회주의체제는 노동력 등가교환원칙을 기초로 한 계획경제 시스템을 특징으로 한다. 전자는 단순하게 말해서, 유전 노동자 일인당 일 년 생산량의 원유와 집단농장 노동자의 일 년 일인당 생산량의 사탕수수를 맞바꾸는 식이다. 그들이 혐오해마지 않는 자유시장체제에서는 (신성한 노동) 가치가 (욕망의 시장) 가격으로 왜곡된다고 저들은 주장한다. 결과, 농업국가든 최첨단 과학기술국가든 비슷한 의식주 수준을 향유하게 된다. 이윤이 배제되기 때문에 질이 아니라 양적 과업성취가 횡행한다. 저열한 수준의 의식주가 도무지 개선될 여지가 없어진 것이다. (상품)질의 차이를 무시한 (노동)양적 달성에만 집중한 결과다. 국영공장들은 저마다 100%를 상회하는 생산과업 달성을 공표한다. 동아줄 공장에서 생산된 동아줄 100톤이, 빨래줄 공장으로 넘어가면서 빨래줄 100톤 생산이 달성된다. 빨래줄은 다시 동아줄 공장으로. 이런 악순환이 지속된다. 그러니 국영상점에서는 빨래줄도 동아줄도 보기 힘들다. 어쩌다 빨래줄이 나왔다고 공고가 붙은 상점 앞에는 긴 줄이 일상화된다. 하지만 인민들의 집에는 빨래줄도 동아줄도 충분하다. 인민들이 기회될 때마다 집에 비축해 놓은 빨래줄, 동아줄은 필요시 전구, 신발 혹은 학용품등과 교환된다. 이게 사회주의 경제의 현실이었다. 계획경제란 저들의 표현을 응용하면, '생산의 정부성'을 특징으로 한다. 그들은 자유시장경제의 모순 가운데 하나로 '생산의 무정부성'을 꼽는다. 자본제에서는 전체 인민의 수요를 무시하고 생산자 저마다 전체 수요초과생산을 하면서 무한경쟁을 한다는 것이다. 결국 기업들간에 약육강식 같은 경쟁 끝에 공멸한다는 것이다. 반면에 사회주의 경제는 정교한 계획경제에 의해 운용된다. 원목이 베어지면, 중앙에서 지정한 제재소로 공급되고, 제

---

6 이지수, "무엇이 예상 되는가: 북한 급변사태 불가피성," 『영원한 친구들』 236 (2018), pp. 9–10.

재소에서는 제재한 나무를 지정한 가구공장으로 옮기고, 가구공장은 생산한 가구들을 지정한 학교 관공서 혹은 국영상점에 배치한다. 일련 과정의 노동자들은 의식주를 배급 공급받는다(이점에서는 대한민국의 사병들의 처지와 비슷하다). 집단농장의 농민들도 마찬가지다. 의식주는 국가에서 해결해주니 그저 쌀을 생산할 따름이다. 수확된 쌀은 중앙에서 지정하는 대로 각급 직장단위로 이동해서 배급된다. 마치 정교한 기계장치 같이 전 생산단위가 중앙의 계획아래 착착 돌아가는 게 사회주의 경제다. 하지만 문제는 역시 상식에 있다. 계획이 틀어졌을 때, 틀어진 계획을 메꿀 기재가 전무하다는 점이다. 즉 자유거래 시장이 없다는 것이 치명적인 약점인 것이다. 흉년이 들었다 치자. 비축했던 쌀을 배급하면 된다. 하지만 쌀 생산 목표량 미달성이 수년 간 누적되면 어떤 일이 벌어지는가. (쌀 생산의 미달 역시 인재나 천재가 아니라 제도의 결함 때문에 빚어진 결과라는 설명은 생략하겠다.) 저마다 쌀을 구하러 자신이 지켜야 할 농장, 공장을 비우게 된다. 그러면 이제 쌀만 모자라는 게 아니라, 신발도, 전기도, 석탄도 모자라게 된다. 다들 쌀을 구하느라 노동현장을 비움으로 벌어진 현상이다. 그러다보니 쌀만 구하러 다니던 게, 어느새 신발, 땔감, 송진, 옷 등등을 구하려 다녀야 한다. 나라 전체의 생산이 망가지게 된 것이다. 쌀만 부족한 게 아니라 전체 상품이 부족해진다. 요컨대 국가 경제 계획이 정교하면 할수록 조그만 부품하나가 망가져도 전체가 올스톱하는 아이러니를 태생적으로 가지고 있다. 소련은 자원부국이었다. 자원 부국 소련 덕분에 사회주의권은 그럭저럭 유지해 나갈 수 있었다. 하지만 이미 파국의 시그널은 여러 차례 있었다. 도대체 사회주의체제하 농민들의 노동의욕을 고취할 방법이 없었다. 스타하노프 운동 같은 조작된 신화나, 집단농장이란 고육책도 다 구조적 모순을 극복하기 위한 몸부림이었으나 성과는 일시적일 뿐이었다. 스푸트니크 발사 같은 국가 재화의 엉뚱한 낭비는 사회주의권의 위기를 재촉했을 뿐이다. 사회주의의 우월성을 인민 복리후생을 통해서가 아니라 전시광고효과에만 몰두한 결과다. 당시 미국은 스푸트니크를 성공시킬 재화도 기술도 있었다. 하지만 도무지 이익이 날리 없는 분야에 투자할 바보 기업은 없었다. 정기적으로 선거를 통해서 정권 교체가 제도화된 시스템에서 국민세금을 엉뚱한 데 쓸 정권이나 정치인이 나올 리 만무했다. 소련이 1958년 10월 스푸트니크를 쏘아 올리자 미국정부는 바로 한 달 후 한 차례 시행착오를 거쳐 이듬해 1959년 1월 익스플로러를 발사 성공시켰다. 사회주의적 생산관계의 특징은 생산수단의 사적 소유를 지양하고, 국가 내지 사회적 소유 체제를 확립한다는 점이다. 이를 보다 쉽게 이해한다면, 최고 권력으로서 당이 국가의 물적, 인적 자원에 대해 배타적인 독점권을 가지는 형태로 이해 할 수 있다. 물론 이것은 어디까지나 그들의 이론에 따르면 과도기 사회주의체제국가에서 구현된 것이다. 이 점에서 본다면, 역사상 중앙 정치권력이 갖는 영향력의 크기로 비교하면, 사회주의체제에서의 중앙정치권력은 인류 역사상 어느 중앙정치권력보다 압도적으로 강력하다고 평가된다.[7] 그러나 이러한 형태의 소유제도를 확립, 실현하는 것이 쉬운 과정은 아니었다. 가령 지주들로부터 토지를 무상으로 몰수하여, 인민들에게 무상으로 분배한다는 소위 사

7 나치체제 같은 전체주의체제나 진시황의 봉건왕조 독재정치체제에서도 공동체 구성원들의 자유재산권이 허용되었다.

회주의 토지개혁 혁명은 결국 실패로 귀결되어 집단농장이라는 형태의 해결책으로 귀결 된 것은 역사적으로 확인된 바 있다.[8]

막스레닌주의는 외래 사상이다. 조선인 고유의 전통과 사상에 그 연원을 두는 것이 아니라 외부에서 들어 온 사상이념이다. 그 유입 경로를 따져보면 1910년대부터, 첫째는 일본,[9] 둘째는 중국,[10] 셋째는 소련[11]을 통해서이다. 이들의 막스레닌주의 수용과 이해는 대체로 세 가지로 분류해 볼 수 있다. 첫 번째는 독립의 방편으로서 막스레닌주의를 수용한 경우다. 러시아 혁명이후 레닌은 피압박민족해방을 위해 지원했는데 이를 독립의 방편으로 이용하기 위해 막스레닌주의를 수용한 것이다. 엄밀한 의미에서 이들은 공산주의자가 아니다. 민족주의자로 분류할 수 있다. 물론 이들 가운데 처음에는 독립의 방편으로 수용했으나 나중에 막스레닌주의자가 된 경우도 존재했다. 두 번째는 실제 공산주의자로서 계급혁명의 전 세계적 실천을 이해하고 활동한 경우다. 대부분의 한인 공산주의자들이 여기에 해당한다. 세 번째는 원래 공산주의 사상에 공

---

8 소련에서는 1917년 혁명 이후 토지분배를 시도했었다. 그러나 가구별로 균일하게 나눌 것인지, 가구당 식구 수에 따라 분배할 것인지, 혹은 가구별 가용노동력에 따라 나눌 것인지로 혼란스러웠고, 필지의 원근에 따라, 비옥도에 따라, 혹은 형태에 따라 도무지 공평하게 나누어지기가 현실적으로 불가능했었다. 결국 지역의 농지를 비옥도, 경사도, 수원지와의 원근, 거주촌락과의 원근 등에 따라 필지로 나누고, 각 필지 당 한 고랑(폭 약 1미터) 씩을 분배해 보기도 했다. 이런 저런 우여곡절 끝에, 1930년대 스탈린은 집단농장화를 통해 농지분배 문제를 해결했다. 그러므로 사회주의 토지 혁명이라고 불리는 '무상몰수, 무상분배'의 신화는 '무상몰수'는 존재하되 '무상분배'는 존재하지 않는 말 그대로 허구의 신화였다. 이지수, "북한의 단독정권 수립과정과 정치적 함의," 『한국정치외교사논총』 34/2 (2013).

감하여 활동을 시작했으나 나중에 이탈한 경우다.

---

9 김양수는 당시 일본 유학생들 간에 발간되던 『학지광』(1917년 7월, 13호)에 "사회문제에 대한 관념"을 기고했는데 사회문제 해결의 대안으로서 사회주의를 소개했다. 이어 당시 게이오대학 유학생 김범수는 1918년 11월 30일 고등상업학교 동창회 주최로 조선기독교청년회관에서 개최된 각 학교 유학생연합 웅변회에서 '공산주의'라는 제목의 연설에서 "목하 세계 각국 중 공산주의·사회주의가 발달한 것은 러시아라고 믿는다. … 만약 영구한 평화를 유지하고자 하면 추세의 공산주의의 천하이지 않으면 안 된다"고 하면서, 세계는 필연적으로 가장 선진적인 공산주의 사회로 나아갈 것이라고 단정하고 있다. 1921년 5월 7일에는 정태신, 김약수 등이 동경에서 '재일본조선인공산단체'를 결성하였으며, '재일본조선인공산단체'는 한국혁명과 공산주의운동을 구체적으로 실천할 목적으로 1921년 가을 '공산주의비밀결사'로 변경되었다. 1921년 10월에는 김사국, 김사민, 박상훈, 임봉순 등에 의해 사회혁명당 서울파이라는 공산주의 조직이 결성되었다. 그리고 변희용을 중심으로 한 5-6명의 한국인 공산주의자들은 고려공산당 상해파와 연계하여 1921년 '사회주의 쿠르조크'를 조직하였다. 이상은, 한국독립운동사정보시스템, https://search.i815.or.kr/Degae/DegaeView.jsp?nid=1546 (2015.6.22. 검색).

10 우리나라 최초 사회(공산)주의 단체는 중국에서 출현했다. 1917년 8월 중국 상하이(上海)에서 신규식은 조선사회당을 설립하는데, 인재양성을 위해 조직했던 동제사(同濟社)를 조선사회당으로 개칭한 것이다. 목적은 스웨덴 스톡홀름에서 개최되는 국제사회주의자대회에 한국독립 지원을 요청하기 위함이었다. 이듬해 6월 이동휘, 전일, 박진순, 김립 등도 한인사회당을 조직하였다. 이동휘는 대한민국임시정부 국무총리로 추대됨으로써 1921년 당명을 고려공산당으로 바꾸고 본부도 상하이로 옮겼다. 이상은, 국가기록원, http://theme.archives.go.kr/next/indy/viewIncident.do?page=3 (2015.6.22. 검색).

11 제정 러시아와 소련에서는 조선인들이 1910년대 중후반부터 공산주의를 수용하기 시작하였다. 이들은 러시아 2월혁명 이후 제1차 세계대전에 출전했던 동포들을 중심으로 러시아인을 표방하면서 노병회를 조직하고 전러시아혁명당과 보조를 같이하였다. 그리고 수천 명의 조선인들이 10월혁명에 참가하였다. 이러한 사실은 재러시아 조선인들이 2월혁명 이전부터 공산주의를 수용했음을 말해 주지만, 재러시아 조선인들에 의해 공산주의가 본격적으로 수용된 것은 러시아 2월혁명을 전후한 시기로 보인다. 그곳의 공산주의자들은 1918년 4월 이동휘를

결국 초기 한인 공산주의자 가운데 엄밀한 의미에서 막스레닌주의자로 자타가 공인하는 사람들은 위 두 번째 경우로 좁혀 봐야 한다. 그리고 실제 일제시대 당시 조선에서 일어났던 수많은 소작쟁의나 공장에서의 스트라이크들은 이들에 의해 조직되었었다. 즉, 이들은 일제하에서 조국 독립을 최우선 시급한 과제로 설정하고 실천한 것이 아니라 봉건 청산과 계급해방을 추구하며 활동을 전개했다. 하지만 일제하 식민지 하에서의 한인공산주의운동은 부분적 성과에도 불구하고, 궁극적으로는 무엇보다 당을 보존하지 못한 점에서 실패의 역사라고 평가해도 무리가 없을 것이다. 해방이 되고 비로소 조선공산당은 재건된다. 그러나 순수한 의미에서 해방공간의 한인 공산주의자들의 운명은 일제강점기 한인 공산주의운동처럼 실패의 역사를 걷게 된다.

Ⅲ. 소련의 대 한반도 정책과 초기 한인 공산주의자들의 운명

한반도 북부에 막스레닌주의 이념에 입각한 체제가 구축된 것은 한인이 주도적으로 이룬 것이 아니라 해방 이후 진주한 소련군에 의해서였다. 보다 정확하게는 당시 소련 지도자 스탈린에 의해서였다.

중심으로 하여 한인사회당을 창립하였다. 이상은, 한국독립운동사정보시스템, 앞 자료 (2015.6.22. 검색).

1. 스탈린의 계획[12]

당시 스탈린이 북한에 진주해서 과연 어떤 생각을 가지고 있었는가를 엿볼 수 있는 문서들 가운데 다음 두 개를 여기서 제시하고자 한다. 1945년 9월 20일자 스탈린 지령서가 첫 번째 문서이고, 이 지령서를 직접 언급하면서 동 지령 내용의 성취 여부를 보고하고 있는 1945년 12월 25일자 소련군 총정치사령관 쉬킨의 스탈린에게 보낸 보고서가 두 번째이다.[13]

---

12 이지수, "북한 정치체제에 드리워진 스탈린의 그림자," 『중소연구』 39/3 (2015), pp. 357–364.

13 여기서 두 번째의 쉬킨 보고서의 일부를 직접 인용하겠다. 이 내용 역시 필자의 "북한의 단독정권 수립과정과 정치적 함의"에 상세하다. … (공산당의) 목적은 소련에 우호적인 단일 – 여기서 단일이란 의미는 "단일한 대오"라는 말에서 볼 수 있듯이, 남북을 하나로 묶는 통일이란 의미가 아니라 북조선내에서의 내적 통합성을 강조하는 의미이다 – 독립민주공화국을 수립할 것을 목적으로 하고 있다. 공산당은 초기 심각한 정치적 좌경의 오류/소비에트 질서의 복사/ (45년 9월 20일자 스탈린의 비밀지령문 1항에 언급한 바, 소비에트 질서를 도입하지 말라고 적시되어 있다 – 필자 첨가)를 범했다. 이후 당 노선은 바로 잡혔으나 아직 부르주아 민주진영 출신의 사회 활동가를 광범위하게 받아들이지 못하고 있다. … 지방자치기관과 북조선의 경제, 정치를 지도할 능력이 있는 단일한 조선행정중앙이 없음이 현 정치정세에 심각한 영향을 주고 있다. 일부 도 인민위원회들은 이러한 기능을 수행하지 못하고 있다. 심지어는 자기 도내에서 조차 진정한 정권기관 구실을 못하고 사회에 대한 관리 통제 기능을 장악하지 못하고 있다. … 주둔군 사령부가 조직한 행정총국들은 아직도 해당 경제분야에 대한 지도를 원만히 수행하고 있지 못하고 있다. … 1945년 9월 21일 자(혹은 9월 20일자라는 기록도 있다. 이것은 실제 모스크바에서 문서가 작성된 시점은 9월 20일이고, 그 시점이 평양에서는 이미 9월 21일이기 때문이다.) 최고사령부 훈령에서 언급한, "북조선에서 민주정당 사회단체들의 광범위한 블록에 기초한 부르주아민주

첫째 문서는 소위 "1945년 9월 20일자 스탈린 지령서"이다. 동 문서에 의하면 소련군은 조선의 주둔지역에서 소련과 같은 국가 모델을 복사하지 말고, 반일 세력을 중심으로 광범위한 '부르주아 민주주의 블록'[14]을 구성하라고 지시하고 있다. 이 문서의 문자 그대로의 의미에 대한 이해를 바탕으로, 소련이 애초에 조선에 대해 특별한 관심을 보인 문서가 발견되지 않음을 들어 애초부터 조선에서의 소련의 집착설을 과

주의 정권 창설(굵은 표시 필자 첨가)을 목표로 한 노선이 절대적으로 미흡하다. … 결론 1. 반일 민주 정당 사회단체의 광범위한 블록을 토대로 한 북조선의 부르주아민주개혁이 너무 느리게 진행되고 있다. 2. 조선에서 소련 군대가 철수될 경우 소련의 국가 이익을 보장할 수 있는 굳건한 정치 경제적 교두보를 아직 쟁취하지 못하고 있다. 민주주의 민족간부가 아직 충분하게 파악 되지 못했다. 현재 북조선에서 인기가 높은 인사들은 공산당 지도자 김일성과 박헌영, 민주당 지도자 조만식이 있는데 조만식의 소련에 대한 정치적 입장은 아직 모호하다. 연해주군관구 평의회에 따르면 민주주의 단체들을 지도할 수 있고 소련의 이익을 고수 할 수 있는 민주주의 민족 간부를 양성하기 위해서는 4–5개월이 소요될 것이다. 3. 최단 시일 내에 북조선 경제를 복구하고 민족 간부를 양성하는 과업을 달성하기 위해서는 북조선내 정권의 중앙집권화하여 이를 민주활동가들에게 넘겨주어야 한다. 4. 인민민주주의운동은 대지주의 토지소유 현실 때문에 지장을 받고 있다. 빠른 시일 내에 농지개혁을 실시해야 한다. (농지개혁과 관련한 다른 문서에서는 "반동 친일세력의 기반을 허물기 위해서"라고 언급된다. 여기서 반동이나 친일, 대지주는 반소와 동의어이다 – 필자 주) 5. 25군 사령관 산하 민정기구는 북조선 정치 경제 상황을 관장할 수 있는 간부들의 충원을 통하여 조직을 정비 강화하여야 한다. 연해주군관구 및 25군 군사평의회는 소련 에 대해 호의적이며 조선에서 소련의 정치적 입장을 굳건히 지켜줄 수 있는 신참 민주 간부를 선발하고 양성하는 데 보다 큰 관심을 기울여야 한다. 이상은, 소련 외무성의 다음 문서를 필자가 번역한 것이다. АВП. Ф.013 оп.7, п.4, д.46, л л.3–13. 두 문서에 대해서는, 이지수, "제2차 세계대전과 소련의 한반도 정책," 『대한민국 건국의 재인식』 (서울: 기파랑, 2009)에 더욱 상세하다.

장된 것으로 보는 주장도 있다. 그러나 소련의 조선에 대한 관심이나 이익에 관해 직접 언급한 문서의 존재 유무와는 별도로 소련이 종전 후 진주한 여러 지역에서 벌어진 일들을 결과적으로 비교해 보면 대단히 일관된 공통점들을 발견할 수 있다.[15] 첫째, 2차 대전 종전과 함께 소련군이 진주한 지역에서는 거의 3~4년 이내 공산정권이 수립되었다. 그 과정도 유사하다. 먼저 토지개혁을 실시했다. 그리고 기존의 공산당을 노동(자)당으로 개명하여 노동대중정당 노선을 견지하다가, 기타 정당과의 합당을 통해 세를 키워서 연립정권을 수립한다.[16] 연립 정권 내에서 소련과 친화적인 세력을 제외한 요인들이 사고사, 혹은 실권하면서

14 박헌영이 해방 직후 서울에 올라와 소련 영사관측과 접촉하여 숙의를 거친 결과 나온 8월테제에서는 당시 정국을 부르주아 민주주의 혁명 단계라고 규정하고 있음과 비교하면 흥미롭다. 박헌영의 소련영사관 접촉에 관해서는, 파냐 이사악꼬브나, 김명호 역. 『1945년 남한에서』 (서울: 한울, 1996)을 참조. 8월테제에 대해서는, 김인식, "8월테제의 '진보적 민주주의' 국가건설론," 『한국민족운동사연구』 55 (2008), pp. 361–403.

15 해당 지역에 대해서도 소련의 관심이나 이해관계가 열거된 문서가 발견되었는지에 대한 사실관계를 알아보는 것도 흥미롭겠지만, 소련군 진주 지역들에서 벌어진 결과는 대동소이했다는 점은 특별히 주목할 만하다. 결과적으로 해석한다면 기존에 특정 지역에 대해 어떤 관심을 표했느냐는 문서의 존재와는 무관하게 이왕에 소련군이 진주한 지역에서는 소련의 국익을 최대한 반영한 국가를 선호한 것이 된다. 이들 국가를 소련의 위성국가라고도 한다.

16 이 과정을 보면 역사적으로 그들의 이념, 이론에 대한 집착 내지 충실성을 확인할 수 있다. 즉 공산당은 전투사령부에 해당하는 '유일당'이므로 타 정당들과 공존하는 순간 존재 의미를 상실하게 된다. 그러므로 '유일당'으로 집권이 어려운 경우, 타 정당과의 연합을 통해서 정권을 획득한 이후 정권 내에서 헤게모니를 잡은 다음에 단독 집권의 단계로 나간다는 2단계 전략이라고 이해할 수 있다. 그러기 위해서 일단 다수당들과 대등한 정당으로 만들기 위해서는 '유일당'인 공산당을 개칭한 것은 나름 그들의 이론에 충실했다고 평가할 만하다.

최종적으로는 친소 단일 정권이 들어서고, 예전의 노동(자)당은 다시 공산당으로 이름을 바꾼다. 이러한 일련의 과정은 소련군이 진주한 지역에서 다소의 차이를 보이지만 대체적으로 비슷하게 나타났다.[17] 북한 지역도 대체로 예외가 아니었다. 이러한 역사적 사실을 어떻게 받아들여야 하는가. 문서에서 적시한 부르주아 민주주의 정권의 의미를 헤아려 보기 전에, 소련은 애초 조선에 대해 관심이 적었다는 주장은 결과적으로 북한에 친소공산정권이 들어선 사실과 논리적으로 모순관계에 있지 않다. 즉 2차 대전 참전 이전까지 소련이 조선에 대해 이해와 관심이 적었다는 주장·가설에 가깝지만, 지금까지 발견 된 문서만을 근거로 한 것이므로 - 을 사실로 수용한다고 해도, 그렇기에 소련은 전후에 기왕에 진주한 땅에서 자기의 목적 내지 이익을 관철하려 하지 않았다고 주장하는 것이 오히려 논리적 비약이다. 역사적 결과를 취합해 보면 거의 예외 없이 소련군이 진주한 지역에서는 친소 공산 정권이 수립되었다. 즉, 사전에 이해관계에 대한 인식이 있었건 없었건 간에 이미 소련군대가 진주한 마당에는 해당 지역에서 예외 없이 이해관계를 관철하려 한 점이 확인 된다. 이러한 역사적 사실을 상기하면, 동 문서의 '부르주아 민주주의 정권'의 개념에 대해 새삼 규명해 보지 않을 수 없게 만든다. 더욱이 소련은 세계 공산혁명을 추구하는 과제를 안고 있던 사회주의 국가였다. 세계동시혁명론이든 일국 사회주의 혁명론이든 궁극적으로 전 세계적으로 공산혁명을 이루겠다는 것이 당시 그들의 신념이었다. 또,

---

17 소련 점령지역, 특히 동유럽에서의 이러한 상황 전개에 대해서는, 이정희, 『동유럽사』 (서울: 대한교과서주식회사, 2005)에 자세하다.

문서에 나타난 단어 그 자체 용어의 의미를 놓고, 혹자는 애초 소련의 정책은 진주한 북한 지역에서, 혹은 한반도 전체에서, 중립적인 정권수립을 하려 했는데, 미소공동위원회가 결렬되면서 결과적으로 단독 소비에트 정권 수립 추진 정책으로 변했을 것이라고 추정하기도 한다.[18] 이러한 추측이 자연스럽게 느껴지는 것은 문서의 용어의 의미를 글자 그대로 해석하는 한에서이다. 대개의 견해는, 마르크스의 이론에 따르면 부르주아 민주주의란 흔히 프롤레타리아 혁명의 전단계로 이해된다. 소련이 북한지역에서는 글자 그대로 중립지역화 하려고 했다고 추측하는 것은 자연스럽다. 그러나 만일, 문서의 용어들에 대해 우리가 아는 통념과는 다른 의미로 사용했다면 어떠할까? 그리고 그 다른 의미가 실제 현실과 부합하는 것인가를 확인할 수 있다면 역사의 수수께끼가 해소되지 않을까? 그 의미가 무엇인지 살펴볼 필요가 있다. 이 질문에 대한 유력한 해답을 우리는 두 번째 문서에서 찾을 수 있다.

두 번째 문서는 소위 1945년 12월 25일자의 쉬킨 보고서이다. 동 보고서에 따르면, "예의 스탈린의 9월 20일字 지령문에 따라서 … 한반도의 이북지역에서 … 소련의 정치, 경제, 군사, 사회적 이익을 … 영구히 지킬 인물들로 구성된 정권을 구축하기까지"라고 적시하고 있다. 그리고 "이러한 '정권의 수립'을 위해서 반대세력의 기반을 와해시키기 위한 토지개혁을 실시해야 하며, 중앙집권적인 조직을 서둘러 구성해야" 한

18 오코노기 마사오 교수는 이 문서를 두고, 소련이 애초부터 북한만의 단독 정권을 수립하려 하지 않았다는 증거라고 주장했다. 《마이니찌신문》 1993/02/26, 조간판.

다고 건의하고 있다. 이 문서의 보고자인 쉬킨 총정치사령관은 스탈린이 언급한 '부르주아 민주주의 정권'의 뜻을 소련의 이익[19]을 영구하게 지켜낼 사람들로 구성 된 정권으로 이해하고 있는 것이다. 이 문서에서는 두 가지 의미에 주목할 필요가 있다. 첫째는 이 문서가 발송된 시점이, 장차 조선에서 자주 독립 국가를 수립하기 위한 구체적 방도에 합의한 모스크바 3상 회담 시기와 겹친다는 점이다. 그렇다면 당시 소련군 총정치사령관은 당시 소련 외무상과 정책협의 내지 정보교류가 없었던 것인가 아니면 쉬킨의 보고서는 그 시점에서 작성된 것 일 뿐, 바로 폐기된 의미 없는 것으로 치부해도 좋은가라는 의문이 유추 될 수 있다. 그러나 실제 이 문서가 발동한 직후 이듬해 초부터 북한 지역에서 벌어진 일들은 이 문서에 적시한 건의사항들과 일치한다. 그렇다면 당시 소련의 외무성은 이러한 소련군(혹은 스탈린과의 정책과정 진행)의 움직임에 대해 소외 된 것인가 혹은 그러한 내막을 감추고 3상 회담에 합의 한 것인가 하는 의문이 남는다. 이 문제는 나중에 별도로 다루겠다.

결론적으로 말해서 소련이 진주한 북한에서 세우려고 했던 정권은 소련의 국가이익을 수호하는 그런 정권이었다.[20] 이렇게 수립된 체제를

---

19 여기서 소련의 이익이란 소련의 목적, 의도를 포함한다.

20 이와 같은 소련의 방침은 이정식에 의하면, 1945년 9월 12일부터 런던에서 있었던 연합국 외상들의 회담이 계기가 되었다고 한다. 이정식, 『대한민국의 기원』(서울: 일조각, 2006). 그러나 필자는 이미 소련의 단독 체제 구성 방침은 연합국 파트너와의 협상 진행과는 별도로 이미 그 이전부터 확고했다고 본다. 박헌영이 해방 직후 서울에 올라와 소련 영사관측과 접촉하여 숙의를 거친 결과 나온 8월테제, 부르주아 민주주의 혁명 단계라는 주장을 상기하면 이미 그 이전에 스탈린의 방침이 정해진 것으로 보아 무리가 없다. 이 점을 좀 더 살펴보자. 상기 9

소련의 위성국가체제라고 지칭하는 것에 반박할 도리가 없다. 그러나 이

월 20일자 지령 문서를 보도한 마이니찌 신문 모스크바 지국이 입수한, 9월 20일자 문건(암호 전송된 텔레그램의 복사본)의 사본에는 최고군사소비에트 서기에게 접수된 날짜가 수기로 가필되어 있는데 1946년 9월 12일자로 적혀 있다. 이것은 좀 이상하다. 당시 모든 소련의 문서들은 원안대로 내용이 타이프된 위에 그 문서들이 해당 부서에 전달 접수된 날짜가 필기체로 가필되어 있게 마련이다. 그러나 이 경우, 소련최고군사평의회 서기국에 1년여가 지나서 접수된 점은 자연스럽지 않다. 이에 대해서는 두 가지 가능성을 상정할 수 있다. 먼저 실제 1945년 9월의 비밀지령이 당시 최고군사령관인 스탈린과 참모총장이었던 안토노프 장군에게서 최고군사소비에트를 거치지 않고 직접 바실렙스키 당시 극동군총사령관과 연해주군관구 군사소비에트 및 25군 군사소비에트에 전달되었거나 아니면 날짜의 오기일 수 있다. 전자라면 소련의 당시 전시 작전 지령 라인의 독특함을 엿볼 수 있다. 실제로 스탈린은 제도적으로 정해진 라인에 따라 보고받고 지령하기보다는 단계를 무시하고 각 해당 단위에 직속으로 상호 접촉하는 패턴을 보여주었기 때문이다. 이 점에서 본다면 이 문서의 발송과는 별도로 당시 스탈린과 직속 라인에 있던 현장의 어느 부분에선가는 익히 그 내용을 숙지하고 있었을 터이다. 소련의 당시 대부분의 문서들이 발효된 날짜와 접수된 날짜들의 차이가 부서의 원근에 따라서 차이가 날지언정 1년이 걸리는 경우는 드물다는 점도 주목할 필요가 있다. 어떤 경우 접수된 날짜와 원안이 발동된 날짜는 대체로 같거나 대부분이 부서에 따라 하루 이틀의 차이가 있을 뿐이다. 대체로 문서들이 인편이 아니라 전송된 탓이다. 그러므로 저간의 사정으로 미루어 볼 때, 본 암호지령문이 9월 20일자로 명기되었다고는 하나, 그것은 북한 주둔군사령부의 상층부에 전달된 날짜이지 실제 내용이 스탈린의 직속 현장 단위에 전달된 것은 그 이전일 수 있다는 가정을 해 볼 수 있다. 그리고 그 시기는 결국 이미 박헌영이 해방 직후 소련영사관과의 접촉 후 나온 8월테제(부르주아 민주주의 혁명 단계라고 규정한) 이전으로 거슬러 올라간다고 보는 것이 자연스러울 것이다. 그 내용의 최초 생성과는 별도로 각 단위마다 전달된 시기는 다를 수 있다는 것이다. 그러므로 당시 스탈린의 통치 스타일에 비추어 볼 때, 현장의 관계자들에 따라서는 그 내용이 시간차를 두고 숙지되었을 것이라는 저자의 추측은 타당할 것 같다. 동구권의 소련 점령지에서의 수순을 볼 때 이미 소련은 기왕의 모든 점령지에서는 적어도 지배권을 양보하지 않으려 했던 것이 아닌가 생각된다. 물론 그 관철 과정이 단순하고 일률적이지만은 않았던 것도 사실이다. 이것은 스탈린이 조선을 전략적으로 중요하게 혹은 덜 중요하게 생각한 것과는 다

러한 해석은 엄밀하게 말해서 어디까지나 소련의 문서에 나타 난 그들의 의도나 계획에 대해 언급하고 있을 따름이다. 당연히 과연 실제는 어떠했는가를 확인해 볼 필요가 있다.

2. 스탈린화(stalinization)[21]

과연 1945년 해방된 시점부터 1948년 9월 9일 조선인민민주주의가 공표된 약 삼년 동안 북한에서는 무슨 일이 있었을까? 당시부터 오늘날까지의 다수의 견해는 이러하다. 소련군은 자국의 이익을 북한에서 추구하는 가운데 가장 소련에 충실하다고 판단된 김일성을 중심으로 한 친소공산주의 정권을 수립하였다는 것이다. 물론 세부적인 내용에 들어가면 또 다른 여러 가지 갈래의 주장들이 있지만 대체로는 이러하다. 이에 대한 반론은 비록 수는 적지만 매우 강하게 그리고 역시 다양하게 변화하면서 제기되고 있는 실정이다. 그러나 이를 대체적으로 요약하면 소련은 애초 북한지역에서 특정한 이해관계를 표시한 적도 관철하려 한 점도 없고, 다만 북한인들에 의한 주체적인 통일 국가건설 노력

른 문제이다. 그러니까 스탈린은 런던회담 이전에 이미 9월 20일자 지령의 내용을 생각했음을 8월테제에서 읽을 수 있으며, 그 내용이 모두에게 숙지된 것은 시차가 있을 수 있다는 것이다. 예를 들어 최고군사소비에트에는 1년이 지나서 전달되었듯이 말이다. 이상은, 이지수, "서평: 이정식의 대한민국의 기원," 『한국정치연구』 15/2 (2006)에 자세하다.

21 이지수, "북한 정치체제에 드리워진 스탈린의 그림자," pp. 364–374.

에도 불구하고 미국의 이익을 대변하는데 앞장 선 이승만 세력에 의해 단독정부가 세워지면서 북한 지역에도 반쪽의 조선민주주의 인민공화국이 출범했다는 것이다.

먼저 소련이 미소공동위원회의 진행과는 무관하게 이미 일방적으로 북한 지역에서 돌이킬 수 없는 대대적인 제도를 도입했음을 확인할 것이다.[22] 당시 북한에 도입된 제도들은 물론 소련의 제도, 즉 사회주의 체제 제도들이었는데, 이러한 제도의 도입은 당시 북한의 인민들에게는 전혀 생소한 혁명적인 변화를 의미한다. 이러한 제도의 도입의 와중 혹은 이미 제도 도입이 끝난 이후 진행된 미소공동위원회나 당시 남한의 일부 정치 세력에 의해 추진된 남북협상은 결과적으로 무의미한 시도였다. 정치 상황의 전개에 따른 역동적인 대응, 상호작용이 아니라 위로부터의 일방적인 계획과 의도의 관철이 두드러졌다는 의미에서 역시 스탈린 리더십의 그림자는 현실에서도 그대로 관철되었음을 확인할 수 있다. 그리고 당시 북한에 존재했던 여러 정치집단들은 인식과 입장의 차이가 있었음에도 불구하고 결정적으로 이를 둘러싼 경쟁구조를 구성하지 못했다는 점에서 이미 30년대 대숙청 이후 소련 스탈린체제와 유사한 사회 정치 환경이 조성되었다는 점을 확인할 수 있다.[23] 이 점은 당시

22 이하 실제 북한에서 일어난 일련의 상황전개과정에 대해서는, 필자의 기존 연구들을 참조. 그중 대표적인 논문을 들자면, 이지수, "서평: 이정식의 대한민국의 기원," "북한의 단독정권 수립과정과 정치적 함의"에서 인용된 것임을 밝혀둔다.

23 당시 남한에서는 정치집단마다 여러 가지 다른 입장들이 있었고, 이들의 입장들의 차이에서 드러나는 점은 북한과 소련 당국에 대한 인식의 다름이 가장 큰 이유였다는 점이 흥미롭다. 이철순, "소련의 북한 정치세력에 대한 정책: 1945−

소련이 일국의 발전이나 독립정부 수립보다 궁극적으로 소련을 중심으로 세계 공산화라는 전략적 목표에 충실했음을 의미한다. 그들의 이론에 따르면 국가라는 존재는 궁극적으로는 소멸될 임시적인 존재에 불과하니 말이다.

먼저 경제적인 부문에서 북한에서 벌어진 일련의 과정을 살펴보자. 소위 해방군을 자처한 붉은 군대의 10월(일설에 의하면, 8월) 포고문에 따르면, "붉은 군대 사령부는 모든 조선기업소들의 재산보호를 담보하여" 라는 대목이 있다. 그러나 실제 소련은 일본인 소유의 재산은 전쟁배상금의 명목으로 가져간다는 명목으로 풍작이었던 이미 1945년에 많은 양곡과 당시 세계적인 규모였다는 수풍발전소의 독일제 발전기 5대(도합 50만 킬로와트 성능)와 흥남비료공장의 일부 시설 및 대유동 광산의 금석, 철산광산의 모나즈 광석을 대거 실어 갔다고 한다.[24] 한편 1946년 초에는 거의 한 달이 채 안 되는 시기에 토지개혁을 단행하였다. 무상몰수 무상분배라는 토지개혁은 (무상)몰수의 측면으로 본다면, 결과적으로는 대체적으로 반공, 반소세력이었던 지주세력의 몰락을 가져왔다. 그렇다면 (무상)분배의 결과는 과연 과거 소작인이었던 사람들을 포함 한 전체 농민들에게 환영 받았는가. 이에 대해서는 부정적인 답변을 할 수밖에 없다. 이유는 다음과 같다. 이미 소련에서 경험한 바도 있지만, 농

1948," 『남북한 정부수립 과정 비교 1945−1948』 (고양: 인간사랑, 2010)을 참조.

24 김창순, 『북한15년사』 (서울: 지문각, 1961), pp. 45−46. 《동아일보》 2004년 11월 28일자 "광복5년사 쟁점 재조명" 시리즈에 상세하다.

가 호당 가구원의 숫자가 다 다르고, 설사 가구원의 숫자는 같더라도 실질 가용노동력의 숫자 또한 제각각인 터인데 이런 세세한 사항에 대한 구분 규정도 없고, 토지의 비옥도와 위치의 차이를 무시한 채, 거의 획일적으로 농가 호당 토지가 분배된 점은 다음에 언급할 현물세 실시와 더불어 과연 획기적으로 바꾼 토지제도를 유지할 본의가 있었는지를 의심하지 않을 수 없게 한다. 왜냐하면 소련에서는 이미 그러한 토지분배의 홍역과 시행착오를 치루다가 결국은, 여러 가지 다른 이유와 함께 기존의 토지제도를 버리고, 농업집단화를 통해 모든 토지를 국유화하고 모든 농민을 집단화했던 1930년대의 역사적 경험이 있었다.[25] 그럼에도 불구하고 북한지역에 주둔한 소련군이 이러한 점을 당시 토지개혁을 단행한 북한지도부에게 주지시킨 흔적을 찾을 수 없기 때문이다. 그렇다면 북한의 현지 지도부는 소련의 토지개혁 경험을 무시하고(혹은 무지했거나) 강행했다거나, 아니면 애초 사실을 알면서도, 그 제도는 잠시만 유지하려 했는지가 궁금하다. 앞서 언급한 쉬킨 보고서에 의하면,

25 실제 소련에서는 1917년 혁명이후 토지분배를 시도했었다. 그러나 가구별로 균일하게 나눌 것인지, 가구당 식구 수에 따라 분배할 것인지, 혹은 가구별 가용노동력에 따라 나눌 것인지로 혼란스러웠고, 필지의 원근에 따라, 비옥도에 따라, 혹은 형태에 따라 도무지 공평하게 나누기가 현실적으로 불가능했었다. 결국 지역 농지를 비옥도, 경사도, 수원지와의 원근, 거주촌락과의 원근 등에 따라 필지로 나누고, 각 필지 당 한 고랑(폭 약 1미터) 씩을 분배해 보기도 했다. 이런 저런 우여곡절 끝에, 1930년대 스탈린은 집단농장화를 통해 농지분배 문제를 해결했다. 그러므로 사회주의 토지 혁명이라고 불리는 '무상몰수, 무상분배'의 신화는 '무상몰수'는 존재하되 '무상분배'는 존재하지 않는 말 그대로 허구의 신화였다. 이상은, 이지수, "김정은은 과연 「조선민주주의인민공화국」을 상장할까," pp. 199~203.

"반소, 반동적인 지주세력의 기반을 무너뜨리기 위해서 빨리 토지개혁을 해야"한다고 되어 있다.

문제는 여기에 또 하나 더 있다. 1945년의 모스크바 삼상회담의 합의나, 1946년 구성된 미소공동위원회는 절차를 차치하고 궁극적으로는 조선반도에 독립된 단일 정부 수립을 목표로 하고 있다. 그런데 북한에서는 그 미소공동위원회가 제대로 기능하기 전에 이미 북한 지역의 경제시스템을 사회주의화하고 있다는 점이다. 남북한 주민들의 다수 합의에 의해 독립국가가 구성된 다음 혹은 구성되는 과정에서 결정되어야 할 토지 제도를 그에 앞서 미리 바꾸었다는 것은 사실상 이질 체제를 구성하기 시작했다는 것에 다름 아니다. 결국 1946년 2월 초의 토지개혁의 결과로는, 토지를 무상몰수당한 세력들 — 대체적으로 반소, 반공 성향이었던 지주들, 민족반역자, 종교기관 — 의 경제적 기반이 무너진 점과, 획일적으로 무상분배 받은 대다수 농민들에게는 불만이 쌓인 점, 두 가지를 들 수 있다. 토지개혁에 이어 공포된 현물세 규정에 따르면 지세나 수익세 등은 면제하고 각 농가로부터 수확고의 25%를 현물세라는 명목으로 징수하게 되어 있었다. 그러나 문제는 25%가 일률적으로 부과된 데 있었다. 실제 수확고가 아니라 예정수확고를 기준으로 한 것이 문제였다. 흉년과 풍년, 비옥한 땅과 그렇지 못한 땅에 대한 차등도 없었거니와, 애초 가호마다 가용노동력이 다르니 같은 면적에서도 수확량은 다르게 마련이었다. 그럼에도 토지 면적에 따른 획일적인 예상수익에 따른 현물세를 책정했으니 농민들이 불만을 느끼는 것도 당연했다. 이런 문제가 자주 발생하자 몇 차례 차등 징수 조치 등으로 대안을 마련했으나 그때마다 미봉책에 그쳐 버렸다. 훗날, 6·25전쟁이 끝나고 복구사업이 어느 정도 진행 된 1958년에 가서, 북한 지도부는 결국 전면적인 농업 협동화를 단행하였다.

이와 같은 과정은 소련이 진주했던 동구국가들에서도 마찬가지였다. 소련군 진주 지역에서의 토지개혁은 시작할 때부터 결과적으로 예정된 운명을 획일적으로 걸었다. 즉 무상몰수와 획일적인 무상분배를 실시하고 몇 년 후에 결국에는 농업집단화를 단행 했다는 점이다. 대부분의 동구 국가들은 개혁조치 이후 3-4년 만에 농업집단화를 단행한 데 반해 북한은 이에 비해 상대적으로 늦다. 아마 전쟁이라는 사정이 작용한 듯하다. 이정식에 의하면, 박헌영의 경우, "토지가 국유농장으로 변조될 것임을 시사했다"고 주장한다.[26] 이에 따르면 애초의 토지개혁은 일종의 기만정책이었을 따름으로 평가 할 수 있다. 토지개혁의 결과는 경제적 효과로는 오히려 손실이었으나—결국 나중에 경제적 효율성을 제고하기 위해서 농업협동화를 단행한 것으로 보아—집권세력의 입장에서 본다면 반대세력의 몰락과 남한으로의 대거 이주를 통해 정치적인 안정을 이루었다는 점에서 이득이었다. 토지개혁만 놓고 본다면, 경제적인 효과보다는 정치적인 효과가 더 컸다고 평가 할 수 있다.

아울러 1946년 여름에는 중요산업 국유화에 대한 법령을 반포하여 전 산업의 90% 이상에 달하는 1032개의 공장 기업소 문화기관 등이 무상으로 몰수되었다. 법령의 문구에 따르면, "전부 무상으로 몰수하여 이를 조선인민의 소유, 국유화한다"고 하였고 그대로 실시되었다. 그러

26 이지수, "서평: 이정식의 대한민국의 기원," p. 229.

나 이러한 조치는 이미 1945년 소련군이 진주하면서 대부분의 산업시설을 당시 각 도에 존재했던 인민위원회 소유로 한 조치를 보다 확정시킨 것에 지나지 않는다. 이러한 일련의 산업 경제부분에서의 변화는 첫째, 정치적으로는 반대세력들의 몰락을 초래했으며, 둘째 경제적으로는 사회주의 경제체제로의 진입을 의미한다고 보인다. 여기서 사회주의 경제체제란 과연 구체적으로 무엇인가? 중앙 최고 권력이 공동체내의 물적, 인적 자원을 배타적으로 독점한다는 것이다. 생산수단의 사회화라고 표현되는 이 점은 실제 사회주의체제가 아닌 곳에서 나타나기도 하는데, 대표적인 예가 전시 상황의 경우다. 이를테면 사회주의체제의 경제는 북한에서 1945년 이후 구축된 경우를 포함해서 일종의 전시 경제체제의 성격을 띤다고 해도 무리가 없다. 중앙권력이 경제활동을 전적으로 통제하는 체제로 진입한 것이다.

둘째로 정치 부문에서 살펴본다. 1945년 10월 12일에 발포 된 "북조선주둔 소련군 제25군 사령관의 명령서"에 의하면, 제4조에서 "반일당과 민주주의적 단체들은 자기의 강령과 규약을 가지고와서 반드시 지방자치기관과 소련군 경무사령관에 등록하여야 하며 동시에 자기의 지도기관의 인원명부를 제출할 것"을 명령하고 있다. 이에 따라 당시 한창 발기 되던 제 정당 단체들은 소련군 경무사령부에 등록하게 되는데, 등록단체들은 지도기관의 인원명부만이 아니라 신원내사, 조상 때부터의 가계와 8세 이후부터의 일기적인 자서전내사를 받아야만 했다고 한다.[27] 결과적으로 소련군은 당시 북한지역의 정치지도자급 인사들의 정치적 성향에서부터 성장배경—그들의 표현을 빌면, 출신배경—에 이르기까지 샅샅이 파악하게 되었다는 점이다. 당시 진주 소련군의 북한상황에 대한 현지보고서에 각 정당 단체들에 대한 상세한 내용이 적시되어 있었던 점도 이 명령에 의해서 가능했다는 유추를 할 수 있다.

당시 소련군은 북한에 진주하면서 이미 지방에서 자발적으로 구성되기 시작했던 인민위원회를 인정하고 각도임시인민위원회(나중에는 임시정치위원회), 5도행정국이란 조직을 통해 조선인들에 의한 자치적인 행정활동을 허용한 듯한 제도를 시행했으나 실은 진주 소련군의 지시를, 주로 소련파로 구성된 소위 "43인조회의"라는 모임을 통해 법령문의 해설을 먼저하고, 그것을 공산당, 혹은 인민위원회등에서 김일성 등이 제안하고, 토의하는 형식을 취하였다.[28] 전해지는 각종 당시 공산당(나중에는 북로당, 노동당), 인민위원회등의 회의의 자료들을 보면 나름대로 토론이 다양하게 이루어지지만, 가령 북한의 당시 인민위원회에서 토지개혁을 둘러싸고 벌인 논의들에 대한 증언이나 기록에 의하면, 소련 외무성의 토지개혁안 등을 토대로 수많은 논란이 있었으나 '결국은 소련의 의도대로 되었다'라고 해석하기 보다는 그러한 반대 토론에 해당하는 사례들은 결국 소련의 논의대로 결론이 이미 나있던 것을 알았느냐 몰랐느냐라는 차이의 흔적들로 간주하는 것이 자연스럽다. 혹은 알면서도 논의를 위한 논의를 한 부분도 있었을 것이다.

소련에서는 스탈린의 대숙청이 있었던 1930년대를 거치면서 공산주의자들의 회의는 자유로운 토론이라기보다는 정해진 결론을 추인하는 성격으로 변했다는 것이 구 소련의 고위 관료들의 회고록들에 심심찮게

27 김창순, 『북한15년사』, p. 50.

28 김창순, 『북한15년사』, pp. 50-60.

나온다.[29] 그리고 그것이 당시 소련의 스탈린 통치체계의 기이한 모습이기도 하였다.[30] 한편 소련군 점령 이후 조선공산당의 변모 과정 또한 소련의 북한에서의 의도를 확인할 수 있는 사례로 꼽을 수 있다. 해방 후 조선공산당은 1945년 8월 20일 박헌영을 중심으로 출범되었다. 그러다가 북한에서 조선 공산당 북조선 분국이 설치되고, 이는 당시 서울의 조선공산당 중앙의 하부 단위였으나, 곧 이어 북조선공산당으로 독자적인 체제를 갖추고, 주로 연안파로 구성된 신민당과의 합당을 통해 북조선노동당으로 변신하게 된다. 남한에서도 원래의 조선공산당은 결국, 남조선노동당으로 변신하고, 종국적으로는 북조선노동당과 합쳐져 조선노동당이 탄생된다.

그런데 비슷한 시기에 소련군이 점령한 동구지역을 살펴보면 대체로 비슷한 상황이 전개되었음을 알 수 있다. 즉 예외 없이 인민민주주의 노선이니 부르주아 민주정권이니 하는 용어들이 등장하면서 당시 노동당 혹은 노동자당이라고 된 기존의 공산당이 포함된 연립정권이 들어서고, 소련에 순응적인 그룹만 남고 나머지 세력은 숙청되거나 축출되고 – 초기 현준혁이 살해되고 조만식은 연금된다 – 결국 정권을 단독으로 잡은 세력들은 다시 공산당으로 재개명한 사례가 확인된다(그러나 조선노동당은 조선공산당으로 재개명하지 않았다. 아마도 북한의 입장에서 보면

---

29 가령, 소련 해체 당시 소련 공산당 국제부 제1부부장이었던 К. Н. Брутенц (1998), 이외에도 Yevgenia Albats, Ilya Dzhirkvelov, Oleg Gordievsky, Oleg Kalugin, Pavel Sudoplatov, Анатолий Добрынин, Анатолий Громыко, Вадим Сопряков, Алекс андр Яковлев의 회고록들이 있다.

30 이지수, "서평: 이정식의 대한민국의 기원," p. 230.

아직 통일전선 과업이 완성되지 않았다고 판단한 때문인 것으로 추정할 수 있다).[31] 이러한 당의 변화는 어떤 결과를 가져왔는가를 살펴보면, 당의 권력이 서울에서 평양으로, 박헌영을 위시한 세력(후일에 남로당 파라고 지칭하는)으로부터 북한지역의 연안파와 소련파의 연합으로, 최종적으로는 김일성에게로 이동하는 과정으로 귀결되었다. 이러한 조선공산당의 변천 과정은 소련이 주도하여 박헌영이 아닌 결국에는 김일성을 당의 지도자로 내세우는 과정이라고 볼 수 있다.

김일성이 권력을 가지게 된 과정 또한 소련의 철저한 주도하에 이루어졌음을 확인하는 사례가 또 있다. 김일성은 해방당시 88여단이라는 소련 국경수비대 산하의 부대 대대장으로 대위 신분이었음에 주목할 필요가 있다. 그가 88여단에까지 흘러가게 된 사연은 생략하고, 88여단이라는 부대의 정체에 대하여서는 중요한 단서를 제공하는 자료가 있다. 파벨 수다플라토프라는 사람이 쓴 회고록이 그것이다. 그는 스탈린 치하의 내무인민위원회(후일의 국가안전부, KGB)를 장악하고 있던 비밀경찰 총수 베리야의 오른 팔로써 활약하다가 스탈린 사후 베리야가 숙청당한 이후, 숙청당하여 강제수용소에 있다가 페레스트로이카를 맞아 비로소 복권이 된 자이다. 그는 자신의 회고록에 1941년 7월 5일 내무인민위원회 산하 특수임무청의 책임자로 임명되면서, 특수목적의 기동여단을 조직하였다고 한다. 소련공산당 중앙위원회와 코민테른의 지령하에 주로 당시 소련 영토내에 머물고 있던 정치난민들로 조직하였는데

---

31 이지수, "서평: 이정식의 대한민국의 기원," p. 228.

그들은 여단 단위로 조직되어 주로 소련국경을 따라서 배치되었으며, 그들의 훈련 내용은 유사시 적 후방에 투입하여 교란 작전을 수행하기 위하여 낙하산훈련, 사보타지 등을 훈련받았다고 한다.[32] 소련은 국경일대에 주둔하는 병력을 국방부 산하가 아닌 내무인민위원회가 담당케 하였다. 국경 부근에 배치 된 특수여단 역시 내무인민위원회에 속했다. 한때, 박헌영과 김일성을 두고, 소련의 외무성 라인은 박헌영을 추천하고, 군과 내무인민위원회는 김일성을 지지했는데 결국에는 스탈린–베리야로 이어지는 당시 권력의 계보에 따라 내무인민위원회가 민 김일성이 발탁되었다는 얘기도 이런 점에서 음미해 볼 만하다.

아무튼 김일성의 경력과 그의 집권 과정을 보면 당시 소련군이 개입되었다는 혐의를 벗기 힘들다. 소련군이 진주한 당시 북한에는 김일성을 능가하는 경력을 소유한, 대장정에도 참여한 바 있는 무정 장군, 일찍이 모스크바에 유학한 조선공산당의 영도자 박헌영 등 쟁쟁한 경력의 공산주의자들이 적지 않았다.[33] 외에도 소련군이 직접 데려 간 소련

32 Pavel and Anatoli Sudoplatov with Jerrold and Leona Schecter, *Special Tasks: The Memoirs of an Unwanted Witness–A Soviet Spymaster* (Boston: Back Bay Books, 1995), pp. 126–130.

33 이정식은 당시 박헌영을 위시한 조선공산당의 미숙성과 급진성, 주체성이 결여되었음을 지적한다. 그리고 그 이유로 "서생적 혁명가" 혹은 "번역생적 이론가"였음을 들고 있다. 이정식, 『대한민국의 기원』, pp. 115–116. 그리고 그 예로 박헌영의 8월테제라든가 토지개혁에 대한 입장을 언급하고 있다(이 부분은 김남식, 심지연의 책을 인용하고 있다). 그러나 필자가 보기에 가령 박헌영은 "서생적 혁명가"라든가 "번역생적 혁명가"라기보다는 1920년대 후반 모스크바에 유학하여 직업적인 혁명가로서 훈련을 받은, 비교적 당시의 자칭 타칭 조선 공산주의자들 가운데서는 나름대로 준비된 자이다. 동시에 이 사실은 그의 공산주의 운

국적의 동포들도 있었다. 쉬킨 보고서의 내용을 상기한다면, "소련의 이익을 영구히 지켜 낼 인물"로서 김일성이 선택된 것에는 이론의 여지가 없을 듯하다. 이 기간의 정치적인 변화 과정을 요약하면, 중앙권력이 공동체내의 모든 정치단체 및 정치적 인적 자원을 완벽한 통제로 편입시키는 제도화의 시간이었다고 할 수 있다. 아울러, 정치공동체의 성원들의 의사와는 무관하게 소련 당국의 의지에 따라 김일성을 실질적인 최고 권력자로 내세운 시기이기도 하다.

셋째로 사회 부문에서의 변화를 살펴본다. 1945년에 북조선공산주의청년동맹(소련의 콤소몰 조직을 모델로 했으며, 나중에 북조선민주청년동맹으로

동의 한계 내지 방향을 추측케 한다. 그도 그런 것이 그는 해방이 되고 서울에 올라오자마자 소련 영사관의 샤브신을 만나 숙의한 것으로 알려져 있다(그의 부인 샤브시나의 회고). 그리고 나온 것이 '8월테제'이다. 아마도 박헌영의 이후 혼란스러운 궤적은(반탁에서 찬탁으로 입장을 바꾼 것 같은) 소련의 방침이 전달되는 과정에서 어느 시기부터인가 배제되었다고 보는 것이 자연스럽다는 생각이 든다. 이미 당시 소련의 지침은 서울의 박헌영보다 평양에 있던 김일성에게 모아지고 있었던 것이 아닐까. 그런 맥락에서 박헌영의 지도력에 대한 폄하는 의도하든 의도하지 않든, 상대적으로 당시 김일성의 지도력을 높게 평가하는 주장으로 귀결되기 쉽다. 그러나 그런 견해는 객관적이지 못하거니와 학문적으로도 순수하지 못하다. 사실 김일성은 체계적으로 공산주의 사상이나 직업 혁명가로서의 훈련을 받은 흔적이 없다. 그가 공산주의와 관련해서 체계적으로 연찬했을 가능성은 1940년대 초부터 해방 직전까지 소련의 영토에 머문 때로 짐작되지만 당시의 교육내용은 직업혁명가라기보다는 게릴라 요원 양성의 성격이 더 짙었다. 박헌영을 중심으로 한 조선공산당 세력의 혼선은 소련 전시 행정체제의 기이성이나, 아니면 안타깝게도 박헌영에게 모스크바의 방침이라는 고급 정보가 미치지 못한 탓으로 보아야 공정하다는 생각이다. 그런 점에서 주체성이 결여되었다는 저자의 지적은 일견 날카로워 보이지만 이 혐의는 김일성에게도 적용되어야 할 것이다. 이상은, 이지수, "서평: 이정식의 대한민국의 기원"에 자세하다.

바뀜), 북조선직업동맹이 창립된다. 이어서 북조선민주여성동맹, 북조선농민동맹(1946.1) 등이 결성된다. 이러한 조직 결성은 공산당 세력에 의해 주도 되었는데, 이러한 제반 사회단체들은 소련의 그것들을 모델로 한 바, 북조선의 전 인민들은 각자 연령, 직업, 성별에 따라서 단체에 소속이 되었다. 말하자면 이것은 전 인민의 국가단체 편제를 의미한다. 이미 1945년경부터 남한 사회와의 이질성이 심화되고 있었던 셈이다. 이로서 북조선 지역의 인민들은 권력에 의해 전 사회적으로 조직화되었다. 각종 직업별, 연령별 전 공동체 구성원을 중앙권력이 파악하고 편재한 것은 정치권력이 공동체내 인적 자원을 배타적으로 독점하는 결과를 초래했다.

군사 부문도 마찬가지 양상을 보여주었다. 북한군의 창설은 1948년 2월 8일이다.[34] 그러나 이미 1946년 7월부터 북한지역에서 군의 육성은 시작되었다고 보아야 할 것이다. 왜냐하면 당시 북조선임시인민위원회의 보안국장이었던 최용건이 보안간부총훈련소의 총사령관으로 배치되면서부터 시작되었다고 보기 때문이다. 김일을 문화부사령관[35]으로, 무정을 포병부사령관으로 출범한 이 기관은 출범직후부터 평남, 평북, 함북, 함남에 훈련소를 설치하고 신병훈련을 받았으며 훈련병들은 이미

34 원래 북한에서는 1948년 2월 8일의 정규군 창설을 기념하여 건군절로 기념하다가, 1978년부터는 김일성이 항일무력부대를 창설했다고 주장하는 1937년 4월 25일을 건군절로 바꾸었다. 그러다가 2015년 들어 다시 정규군 창설일인 2월 8일을 강조하기 시작했다. http://www.yonhapnews.co.kr/bulletin/2015/02/06/0200000000AKR20150206092200014. HTML (2015. 5. 5 검색).

35 군에서 문화부라 함은 주로 선전선동을 담당하는 정치장교의 업무영역임.

군복을 착용했으며, 훈련이 끝난 후에는, 남포여단, 삼팔경비대, 강계포연대, 나남사단 등으로 분산 배치되었다. 문화부는 정치부로 개칭되면서 군의 정치위원들이 군의 사상통제를 담당하는 전형적인 사회주의 군 체제의 면모를 갖추기 시작한 것이다. 이러한 과정은 미소공동위원회가 개최되는 과정에 공개되지 않은 채로 진행된 것이다.[36] 북한은 이미 독자적으로 무력을 조직화했는데, 골간은 소련군을 모체로 하였다.

해방이후 한인공산주의자들의 역사를 살펴보려면 당시 소련의 한반도, 한인들에 대한 입장에 주목하지 않을 수 없다. 우선 38선 이북 지역에 소련군이 진주했다는 점에서 소련의 영향력은 결코 과소평가 될 수 없기 때문이다. 둘째, 당시 한인공산주의자들은 국제공산주의운동의 사령탑으로 당시 모스크바를 수용하고 있었다는 점이다. 해방 직후 조선공산당을 재건한 박헌영은 공산당 재건 직전, 당시 은신하던 광주에서 상경하여, 소련 영사관의 샤브시나를 만나 향후 정국에 대해 논의했다. 이후에 발표된 8월테제는 당시 소련 지도부의 정세관을 반영한 것으로 평가된다. 그렇다면 과연 소련의 당시 대 한반도 정책의 핵심은 무엇인가?

이에 대해서는 두 개의 문서를 참고로 할 필요가 있다. 스탈린이 당시 북한 주재 붉은 군대 사령관에게 보내는 소위 1945년 9월 20일자 비밀지령문[37]과, 같은 해 12월 25일 붉은군대 총정치사령관 쉬킨이 스탈린

36 김창순, 『북한15년사』, pp. 263–264.

37 ИВ АН СССР, Отношения Советского Союза с народной Кореей 1945–1980 Документы и материалы (МОСКВА: ИВ АН СССР, Наука,

에게 보내는 비밀보고서[38]다. 두 개의 문서 내용과 당시 북조선의 상황을 종합하여 판단한다면, "(북)조선에서 소련 군대가 철수될 경우 소련의 국가 이익을 영구히 보장할 수 있는 굳건한 정치 경제적 교두보를" 형성하는 것이 당시 소련의 명확한 의도였고, 또 실제 그런 방향으로 진행되었다. 소련군 진주 하에 한반도의 북부에 수립된 체제의 성격은 북한 스스로가 주장하듯이 일상적인 의미의 국가라기보다는 "민주기지"라고 요약할 수 있다. 이것은 당시 스탈린의 일국사회주의혁명론과도 일맥상통한다. 여기서 스탈린의 일국사회주의혁명론이란 소련을 중심으로 소련의 지도에 따라 세계혁명이 추진되어야 한다는 내용을 핵심으로 한다. 그러므로 일사분란한 모스크바의 지휘 체계에 따라 세계혁명이 수행되어야 하므로 2차 대전 이후 출현한 사회주의국가들 가운데 소련이 영향력을 행사 할 수 있었던 나라의 경우, 그 지도자는 소련의 지도에 충실히 따를 수 있는 신뢰를 주는 자가 가장 중요한 기준이었을 것으로 짐작할 수 있다.

앞서 설명했듯이 해방 당시 조선에는 진정한 의미의 공산주의자들이 적지 않았다. 그들 가운데 김일성이 지도자로 나서게 된 저간의 사정은 모스크바에 대한 충성이 중요한 기준이었을 것으로 추측할 수 있다. 그들의 논리에 따르면, 세계 혁명의 지휘부는 사회주의 모국인 소련의 모스크바에 있고, 여타 사회주의국가들의 지도자는 이에 따라 일사분란하게 세계혁명 과업을 수행하는데 효율적인 인물로 선정되어야 한다

1981).

38 АВП. Ф.013 оп.7, п.4, д.46, лл.3–13.

고 판단했을 수 있다. 아무튼 그런 의미에서 김일성과 그의 측근들을 제외한 나머지 한인공산주의자들은 결국 대부분 숙청으로 비극적 운명을 맞았다. 1948년 수립된 조선민주주의인민공화국은 그 공식적인 호칭과는 무관하게 조선의 사회주의체제로의 통일과 나아가 궁극적으로는 세계 공산 혁명을 목표로 출범한 것이다. 당시 북조선에서 단독정권 수립이 가지는 정치적 함의는 다음과 같다.

첫째, 출발부터 인민들의 의사를 수렴해서가 아니라 위로부터의 일방적인 통제로 시작된 북한 체제는 체제의 성격 또한 인민의 의사 혹은 지지를 수렴하는 것이 제도적으로 차단된 사회주의 체제로서 출발했다. 둘째, 중앙 권력의 일방적인 통제와 지도로 유지되는 혁명기지 체제 성격상 정치권력 또한 유지 지속 및 강화가 인민들로부터의 지지가 아니라 통제에 의존하는 속성을 갖게 되었다. 셋째, 정치권력이 속성상, 통제에 의존하는 관계로, 대내외적 긴장은 항상적으로 요구된다. 대외적인 긴장은 내부 사정의 필요에 따라 조성하기도 한다. 여기까지는 여타 사회주의 국가들과 별다른 차별성이 없다. 다만, 김일성이라는 지도자의 특성이 오늘 날 북한을 역사상 유례없이 기묘한 국가로 만드는데 기여했다는 점이 다르다.

북한지역에서 전통 한인 공산주의자들이 몰락하고, 소련의 지원을 받은 김일성이 헤게모니를 잡아나가는 과정에 대해서는 이미 수많은 연구들이 있으므로 여기서 새삼 재론하지는 않을 것이다. 다만, 북한지역에서 전통공산주의세력이 축출되는 과정은 외부의 힘, 다시 말해 반공산주의, 반 사회주의, 반소 진영의 작용이 아니라 전적으로 그들 내부에서 벌어진 일이었다는 점이다. 물론 이후 1980년대 말 90년대 초의 소련 동구 사회주의권의 변화 역시 외부의 작용보다는 내적인 요인에 의해 전개된 것이 분명하다.

Ⅳ. 현실 사회주의 체제의 변화와 북한[39]

사회주의 체제 전반의 저수지 역할을 했던 소련경제가 결정적으로 기울기 시작한 것은 아프가니스탄 전쟁과 모스크바 올림픽이 계기였다. 이미 사회주의의 구조적 모순으로 곪을 대로 곪았던 경제체제를 간신히 허용했던 농민시장이니 자유시장으로 근근이 버텨나가던 때, 전쟁과 적자 올림픽은 소련 뿐 아니라 사회주의 체제 전반에 위기를 몰고 왔다. 소련 경제가 흔들흔들하자 동구도 역시 흔들리기 시작했다. 이때를 전후로 소련과 동구권은 시장을 제한적으로 확대 허용했다. 중국은 어땠을까. 1976년 모택동이 사망하고 등소평은 1978년 "4대 근대화정책"을 통해 개혁 개방을 천명했다. 비슷한 시기 소련 동구가 시장을 제한적으로 허용한데 비해 중국에서는 시장을 본격적으로 도입하기 시작했다. 그에 따르면, 시장은 자본제의 전유물이 아니라는 논리다. 한편 북한은 사회주의 경제의 본질적 위기를 조총련 경제에 빨대를 꼽으면서 80년대를 버텨낸다. 80년대 초 합영법은 조총련 경제인들을 목표로 한

---

39 이 장은, 이지수, "무엇이 예상 되는가: 북한 급변사태 불가피성" 『영원한 친구들』 236호(한미우호협회, 2018), pp. 8–18에서 인용한다.

것이었다.

사회주의 경제 원칙을 양보 내지 포기한 지 10여년이 흐른 시점이 문제의 1989년경 이었다. 이때쯤이면 이미 사회주의경제는 더 이상 작동하지 않았다. 공산당 고급당간부가 자기 집 식탁에 오를 음식재료를 장마당에서 사오기 시작한 지 오래다. 시장이라는 암세포가 전 사회에 퍼져나간 것이다. 고르바초프는 이런 상황에서 집권한 것이다. 이제 보면 그가 변화를 부르짖지 않은 게 이상하다. 그러나 그가 부르짖은 건 과연 정체가 무엇일까? 등소평처럼 시장경제로의 방향 전향이었을까? 마지막에 가서야 1990년 500일 계획이란 시도가 있긴 했다. 시장경제의 ABC를 무시한 탁상공론이었다. 기존에 이미 만연한 시장거래와 이를 위한 재화의 밀무역을 인정하고 공식화 하면 될 것을 뜬금없이 시장경제로의 진입을 공식적으로 선언한 것이다. 이미 진입한 것을 다시 선언한다고 달라지나. 시장에 관련한 정책이 시장의 신뢰를 얻지 못한 것이다. 자유시장의 만개 경로를 거쳐 정부의 개입을 허용한 북구모델을, 무턱대고 지향했다는 말도 있었다. 중앙통제적 시장경제 지향이라는 현실을 무시한 공론 덩어리 정책이 먹혀들지 않자, 이번엔 전격적인 시장경제 진입 선언을 한 것이다. 시장에 대한 허용이 아니라 시장에의 항복이었다.

시장을 허용한 소련 동구와 중국의 길은 달랐다. 전자가 사회주의의 미련을 버리지 못한 채, 제한적으로 시장을 허용한 반면, 중국은 아예 시장경제라는 불구덩이로 뛰어들기로 작정했다. 전자의 공산당 지도부에게 시장은 암세포였다. 이런 암세포가 전 사회에 퍼진 것이 80년대 말이었다. 등소평에게 시장은 역사진보의 활력소였다. 암세포인 시장이 결국 소련 동구의 공산당 정권을 무너뜨렸다. 한편, 역사 진보의 활력소인 시장이 중국공산당을 연명시키고 있다.

앞서 얘기했듯이 북한은 우선 급한 대로 사회주의 경제 위기를 조총련이라는 빨대를 통해 연명하는데 성공했다. 북송 조총련 재일교포들의 일본 내 거주 친척들의 고국방문단을 통해 받은 앵벌이식 물자지원 규모가 북한경제를 지탱해 나갔었다. 조총련의 제안으로 시작된 80년대 합영법이란, 형식적인 개혁과 바늘구멍만한 개방에 불과한 미봉책이었다. 여타 사회주의에서 허용한 제한적 시장허용 아직 언감생심이었다.

그러자 조총련 경제인들이 조국을 등지기 시작했다. 진정한 개혁개방의 변화가 감지되면 언제든 먼저 달려갈 사람들이었다. 그들이 아직 움직이지 않는 걸 보면 그들 판단으로는 지금까지의 어떤 북한의 개혁 개방 시도도 공염불에 지나지 않음이 분명하다. 그렇게 북한은 이어서 90년대를 버텼다. 결과는 아사자와 탈출러시다. 소련 동구는 인민들을 살리기 위해 이념과 정권을 버렸다. 북한에서는 이념과 정권을 보위하기 위해 인민을 굶겨 죽이고, 조국을 등지게 만들었다. 북한정권은 견고한 것이 아니라 실은 대단히 비효율적인 정권이다. 인민의 목숨을 대가로 한줌 정권을 유지하려는 부도덕한 정권에 불과하다. 결국 북한도 견디다 못해 드디어 제한적인 시장경제를 도입하기에 이르렀다. 2002년 7·1 경제관리 조치다. 하지만 이러한 당국의 정책과 무관하게도 이미 시장은 싹트기 시작했다. 모든 물자의 보급 배급 경로가 망가진 현실에서 시장 없이 어떻게 인민이 살아남을 수 있었겠는가. 시장에 대한 제한 적 허용이 이제는 전국에 수백 개에 이른다. 시장이 전 사회적으로 확산되었다. 와중에 이런저런 희비극이 생겨났다.

원목을 자른 임업소에서 중국으로 원목을 밀수출하고 대금을 받아 상부에 상납하고 자기들끼리 먹고산다. 제재소에서는 중국으로 부터 수입한 북한산 원목을 제재 가공하여 중국에 다시 팔고 얻은 대금으로 상납하고, 먹고산다. 가구공장에서는 중국에서 수입한 북한산 제재로 가구를 만들어 중국에 내다팔고 역시 상납금과 먹고 살 길을 해결한다. 가령 이런 식이다. 국내 기업 간의 시장거래를 제한하니 벌어진 현상이다. 소련 동구에서 흔했던 현상이다. 시장 세력을 억누르려고 시도한 환율조작, 화폐개혁 등등도 소련의 판박이였다. 시장은 이미 돌이킬 수 없는 지경이 되었다. 자유시장이 확대되었다는 것은 국내외 상품의 유통이 확대되었다는 의미다. 국내외 상품 유통이 확대 되었다는 것은 외부와의 폐쇄가 이미 구석에서부터 허물어졌다는 것이다. 시장의 확대는 경제적인 변화 말고도 사회적인 변화를 초래한 것이다.

김정은에게는 몇 가지 선택이 있을 수 있다. 첫째, 시장을 억누르는 것이다. 일시적으로는 성공해도 결국 예측할 수 없고 걷잡을 수 없는 사태가 예견된다. 둘째, 시장을 공인하는 것이다. 개혁개방이 필수적으로 동반되면서 노동당의 집권은 유지 될 수 있지만, 김정은 백두혈족 권력에게는 치명적일 것이다. 북한이 개혁 개방을 못한 이유는 바로 백두혈족 정권 유지를 고집하는데서 연유되기 때문이다. 셋째, 시장을 통제하면서 시장과 타협하는 것이다. 이미 북한에서 시장은 정책에 의해 관리되어진 시장이 아니라 자연발생적으로 확산된 시장이므로 타협의 여지가 적다. 그나마 김정은에게는 마지막이 유일한 대안 같지만 이것도 결국엔 좀 더 천천히 죽는 길이란 점에서는 대동소이하다. 요는 김정은 백두혈족 권력이 죽는 대신 북한 인민들은 살 길이 열린다는 점에서는 자명하다. 가다피도 소련도 동유럽 공산당 정권도 내부 사정으로 무너졌다. 이른바 민주혁명으로 전복된 정권들 모두 마찬가지다. 북한도 마찬가지 일 것이다. 사회주의체체 국가 가운데 여전히 공산당 권력이 건재한 예외는 쿠바, 베트남, 중국 정도인데 이들의 공통점은 개방을 두려워할 약점이 없다는 점이다.

고르바초프의 의도가 무엇이든지 간에 그의 메시지는 모호했다. 시장과 보수파 모두에게 불만을 샀다. 먼저 보수파가 반기를 들었다. 그러나 시장 세력에게 이들도 무너졌다. 그리고 역사는 현재에 이른다. 남북회담, 북미회담에 임하는 김정은의 의도가 무엇이든, 북한의 시장, 보수파를 동시에 만족시킬 뾰족한 수는 없다. 미국과 중국을 동시에 만족시키기도 어렵긴 마찬가지다. 김정은의 처지가 딱하다. 고르바초프를 흔히 콜럼버스에 비유하기도 한다. 콜럼버스 데이는 그가 미 대륙을 발견한 날을 기린 것이다. 하지만 그는 최후 순간까지 그가 이룬 성과가 무언지 모르고 죽었다. 그가 발견한 건 신대륙이 아니라 인도의 서안 어딘가로 알았다. 고르바초프는 냉전을 종식시킨 사람으로 평가된다. 하지만 자기가 냉전을 종식시킨다는 자의식이 과연 있었을까? 몰타선언은 냉전종식선언이 아니라 항복선언 아닌가?

김정은에게는 어떤 자의식이 있을까. 최근의 행보를 보면 그에게는 뾰족한 수가 아니라 좌충우돌식 미봉책만 있는 것 같다. 미국과 중국 사이에서. 시장과 보수파 사이에서. 그래도 훗날의 역사가는 어쩌면 그를 한반도 분단 종식의 결정적 기여자로 평가할지도 모른다. 두고 볼 일이다. 우리는 그저 각자 자신의 일상과 업무에 열중할 따름이다. 그것이 최선의 대비책이다. 누구도 상황을 제어할 수 없는 지경에서는 각자 본분을 다하는 것이 최선이기에 그렇다.

V. 결론에 대신하여

막스레닌주의는 러시아 혁명을 전후해서 한인들에게도 수용되었고, 이들은 막스레닌주의 이념에 따라 일제 시대부터 일관되게 실천활동을 전개했다. 이들의 활동이 결과적 혹은 표면적으로는 민족독립 운동의 일환으로 이해 될 수도 있으나 이들의 진정한 목표는 민족독립과 민족국가의 발전이 아니라 세계공산혁명 나아가 국가 간의 장벽을 허물어 개별국가를 소멸시키는 것이 궁극적 목적이었다. 일종의 이상주의적 종말론적인 역사관의 소산이었을 것이다. 스탈린의 일국사회주의혁명론을 따르든, 혹은 트로츠키의 세계동시혁명론을 따르든간에, 당시 한인 공산주의자들의 사명은 남북한 공히 자기 인민들의 행복한 공동체를 추구하는 것보다 소련의 지도 노선을 충실하게 따라 세계혁명을 추구하든지, 혹은 자체적으로 이웃나라 일본의 혁명 나아가 아프리카 아시아 등의 혁명을 지원하는 것이 우선 목표가 될 수 밖에 없었다. 적어도 그들의 이론적 귀결은 그러했다. 하지만 유감스럽게도 현실은 범세계적인 차원에서 이상적 세계 공동체를 추구하기 보다는 개별 국가별로 자국민의 행복을 추구하는 방향으로 전개되었다. 그러나 아직 이러한 막스레닌주의적 세계관의 잔재는 조국통일을 이상세계 추구로 인식하는 북한에 일부 존재한다. 북한의 지도자는 자국민의 복리후생을 추구하기에 앞서 남조선인민들을 자본주의의 질곡에서 해방시켜야 하는 성스런 조국통일의 사명을 인민들에게 강요하고 있는 셈이다. 이를테면, 세계혁명 대신에 우선 조국통일이라는 성전(holy war)을 위해 인민들은 끊임없이 희생을 강요당하고 있는 셈이다. 공산당 1당 독재의 존재 기반이 세계혁명이라는 과업에 있다면, 김일성 3대 독재의 기반은 조국통일의 신성한 책무를 강요하면서 가능한 것으로 보인다.

그러나 조국통일의 성전도 실은 최고 지도자 3대 세습이 아니라 노동당의 일당 체제만으로 충분히 가능하다. 스탈린이나 모택동은 공산당의 독재 위에 통치했지만, 자기 권력을 사유화 하지는 않았다. 공산당 시스템 내에서 개인 권력을 독점적으로 점유는 했으나 자식들에게 세습하는 권력의 사유화는 시도하지 않았다. 북한의 기형성, 기괴성 그에 따른 북한 인민들의 비극은 김일성이 권력을 독점화에서 더 나아가 사유화했다는 데 있다.

그리고 3대 세습이라는 권력의 사유화를 합리화시켜주는 "신화"라는 기제를 권력유지에 사용하고 있다. 김일성의 항일투쟁 신화를 뿌리로 하는 "백두혈통신화", "6·25북침신화" 등이 여기에 해당한다. 원래 신화는 진실과 거리가 멀다. 신화의 유효성을 위해서 북한은 폐쇄를 고집하고 있다.

요컨대 김씨 3대 정치권력의 지속가능을 위해 개혁과 개방을 마다하고 있는 셈이다. 그러면서 수백만 명의 아사자와 수십만의 탈북자를 양산했다. 견고한 정권이 아니라 대단한 고비용의 비효율적 정권인 셈이다.

결론적으로 막스레닌주의는 북한에서 기형적으로 왜곡된 셈이다.

참고문헌

김인식. 2008. "8월테제의 '진보적 민주주의' 국가건설론." 『한국민족운동사연구』 55.

김창순. 1961. 『북한15년사』. 서울: 지문각.

오코노기 마사오. 1993. 《마이니찌신문》 1993/02/26, 조간판.

이사악꼬브나, 파나. 김명호 역. 1996. 『1945년 남한에서』. 서울: 한울.

이정식. 2006. 『대한민국의 기원』. 서울: 일조각.

이정희. 2005. 『동유럽사』. 서울: 대한교과서주식회사.

이지수. 2018. "무엇이 예상 되는가: 북한 급변사태 불가피성." 『영원한 친구들』 236.

이지수. 2015. "북한 정치체제에 드리워진 스탈린의 그림자." 『중소연구』 39/3.

이지수. 2013. "김정은은 과연 「조선민주주의인민공화국」을 상장할까?" 『통일전략』 13/1.

이지수, 2013. "북한의 단독정권 수립과정과 정치적 함의." 『한국정치외교사논총』 34/2.

이지수. 2009. "제2차 세계대전과 소련의 한반도 정책." 『대한민국 건국의 재인식』. 서울: 기파랑.

이지수. 2006. "서평: 이정식의 대한민국의 기원." 『한국정치연구』 15/2.

이철순. 2010. "소련의 북한 정치세력에 대한 정책: 1945–1948." 『남북한 정부 수립 과정 비교 1945–1948』. 고양: 인간사랑.

Sudoplatov, Pavel and Anatoli with Jerrold and Leona Schecter. 1995. *Special Tasks: The Memoirs of an Unwanted Witness–A Soviet Spymaster*. Boston: Back Bay Books.

ИВ АН СССР. 1981. Отношения Советского Союза с народной Кореей 1945–1980 Документы и материалы. МОСКВА: ИВ А

H CCCP, Наука.

7장 과잉된 민족과 찾을 수 없는 개인 : 일민주의와 한국 민족주의의 특수성*

홍태영 (국방대)

I. 들어가는 말

유럽에서 시작된 근대정치공동체로서 국민국가(nation-state)의 형성 과정은 국가형성(state-building)과 국민형성(nation-building)이라는 두

---

* 이 글은 『한국정치연구』 24/3 (2015)에 실린 것을 이 책에 맞게 수정한 것이다.

가지 과정의 불균등 발전과 그 결합의 역사였다. 중세의 봉건적 영주 지배 체제, 혹은 제국적 지배 혹은 도시공동체 형태의 정치체들의 경쟁은 15–6세기를 거치면서 서서히 근대 국가 형태가 지배적인 것으로 귀결된다. 군사적 독점과 집중화, 조세권의 확립을 통한 중앙집권적 관료체제의 형성은 근대 국가의 중심축을 형성하였다. 그리고 서서히 성장하기 시작한 부르주아들은 경제적 지배 세력을 넘어 정치적 권력의 획득을 도모하였고, 근대의 세 개의 혁명은 근대적 국민주권의 원칙 속에서 그것을 실현하는 계기였다. 그래서 19세기 유럽은 자본주의의 발달과 맞물려 근대 국민국가 형태가 자리잡게 된다. 19세기 유럽에서 국민국가가 그 틀을 완성해 가는 데 중요한 역할은 한 것 중의 하나는 민족주의였다. 민족주의를 통해 시민들에게 국민적 정체성을 부여하였고, 그들이 '상상의 공동체'의 구성원임을 분명히 하였다. 그러한 집합적 개인들인 국민은 민주주의를 통해 주권의 실행자로서 국가권력의 정당성을 부여하는 정치적 주체로서 확정되었다.

이들 유럽 국가들의 제국주의적 팽창의 과정에서 제3세계 식민지국가들과의 대면이 시작되었고, 제3세계 나라들은 그 때서야 만국공법의 질서에 편입되면서 민족주의 및 민족의 형성단계에 진입하였다. 한반도에서 민족주의의 출현은 1876년 개항과 함께 중화주의적 질서로부터 벗어나 만국공법의 질서에 편입되는 시점과 관련된다. 제3세계 나라들에서 민족주의는 개인 및 개인주의의 발달 이전에 민족이라는 거대담론의 출현 혹은 민족이라는 정치적 주체의 형성과 이후 그 민족을 구성하는 개인들의 형성이라는 과정을 거친다는 점에서 서구적인 길과는 다른 모습을 보인다. 또한 서구에서 봉건제에서 자본주의로의 이행과정을 거치는 것과 달리 자본주의가 제국주의에 의한 식민지 이식의 과정을 거친다. 따라서 그로부터 발생하는 식민지적 특수성, 근대의 특수성이 존재한다. 식민지적 특수성은 해방 이후에도 지속된다. 제국주의로부터 해방과 더불어 국민국가 건설의 급박한 과제 속에서 민족이 호명되고 동원의 대상이 된다. 더구나 한반도의 경우 냉전의 시작과 동시에 미소 두 나라가 부딪히는 경계선에 있었던 탓에 이데올로기적 대립이 극한적인 형태를 띠었다. 미소 두 개의 이데올로기와 그 첨병들이 부딪히고 1950년의 한국전쟁은 한반도에 분단을 고착화시키는 계기가 되었다.

이렇듯 식민지의 경험 그리고 냉전과 분단은 한반도에서 민족주의의 특수성을 결정하였다. 이 글은 한반도에서의 민족주의의 특수성을 살펴보고자 하며, 그러한 목적을 위해 해방 이후 제1공화국에서 등장했던 일민주의를 분석하고자 한다. 일민주의는 제1공화국 시기 민족주의의 특수성을 보여주는 주요한 계기였다. 그리고 일민주의는 개항과 일제 식민지 시기부터 등장한 민족주의의 연장선상이자 변형이다. 또한 제1공화국이 무너진 뒤에서 박정희 시기 이후 한국 민족주의 역시 그러한 것들의 연장선상에서 이해할 수 있다. 이러한 흐름이 한반도에서 우파 민족주의의 특징을 보여주는 것이지만, 또한 좌파 민족주의 역시 그러한 특수성으로부터 자유로운 것은 아니다.

일민주의에 대한 연구는 이승만의 다른 분야 혹은 제1공화국의 연구에서 비중을 차지하고 있지는 않다.[1] 일민주의 자체가 정교한 이론이나 철학 혹은 이데올로기로서 모습을 가지고 있지 않기 때문이기도 하고, 그것의 영향력이 지대하지도 않았다는 객관적이고 타당한 이유때문일 것이다. 그럼에도 불구하고 이 글은 이승만의 일민주의의 내용과 형태, 작동기제 등을 살펴보면서 한반도에서 민족주의의 역사가 갖는 특수성을 찾고자 하며, 그러한 가운데서 일민주의가 갖는 위상을 검토하고자 한다.

II. 굴곡된 네이션의 형성: 식민과 분단[2]

---

1 일민주의에 대한 초기의 연구는 김혜수(1995)의 것이 있다. 그의 연구는 일민주의를 이승만의 통치이념으로 파악하고 있는 것으로 통치이념과 조직 등의 연관성 등을 규명하고 있다. 다만 일민주의에 대한 체계적인 분석이 이루어진 것은 아니었다. 일민주의에 대한 서중석의 연구(1996; 1998; 2005)는 일민주의와 파시즘과의 관련성, 자유당과의 관련성 등을 분석하면서 이승만의 일민주의가 갖는 특수성과 한국 민족주의와의 연관성 등을 다루고 있다. 김수자의 연구(2004; 2005a; 2005b)는 일민주의가 갖는 체계성과 그것의 지배이데올로기로서의 특징을 잘 연관짓고 있다.

2 한반도에서 국민/민족으로 번역되는 nation의 형성과 관련하여 민족주의에 대한 근대주의적 입장(겔너, 앤더슨 / 또한 차별적으로 홉스봄)과 원형주의(primodiralism) 그리고 두 가지 입장을 극복하고자 하면서 족류상징주의 개념을 제시하는 스미스(A. Smith)의 차이를 검토하면서 한반도의 경우를 비춰본다면, 한반도에서 원형민족주의(proto-nationalism) 형태를 찾을 수 있다는 것은 분명하다. 조선왕조는 물론 이미 고려에서 부터 서서히 영토, 왕조, 종교 등의 다양한 요인에 의한 정체성의 형성 가능성이 분명 존재한다. 던컨의 경우도 홉스봄의 개념을 토대로 언어, 종족, 종교, 정치체의 4가지 축에서 원형민족주의를 찾고 있다(Duncan 1998). 물론 그러한 원형들이 근대적 네이션 및 국민국가 형성에 작동하고 그 특수성을 부여했다는 점을 부인할 수 없다. 즉 전통적인 왕조권력의 특성이 이후 근대적 국가권력의 형성과 특성에 영향을 주었다는 것은 분명하다. 물론 반대의 근대주의적 입장 – 임지현(1994), 권혁범(2000) 등 – 역시 충분한 논거를 갖고 있다. 다만 이 글에서는 근대적 주체로서 개인/시민의 형성 그리고 그에 결합한 새로운 정치체와 그 구성원으로서 집단적 국민/민족의 형성이라는

근대국가로의 전화를 시도하던 고종이나 개화파들에게 '민'은 항상 통치나 계몽의 대상으로 존재하면서 주체적 역량 발휘의 길이 차단되었다. 이후 자생적 그리고 자주적 국민국가 형성의 길의 좌절되고 조선이 이제 일본에 의한 보호국에 이어 식민지로 전락하게 되었다. 이 과정에서 '민'은 지속적으로 통치와 계몽의 대상으로 간주되었다. 식민지 조선에서 문명국으로의 길, 국권회복, 독립을 위한 다양한 노력들을 주도했던 많은 지식인들과 부르주아들에게 '민'은 우선 동원의 대상으로서 설정된다.[3]

개화기 지식인들에게 가장 중요한 과제는 근대적인 국민국가를 설립하는 문제였다. 많은 부분 한국에서 서구의 이론이 수입되는 과정은 우선은 한국적 상황과 맥락 그리고 그 필요성으로부터 유추될 수 밖에 없다. 한말의 지식인들에게 가장 급하고 중요한 문제는 새로운 국민국가

점을 염두에 두고 있다. 그리고 신기욱(2009)의 지적처럼 한민족이 근대적이냐 시원적이냐의 논쟁은 무익할 수 있다. 네이션 개념 자체가 서구의 근대적 개념이며, 그것이 수입되면서 한반도에 근대적 정치체가 형성되기 시작했다는 역사적 사실이 분명하기 때문이다. 그러한 의미에서 특히 위정척사운동과 관련한 '봉건적' 내셔널리즘이라는 말은 모순적일뿐만 아니라 존재할 수 없는 개념이다(cf. 김영작 2006; 이재석 2006). 다른 한편으로 송호근(2011; 2013)이나 정상호(2013)와 같이 한반도에서 시민, 혹은 인민의 탄생에 대한 연구의 경우 그 시각차—시민/인민의 탄생 시점에 대한 차이—와 연구결론의 차이들에도 불구하고 '근대적' 주체로서 시민 혹은 인민의 탄생에 관심이 있다. 이와 관련한 세부적인 논의는 이 글의 범위를 벗어나며 다만 일민주의와 관련하면서 한국 민족주의의 특수성을 부각시키는 정도의 수준에서 정리하고자 한다.

3 김동택, "『국민수지』를 통해 본 근대 '국민'," 이화여대 한국문화원, 『근대계몽기 지식 개념의 수용과 그 변용』 (서울: 소명출판, 2004); 박주원, "《독립신문》과 근대적 '개인,' '사회' 개념의 탄생," 앞의 책.

의 주체로서 민족(nation)을 확립시키는 것이었다. 서구에서 근대 정치의 출발점, 즉 홉스, 로크의 예에서 드러나듯이 그 출발점에는 자유로운 개인이 있었고 그로부터 개인의 자유를 보장해 줄 수 있는 정치공동체가 유추되었다. 하지만 조선의 경우 그 순서는 반대였다. 서구의 정치제도나 사회제도를 수입하고 이식하려는 시도들은 개인의 자유나 독립의 확정이라는 개인주의적 자유주의의 문제설정이 아니라, 근대적 국가의 성립이 우선이었고 이후 정치적 주체로서 국민의 건설이라는 문제설정이 이어졌다. 당시의 지식인들의 문제의식은 개항과 함께 밀려오는 서구 세력에 대항하여 가능한 빨리 서구적 제도를 도입하고 그를 통해 그들과 대등한 관계를 유지하고 나아가 그들을 능가하는 제국주의로 발돋음하고자 하는 것이었다.[4] 따라서 새로운 근대적 주체로서 개인과 개인의 자유에 대한 문제설정은 이차적이었다. 이것이 한국 자유주의 나아가 한국 근대 정치의 원죄가 되었다고 볼 수 있다. 따라서 현재에 이르기까지 민족과 민족주의에 대한 '과도한' 강조의 경향은 지속되고 있다. 그러한 의미에서 한반도에서 근대성에 대한 민족주의의 규정력은 다른 무엇보다 강한 것이었다.[5]

---

4 박노자, 『우승 열패의 신화』 (서울: 한겨레신문사, 2005).

5 그린필드의 경우 민족주의를 근대성으로 규정하기보다는 근대성을 민족주의가 규정하였다고 본다. (Greenfield 1992, 18). 겔너의 경우는 민족주의가 근대화의 과정에 어떻게 필연적으로 작동하였는지를 보여준다(Gellner 1983). 그리고 많은 근대주의적 관점 역시 민족주의와 근대성의 관계를 필연적인 것으로 보여준다. 물론 그 차이들은 분명하다. 그러한 의미에서 한반도의 역사 역시 그 특수성을 보여주는 좋은 예가 될 수 있다.

유길준, 박영효, 김옥균 등의 초기 개화파의 논의에서부터 1905–1910년 사이의 자강운동론, 1910년대 실력양성론과 구사상·구관습개혁론, 1920년대 초반의 문화운동론, 1920년대 중반 이후 1930년대 초반 사이의 자치운동으로 이어지는 민족주의의 논리의 저변에 깔려 있는 것은 모두 '준비론'과 '실력양성운동론'이다.[6] 즉 아직까지 조선의 인민은 주체적 능력을 갖추지 못한 계몽의 대상에 머물러 있다고 간주된 것이다. 물론 독립협회의 논의 속에서 자유 민권을 주장함으로써 근대적 개혁의 민중적 기반을 확대하려는 시도나, 안창호 등의 실력양성론, 인격수양론 등에서 개인의 독립사상을 우선시하는 경향이 존재하는 것이 사실이지만, 이러한 논의들 역시 민족이라는 거대 주체형성을 위해 필요한 전제조건으로서 존재하였다.[7] 그리고 문명화된 개인들로 구성된 민족을 통한 국가의 독립이라는 과제가 설정되었다. 서구에서 근대 국민국가 형성 과정에서 나타난 두 개의 불균등한 과정 즉, 국가건설 과정과 국민형성 과정이 프랑스 혁명 등과 같은 특정한 계기를 통해 결합하면서 서로가 서로를 규정하는 관계를 설정하였다. 조선의 경우 국가의 건설과정이 식민지화를 통해 단절되면서, 네이션의 형성과정이 왜곡되

---

6 윤건차, 『한국근대의 교육과 사상』 (서울: 청사, 1987); 박찬승, 『한국근대 정치사상사 연구』 (서울: 역사비평사, 1992).

7 한말 그리고 일제 식민지 시기 조선의 부르주아의 허약성 속에서 부르주아는 독립보다는 근대화에 우선성을 두고 있었다. 근대화 우선주의는 많은 부분에서 제국주의와 동일한 논리를 전개하도록 하였고, 제국주의 침략이 우리 자체의 잘못이라는 논리로 이어졌다. 서중석, "한국에서의 민족문제와 국가," 한국사연구회 편, 『근대국민국가와 민족문제』 (서울: 지식산업사, 1995).

기 시작한 것이다.

일제 시기 독립운동을 주도한 이념들은 서구 문명론과 사회진화론의 공유 속에서 자연스럽게 민족주의를 공통의 토대로 가지고 있었다.[8] 많은 이데올로기적 편차에도 불구하고 민족주의는 2차적 이데올로기로서 사회주의자나 자유주의자들 모두에게 공유되었다.[9] 이것은 또한

---

8 개항 이후 개화파들이 그들의 급진성 여부를 떠나 공통적으로 공유하고 있는 근거점 중의 하나가 서구의 문명론이었다. 서구의 문명 담론은 분명 하나의 새로운 권력관계를 형성시키는 것이었다. 실학 이후 동도서기론, 변법론, 그리고 애국계몽운동 등으로 온건개화파 그리고 개항 전부터 존재해 왔던 급진개화파 등에 의해 형성된 문명 담론은 과거 주자학을 통해 이루어진 사회질서에 대한 새로운 대안으로서 제시된다. 전통적 유교는 '낡은 것이자 나쁜 것'이었고, 서구 문명은 '새롭고 좋은 것'이라는 대비를 통해 조선인들은 문명화 작업의 대상이 되었다. 서구문명화로의 길만이 선택할 수 있는 유일한 길로서 제시되면서 자생적 근대화의 노력이나 '동양적 근대'를 위한 여지는 존재하지 않았다. 길진숙, "《독립신문》, 『매일신문』에 수용된 '문명/야만' 담론의 의미층위," 이화여대 한국문화원, 『근대계몽기 지식 개념의 수용과 그 변용』 (서울: 소명출판, 2004); 히야마 히사오, 정선태 역, 『동양적 근대의 창출』 (서울: 소명출판, 2000). 또한 사회진화론 역시 서구 문명론의 밑바탕에 깔려 있었다. 박영효, 윤치호 같은 개화파 자유주의자들은 조선의 개혁 가능성이 희박해지자 문명화된 일본의 지배를 받는 것이 낫다고 판단하였다. 이나미, 『한국 자유주의의 기원』 (서울: 책세상, 2001), pp. 75–76. 개화기의 자유주의자들이 친일적인 행위를 하고 결국 일제에 의한 식민화를 받아들이게 되는 것은 서구문명론, 사회진화론 등의 당연한 귀결이었다. 물론 그럼에도 불구하고 신채호와 같은 항일(抗日)형 내셔널리즘은 민족주의 흐름 속에서도 구별된다. 박찬승, 『한국근대 정치사상사연구』, 1장; 쓰키아시 다쓰히코. 최덕수 역, 『조선의 개화사상과 내셔널리즘』 (서울: 열린책들, 2009).

9 사회주의 문인들 역시 '민족적 공산주의자'로 평가될 수 있으며, 프로문학은 잠재적 국민문학'으로 간주된다. 손유경, 『프로문학의 감성구조』 (서울: 소명출판, 2012), pp. 64–65. 따라서 사회주의와 민족주의의 배타적 대립이라는 기존의 문학사적 구도가 허구적임이 실제 작품 분석에서 나타나고 있다. 김성수, "일제강점기 사회주의 문학에 나타난 민족 및 국가주의," 『민족문학사연구』 24 (2004),

개화기의 연장선상에서도 이해될 수 있다. 일제 시기 조선에서 독립 운동을 주도했던 안창호의 경우 그의 자유주의는 민족주의에 의해 지배된 자유주의였다.[10] 도산에게 개인 개념은 철저하게 민족에 흡입됨으로써 개인의 자유가 실현될 수 있다고 생각하는 논리로 분석된다. 즉 민족의 정체성은 개인의 자유의 절대적 부분이 되고 있다.[11] 일제 총독부에

---

pp. 74–78. 또한 대표적 공산주의자인 박헌영 역시 민족주의자임을 부인할 수 없다. 금인숙, "한국 민족주의의 형성과 이념체계: 박헌영의 맑스주의 혁명이념 중심으로," 『한국민족주의와 변혁적 이념체계』 (서울: 나남, 2010).

10 물론 그 역의 표현 즉 자유주의에 의해 지배된 민족주의라는 표현도 가능하다. 민족주의가 2차적 이데올로기라는 측면에서 오히려 자유주의에 의해 지배된 민족주의라는 표현이 정확할 수 있다. 하지만 식민지 시기의 특성상 자유주의의 실현을 위해 민족주의를 2차적으로 선택했다기보다는 독립이라는 민족주의의 과제실현을 위해 자유주의를 선택했다고 보는 것이 더 타당할 수 있기 때문에 '민족주의에 의해 지배된 자유주의'라는 표현을 사용한다.

11 장동진, "식민지에서의 '개인,' '사회,' '민족'의 관념과 자유주의: 안창호의 정치적 민족주의와 이광수의 문화적 민족주의," 『한국철학논집』. 16 (2005), p. 50. 반면 정(情)적 요소에 대한 강조를 통해 자아중심적 근대적 인간관을 보였던 이광수의 경우 공적인 문제 즉 국가와 민족의 문제를 부차화하였다. 이광수의 문학적 기획은 '자율적 개인만들기'로 집약되며, 민족은 그러한 개인들의 집합일 뿐이었다. 하정일, "자율적 개인과 부르주아 결사로서의 민족," 문학과사상연구회, 『이광수 문학의 재인식』 (서울: 소명출판, 2009); 한수영, "이광수 소설에서의 자유주의와 개인주체," 문학과사상연구회, 앞의 책. 이광수의 자유주의의 경우 친일적 민족개조론으로 전환은 자연스러운 귀결이 된다. 오히려 이광수 그리고 자유주의적 페미니즘의 흐름에 있었던 나혜석과 같은 경우가 민족문제에 대한 무관심 속에서 근대적 개인 주체에 대한 관심을 기울였고, 그것이 서구적인 개인주의적 자유주의의 흐름을 형성하였다고 볼 수 있다. 이상경, "나혜석: 한 페미니스트 자유혼의 패배," 『자유라는 화두』 (서울: 삼인, 1999); 서재원, "나혜석 문학 연구: 근대적 여성주체 형성과정을 중심으로," 현대문학이론학회, 『현대문학이론연구』 25 (2005).

의해 진행되는 근대적 인간의 형성 작업을 보자. 일제의 작업은 식민지 통치에 적합한 인간을 만들어내려는 작업이었다. 일제에 의한 식민지화 이후 국가권력의 역할을 하는 것은 식민지총독부였고, 그들에 의한 자본주의 발전과 그에 적합한 식민지인들을 만드는 작업이 진행된다. 일제는 식민지 통치와 함께 한반도를 일본자본주의에 적합한 자본주의적 길을 걷게 한다. 그와 함께 그러한 자본주의에 적합한 인간, 고등교육이 아닌 초보적인 수준의 경제적 역할을 담당한 근대적 인간을 만들어내는 것이 일본에 의해 이루어진 식민지교육의 기본적인 방향이다. 이것이 주체 형성과 관련하여 이해될 수 있는 '식민지근대'의 모습일 것이다.

한반도에서 근대의 모습은 주체적인 근대의 형성을 통해 이루어진 것이 아니라 일본제국주의에 의해 방향지워지게 된다. 특히 1930년대 일본에 급속히 등장한 국가주의는 당시 조선의 지식인들에 큰 영향을 끼쳤다. 1937년 중일 전쟁이 발발하면서 일본이 파시즘 체제에 들어서면서 식민지 조선에 대한 사상통제, 황민화정책 등이 본격화되기 시작하였다. 1937년 「황국신민서사」가 제정되었으며, 1938년에는 일본어 상용과 조선어 교육 폐지 조치, 1940년에는 창씨개명과 총독부기관지인 《매일신보》를 제외한 모든 조선어 신문의 폐간, 신사참배의 강요 등이 이루어졌다. 1939년 친일 문인들은 조선문인협회를 통해 친일문학 활동을 벌였고, 개인주의를 비판하면서 국가주의, 국민주의를 찬양하였다. 이 시기 이광수는 개인이라는 완전히 독립된 개체가 없는 것처럼 완전히 보편화된 인류도 존재하지 않는다고 주장하고, "우리가 현실적으로 인식할 수 있는 것은 실로 민족과 국민뿐"이라고 보았다.[13]

해방과 함께 네이션에 의한 민주주의의 형성과 국가건설의 과정의 길이 열렸다. 제국주의에 대항하는 저항적 주체와 일상의 근대적 개인이라는 분리된 과정이 민주주의적 국가건설의 과정 속에서 결합할 가능성이 존재하였다. 1945년에서 제1공화국이 선언되는 1948년까지 3년 동안의 시간은 한국인들에게는 더할 나위없는 정치의 시간이었다. 그것은 "수십 년간 억제 뒤를 따르는 맑은 공기"와 같은 것이었다.[13] 억압받는 저항의 주체에서 민주주의적 주체로의 전화과정이 실험되었다. 전국에 걸쳐 형성된 인민위원회와 농민위원회의 활동은 정치적 자유, 무엇보다도 그것은 근대인 스스로가 정치적 주체로서 자신의 역할을 수행함을 의미하는 것이었고, 스스로 공동체의 주인이고자 했던 경험이었다.[14] 역사가 반복되는 경우가 있듯이 아래로부터의 정치적 실험은 다시 한번 외세의 압력에 의해 제압되었다. 이 시기 역시 19세기말 20세기 초와 같이 한반도에서의 제국주의 (혹은 외세)의 규정력은 압도적이다. 비록 일제 식민지로부터 해방되었지만, 냉전질서의 과도한 무게는 한반도 내에서 반제국주의 운동의 주체였던 민족으로 하여금 스스로 국가의 건설과정을 주도할 수 없게 만들었다.

---

12 박찬승, 『민족주의의 시대: 일제하 한국 민족주의』 (서울: 경인문화사, 2007), p. 339.

13 B. Cumings, 『한국전쟁의 기원』 1권 (서울: 일조각, 1986), p. 107.

14 이 시기 가장 주목할 만한 것은 건국준비위원회이며, 이후 안재홍의 신간회 계열이 탈퇴함으로써 범좌파적인 성격으로 변화해 간다. 조선인민공화국으로 재편된 후 각 지역에서 인민위원회 활동들은 대중의 정치활동이었음에 분명하다 (Cumings 1986). 이후 미군정에 의해 인공과 인민위원회의 '진보적 대안국가'는 '반공국가'로 역전된다. 정해구, "한국의 국가형성과 민주주의," 조희연 편, 『한국의 민주주의와 사회운동의 동학』 (서울: 나눔의 집, 2001), pp. 101–114.

해방 이후 한국전쟁을 거치는 시기의 역사는 남한과 북한이라는 두 개로 분단된 두 개의 국민국가의 형성과정이라는 길을 걷기 시작하는 출발점을 형성한다. 그것은 무엇보다도 개항 이후 근대화의 길에 접어들면서 형성된 네이션이 스스로 하나의 국가를 형성하기 못하고 외부 세력 – 냉전 시대의 개막을 통해 형성된 거대한 국제질서의 힘 – 에 의해 두 개의 분단 국가를 형성하였다는 점이다. 한반도에서 두 개의 국가가 성립되는 과정에 결정적인 역할을 한 것은 그간 하나의 주체로 형성된 네이션의 결정에 의한 것이 아니라 외부의 힘이었다는 점이다. 일본제국주의가 패망함으로서 근대의 길에 들어선 조선 민족이 하나의 국민국가를 형성할 수 있는 기회가 주어졌음에도 불구하고 하나의 국민국가로의 길에 들어서지 못한 것은 개항 이후 주어졌던 기회가 일본에 의해 좌절된 것과 더불어 또 하나의 기회가 무산되었음을 의미하는 것이다.

분단과 함께 남한과 북한이라는 두 개의 국민국가가 성립함으로써 한반도에서 네이션은 정치적 주체로서 자신을 구성해 나가는 과정이 단절된다. 그리고 남한과 북한에서 형성된 두 개의 국가는 한국전쟁을 거치면서 결국 이데올로기적으로 반쪽짜리의 국가를 형성하게 된다. 남한에는 '미국식 민주주의가 부과'된다. 하지만 '서구적인 민주주의 도입의 의미는 서구 역사의 민주주의적 조건이 성숙되지 않는 상황에서 미국적 민주주의의 부과였다'는 의미에서 '조숙한 민주주의'라는 판단하는 것은 20세기 초반 근대화의 초창기에 등장했던 '준비론'이나 '실력양성론'의 또 다른 연장에 다름 아니다.[15] 오히려 문제가 되는 것은 그간에 형성된 저항적 주체로서 네이션이 스스로 자신이 선택한 정치사회적 제도를 통해 민주주의를 형성시키는 것이 차단되면서 외부에 의해 민

주주의가 부과되었다는 사실이다.[15]

III. 제3세계 파시즘 이데올로기로서 일민주의

제1공화국과 이승만의 통치이념은 다양하게 구성된다. 반공, 자유민주주의, 국토통일 등과 더불어 일민주의가 그것이다. 하지만 일민주의는 논리적 구조를 갖춘 체계적인 이념이라기보다는 당시의 정치상황을 타개하기 위해 제시된 정치적 방안 중의 하나였다고 보는 것이 일반적이다.[16] 그럼에도 불구하고 '일민주의'는 제1공화국에서 네이션을 호명하고 만드는 중요한 이데올로기적 내용이자 장치였다.

---

15 최장집, 『한국민주주의의 조건과 전망』 (서울: 나남, 1996); 박명림, "한국의 국가형성, 1945-48: 미시적 접근과 해석," 이우진·김성주 공편, 『현대한국정치론』 (서울: 사회비평사, 1996), p. 116; 박찬표, 『한국의 국가형성과 민주주의』 (서울: 고려대학교 출판부, 1997).

16 김수자, "이승만의 一民主義의 제창과 논리," 『韓國思想史學』 22 (2004), p. 438.

1. 일민주의의 확장과 그 형태

이승만은 일민주의를 제창한다고 말하면서 그것이 "신흥국가의 국시(國是)"라고 명시하고 있다.[17] 하지만 이것이 국민들 사이에서 충분히 논의되거나 정치권 내부에서 합의되지도 않은 자기의 주장이었다. 그렇다고 그것이 체계적으로 준비되거나 이론으로서의 논리적 정합성을 갖춘 것도 아니었다. 일민주의는 이승만 자신의 권력기반이 취약하고 그로부터 발생하는 정치적 곤란을 피하고자 하는 상황의 산물로서 탄생하였다.

이승만이 귀국 직후 자신의 정치적 기반을 강화하기 위해 조직한 것은 대한독립촉성중앙협의회였고, 이후 반탁투쟁총동원회와 합하여 대한독립촉성국민회가 이승만의 주요한 정치조직이었다. 이승만은 1948년 5·10선거 이후 활발한 정당결성 운동에도 불구하고 자신은 '정부수립 전에 정당을 조직하는 것은 불가하다'는 성명을 발표하면서, 정당운동을 정지하고 대동단결하여 국권회복과 정부수립에 힘쓰자고 주장하였다.[18] 이승만은 독촉을 중심으로 국민운동을 전개하였고, 국민적 지도자로 남기를 바랬다. 하지만 이승만은 헌법제정과 국무총리 임명과정에서 기존 정치세력과 대립하면서 어려움을 겪게 되고, 그러한 현실을 타개하기 위해 정당 결성을 추진하였다. 이승만이 구상한 정당은 대한독립촉성국민회를 중심으로 지방출신 의원들과 청년단체들을 합류시

---

17 이승만, 『일민주의 槪述』 (서울: 일민주의보급회. 1949), p. 4.

18 김수자, 『이승만의 집권초기 권력기반 연구』 (서울: 경인문화사, 2005), p. 33.

키고 이와 함께 국무위원들을 결합하여 여당으로 탄생시키는 것이었다. 그렇게 결성된 대한국민당은 1948년 10월 9일 정강과 당시(黨是)를 발표하였는데, 당시는 바로 '일민주의'였던 것이다. 그리고 정강은, "1. 우리는 계급과 지역과 성별을 초월하여 민족완전통일로 자주독립의 국권신장을 기함; 2. 우리는 정치·경제·교육 등 각 방면에 있어 국민균등의 복리증진을 기함"이라고 제시하였다.

기존에 정당무용론과 초당파적 입장을 견지하였던 이승만이 대한국민당을 만들면서 입장의 변화를 보였지만, 가능한 한 자신이 만든 정당이 국민의 유일당, 혹은 국민통합을 위한 국민의 당이라는 이미지를 만들고자 하였다. 따라서 일민주의는 그러한 자신의 의지를 표현한 이념으로서의 역할을 하였던 것이다. 하지만 여순사건이 보여준 좌익 세력의 건재와 이후 대한국민당이 당세를 확장하지 못하면서 이승만은 대한국민당과 거리를 두게 된다. 이승만은 정당활동보다는 전국적인 국민운동 단체의 강화에 무게를 두었다.

그리고 1949년 9월 '일민주의보급회,' '일민주의연구회'가 일민주의의 체계화 및 전국민에 대한 사상적 강화와 조직적 보급을 위한 목적으로 설립되었다. 또한 출판매체로서 '일민출판사'를 설립하였고, '일민보'라는 주간지를 발행하였다. 일민주의보급회의 중앙 조직의 임원들은 정부관료들이 다수를 이루었다. 국무총리인 이범석[19], 전, 현직 내무장관이었

---

19 1946년 민족청년단을 창설한 이범석은 대표적인 국가지상주의, 민족지상주의자였다. 족청의 실제 이념을 드러낸 단지(團旨)에 따르면 첫째는 민족지상과 국가지상의 사명을 명시하고 있다. 후지이 다케시, 『파시즘과 제3세계주의 사이에서: 족청계의 형성과 몰락을 통해 본 해방 8년사』(서울: 역사비평사, 2012), p. 147.

던 윤치영, 김효석, 전, 현직 서울시장인 윤보선, 이기붕, 문교장관인 안호상 등이 그들이다. 그리고 시군구지역에 지부를 설치하고, 그 구성은 군수나 구청장 등이 위원장이 되고 위원은 각 사회단체의 임원이나 동장 등이 맡았다. 이러한 지방조직의 확장을 통한 일민주의의 보급에 앞장선 사람은 바로 안호상이다. 이승만은 일민주의 보급회가 일민주의를 정치운동에 한정되는 것이 아니라 민족사상, 계몽운동으로 확대될 것으로 강조하였다. 그것은 자신 스스로가 대한국민당의 총재로서 권력기반을 강화하기보다는 국부의 상징성을 지속적으로 유지하고자 했던 것과 결부된다. 이승만은 일민주의를 표방하면서 사심과 당파성을 비난하고 자신을 중심으로 '하나'가 될 것을 강조한 것이다.[20]

이처럼 일민주의가 하나의 당파의 당시에 한정되는 것이 아니라 전국적인 운동으로 확대되기를 바랬던 이승만은 전국적인 조직망을 갖춘 대중단체를 통해 일민주의를 보급하고자 하였다. 그러한 역할을 담당한 대중단체가 대한국민회, 대한청년단과 같은 단체들이었다.

일민주의의 체계화와 보급에 가장 지대한 영향력과 실질적인 행동을 수행하는 것은 안호상이었다. 초대 문교부장관이었던 안호상은 먼저 '교육계의 숙청작업'을 실시하였다. 안호상은 학원내 순수화에 뜻을 두고 전국 교원에 대한 사상경향을 조사하였으며, 여순사건을 계기로 초등교원 3만 5천명, 중등교원 7,900명, 사범교원 3,200명, 전문대학교원 560명, 총 5만 천명에 대한 조사를 끝내고 전면적인 숙청을 단행하였다.[21] 교육

20 김수자, "이승만의 一民主義의 제창과 논리," p. 454.

21 연정은, "안호상의 일민주의와 정치·교육 활동," 『역사연구』 12 (2003), p. 27.

계의 숙청작업은 좌익 계열만에 한정되는 것이 아니라 정부시책에 비협조적이거나 소극적인 사람들에게까지도 확대된 폭압적인 행위였다. 또한 안호상은 일민주의 교육 이념의 확립을 위해 '홍익인간' 이념을 교육 이념으로 채택하였다. 그리고 조직적 차원에서 중요한 행위는 바로 학생들을 군인으로 양성하는 학도호국단의 결성이었다. 안호상은 여순사건 이후 전국을 국가비상시국으로 단정하고 중등이상의 학생을 중심으로 한 향토방위와 학생 개개인의 민족정신 양성, 조직력, 복종력, 정신 등을 기르는 차원에서 학도호국단 결성을 결정하였다.[22] 학도호국단 활동의 정치적 슬로건은 '민족주의 사상의 통일'이었고, 대통령이 총재, 국무총리가 부총재, 문교장관이었던 안호상은 중앙학도호국단장이 되었다. 학도호국단은 일제 하의 '학생경찰'이나 히틀러의 유겐트와 비슷하였다.[23]

이승만은 1951년 8월 25일 이후 자유당이라는 여당을 만들기 위한 〈신당 조직에 관한 담화〉를 발표하면서 '일민주의'의 기반 위에 노동자, 농민을 기반으로 하고 지방 조직까지 갖춘 전국적인 규모의 대중정당을 조직해야 한다고 천명하였다.[24] 하지만 자유당의 당시를 일민주의로 하지는 않았다. 그것은 이미 대한국민당의 당시가 일민주의였기 때문이다. 결국 이승만이 자신의 일민주의와 함께 구체적인 정치조직의 형태

---

22 연정은, "안호상의 일민주의와 정치·교육 활동," p. 32.

23 1924-29년 독일 유학을 하였던 안호상은 당시 재건된 히틀러의 유겐트를 보았을 뿐만 아니라 히틀러나 무솔리니의 반자본주의 및 반공산주의적 경향의 파시즘에 대해 깊은 영향을 받았다.

24 박찬승, 『민족주의의 시대: 일제하 한국 민족주의』, p. 359.

로 등장시킨 것은 자유당이었다. 자유당의 창당을 전후하여 제시된 자유당의 네 가지 강령, 자유당 기본강령, 자유당 선언 등을 살펴본다면, 일민주의와의 연관성을 볼 수 있다. 자유당의 4대 강령은 ①노동자 농민의 지위를 향상한다. ② 남녀를 동등히 대우한다. ③ 지방파벌을 타파한다. ④ 민주정체를 발전한다 등으로, 마지막 네 번째 정치상 평등을 실현시키겠다는 것을 민주정체를 발전시키겠다는 것으로 바꾼 것을 제외하면 일민주의의 4대 강령과 같은 것이라고 볼 수 있다.[25]

또한 자유당의 이념과 일민주의의 일치점 중의 하나는 유일영도자에 의한 일당정치에 대한 지향이다. 이승만은 자신이 특정 정파의 지도자가 아니라 국부로서의 이미지를 추구하였으며, 그러한 연장선상에서 창당한 후에는 자신의 정당만이 정당(正當)한 정당이고 다른 정당은 사당(私黨)으로 몰아세우면서 복수정당제를 부정하는 듯한 논리를 폈다.[26] 자유당은 국민회, 대한청년단, 대한부인회, 대한노총, 대한농총 등 기간단체로 하여 조직됨으로써 외형상 국민전체를 중첩해서 포섭한 국민전체의 당의 형태를 띠고자 하였다. 그런데, 이 조직들은 다양한 방식으로 중첩되어서 국민을 포섭하고 있었다. 국민회는 18세 이상의 남녀가 모두 가입하게 되어 있었으므로 이승만은 성년 국민전체의 총재였으며, 그것과 더불어 그는 중등학교 이상의 모든 학생들이 가입하는 학도호국단, 청년들을 회원으로 하는 대한청년단, 부녀들이 가입하는 부인회, 노동자, 농민, 어민들의 단체인 노총, 농총, 어민회의 지도자로 자리잡고

25 우남전기편찬회 편, 『우남노선』 (서울: 명세당, 1958), p. 147.

26 서중석, 『이승만의 정치이데올로기』 (서울: 역사비평사, 2005), pp. 132–133.

있었다.[27] 이러한 단체들의 가입은 강제였고 회비 역시 강제로 갹출되었다. 그럼에도 불구하고 이러한 단체들이 법률로서 규정된 것은 없었다.

자유당은 이기붕의 말처럼 "제도보다는 인물이라는 견해"를 가지고 있었고, 그러한 틀 속에서 이승만이 유일영도자로서 신봉되었고, 국가적 차원에서 그러한 작업이 진행되었다. 1949년 3월 26일 이승만의 생일에는 중앙청 직원들이 오전 9시부터 광장에서 기념식을 거행하고 대통령의 장수와 건강을 기원하는 만세삼창을 힘차게 부르기도 하였으며, 총무처의 영으로 집집마다 국기를 게양하였다.[28] 한국전쟁 시기였던 1952년에도 '이대통령탄신축하'는 이어지면서, '대통령찬가', '우리대통령과 기쁜 날' 등의 노래가 울려 퍼졌고, 서울운동장에서는 매스게임을 비롯한 행사, 특별사면, 해외축하사절단 방문 등도 있었다. 이뿐만 아니라 1950년 7월 발행한 1,000원권에는 이승만의 초상화를 바탕으로 제작하였고, 1959년 동전에 이승만의 측면 얼굴을 새겨 넣었다. 전국 곳곳에는 이승만의 동상이 세워졌고, 그의 초상화가 보급되었다. '우남'이라는 명칭을 가진 기념과 송덕관 등의 건물들로 세워지면서 이승만에 대한 우상화 작업은 다양한 방식으로 진행되었다.

이러한 유일영도자의 이미지와 더불어 이승만은 일지감치 '국부'의 이미지를 만들고자 하였다. 양우정은 "국가는 가족을 확대한 것", 즉

27 서중석, "이승만정권 초기의 일민주의와 파시즘," 역사문제연구소 편, 『1950년대 남북한의 선택과 굴절』 (서울: 역사비평사, 1998), pp. 31-38.

28 조은정, 『권력과 미술: 대한민국 제1공화국의 권력과 미술』 (서울: 아카넷, 2009), p. 259.

"가정이 벌어져 부락이 되고, 부락이 촌락으로, 촌락이 고을로, 고을이 국가로 확대하는 것"이라고 하면서 가정이 국가의 출발점이라고 명시하였다.[29] 이러한 틀 속에서 이승만은 나라의 아버지로서의 이미지를 구축하고자 하였다. 이승만의 국부화 사업은 단지 호칭만의 문제가 아니고 국부의 이미지를 만들고자 하는 노력으로 나타났다. 이승만은 '인자한 가부장' 또는 '동족을 사랑하는 위대한 애정'의 소유자로 대중에게 제시되었다.[30] 즉 이승만의 다양한 활동과 모습을 언론은 국부와 영도자의 모습으로 국민에게 전달하고자 하였다. 이러한 작업은 이제 막 형성되기 시작하는 국민/민족[31] 국가의 체계화 작업을 위한 민족주의적 호명의 작업의 일환이기도 하였으며, 대한민국 국민의 규율화과정이기도 하였다.[32] 즉 국부로서 이승만과 자식으로서 국민의 결연과정의 형상화였다. 하지만 이것은 근대 국민국가의 구성원인 시민으로서의 지위와 권리에 대한 망각의 강요이기도 하였다.

일민주의의 출발은 몇 개의 파편적이고 체계적이지 않은 글이었지만, 이후 다양한 전국적인 조직과 자유당이라는 핵심기구 그리고 이승만의 우상화를 통해 구체적인 내용과 틀을 갖추면서 한국적인 파시즘

29 양우정, 『이대통령 건국정치이념: 일민주의의 이론적 전개』 (서울: 연합신문사, 1949), pp. 46–49.

30 임종명, "이승만대통령의 두 개의 이미지: 국부·최고영도자," 『한국사시민강좌 38』 (서울: 일조각, 2006), p. 201.

31 조은정, 『권력과 미술: 대한민국 제1공화국의 권력과 미술』, p. 259.

32 임종명, "제1공화국 초기 대한민국의 가족국가화와 內破," 『韓國史硏究』 130 (2005), p. 130.

의 이데올로기로 만들어져 갔다. 그 내용의 빈약함은 다양한 장치와 상징 그리고 담론을 통해 보충되었다. 일민주의가 갖는 내용의 빈약함에도 불구하고 그것은 당시 강력한 통치이데올로기로서 역할을 하였고, 지배의 방식이었다.

2. 통합과 반공의 이데올로기로서 일민주의

서구 유럽의 역사에서나 제3세계 나라들의 역사에서 나타나듯이 국민국가 건설기에 민족주의는 국민의 동원 이데올로기이자 통합 이데올로기이다. 국민을 구성하는 개개 시민들에게 국민으로서의 정체성을 부여하는 호명의 효과를 갖는다. 하지만 이러한 일반적 논리 속에서도 개별 나라의 특수성에 따른 민족주의 및 민족 혹은 국민 개념의 특수성이 존재한다. 흔히 알려져 있듯이 독일과 프랑스의 민족/국민 개념은 두 나라의 국민국가 건설의 길이 상이하다는 점에서 비롯되어 특수성을 갖는다. 그러하듯이 한반도에서 국민국가 건설의 특수성이 가져오는 민족주의 및 민족 개념의 특수성을 분명히 할 필요가 있다. 이를 위해 일민주의가 갖는 민족주의의 일반적인 역할과 더불어 그것이 가지고 있었던 특수성, 예를 들어 파시즘적 이데올로기로서의 특성 등을 찾아볼 필요가 있다.

일민주의와 관련한 대표적인 저술은 우선 1948년 10월에 발표된 이승만의 『일민주의 개술』과 1949년 4월 20일 서울중앙방송국을 통해 설명된 「일민주의와 민족운동」이라는 방송국 연설이다. 전자에서는 경제,

정치, 지역, 남녀 평등이라는 4대 강령에 대해 설명하였고, 후자에서는 '반공'을 강조하고 있다. 특히 후자의 내용은 여순사건이라는 상황적 배경과 관련이 있다. 이후 1949년 9월 다시 『일민주의 개술』이라는 제목으로 앞서의 이승만의 글과 '이승만투쟁사'라는 양우정의 저술이 포함된 책이 간행되었다. 그리고 이후 1949년 10월 양우정이 쓴 『이대통령 건국정치이념: 일민주의의 이론적 전개』와 1950년 2월과 1952년 2월에 출간된 안호상의 『일민주의의 본바탕』과 『세계신사조론』 등이 일민주의와 관련된 핵심적인 저술들이다. 우선 이승만이 저술한 "일민주의 강령," "일민주의 개술," "일민주의 정신과 민족운동"을 중심으로 일민주의의 내용을 살펴보도록 하자. 여기에서 제시된 일민주의의 4대강령은 계급, 지역, 성별 등을 초월한 평등을 강조하고 대한민국의 민족이 하나임을 강조하는 것이다.

> 하나인 민족으로서 무엇에고 또 어느 때고 둘이 있을 수가 없다. 계급이 없어야 하며 차등이 없어야 한다. 하나이거니 지역이란 무엇이며 하나이거니 남녀란 무엇이냐. 우리 민족은 하나다. 국토도 하나요 정신도 하나요, 생활에도 하나요, 待遇에도 하나요 정치상, 문화상 무엇에고 하나다.[33]

이때 네이션 개념은 일제에 저항하면서 형성되어온 저항적, 정치적

33 이승만, 『일민주의 概述』 (서울: 일민주의보급회, 1949), pp. 8–9.

주체로서 보다는 혈연적, 문화적 네이션 개념에 의해 정의된다. 일민주의의 민족에 대한 정의는 네이션에 대한 근대의 중심적 개념, 즉 국민국가의 주체로서가 아니라 문화적 개념만이 강조되고 있다. 나아가 그러한 문화적 통일성을 강조하기 위해 이승만은 인위적 단일성을 만들고자 한다. 민족의 하나임을 강조하는 것과 더불어 이승만이 이러한 하나됨을 만들기 위한 노력이 필요한 것이다. 즉 "하나가 미처 되지 못한 바 있으면 하나를 만들어야 하고 하나를 만드는 데에 장애가 있으면 이를 제거하여야 한다. 누구든지 독자의 一念이 일어날 때 이 하나에 위반되는 바 있거든 곧 버리라. 이 일념에서 민족이 깨여진다. 행여 분열을 가지고 일체에 더하려 말라."[34]

안호상은 이승만의 일민 개념을 고대사 연구 및 민족사에 대한 새로운 정립을 통해 더욱 강조하고 정당화하고자 하였다.[35] 안호상은 일민주의가 역사적으로 단군시대부터 전해 내려왔으며, 이것을 이승만이 동서고금의 모든 삶의 이론들을 배우고 체험한 것에 새로운 삶의 이론을 접목시켜 만들었다고 하였다.[36] "일민(一民)"은 무엇을 의미하는가? 안호상은 '일민'의 의미에 유기체적인 한 백성, 한민족의 의미를 부여한다. 즉 고립적인 개인들의 총합이 아니라 긴밀한 관계를 가지고 있으며, 집단적 삶을 영위하는 사람들의 무리를 의미한다고 본다: "일민의 '일(一)'은 한

---

34 이승만, 『일민주의 槪述』, pp. 9-10.

35 국가철학자로서 안호상에 대한 연구는 다수 존재한다. 강정인·하상복(2013); 이병수(2008; 2009); 오상무(2005). 전반적으로 안호상의 국가철학에서 국가, 민족지상주의, 반(反)개인주의 등에 대한 지적에 대해 동의한다.

36 안호상, 『世界新思潮論』 上 (부산: 일민주의보급회총본부, 1952), p. 99.

일(一)자로서 '하나'라는 뜻이며, 또 '민(民)'은 백성민(民)자로서 백가지(百種) 성씨(姓氏)들이란 말인데, 그것은 곧 여러 사람들 혹은 뭇(衆) 사람들이 모이어 뭉쳤다는 의미다. 뭇사람들의 무리로서의 백성은 아무런 서로관계(相互關係)가 없는 사람들의 떼와 무리가 아니라, 도리어 그것은 벌써 일정한 땅위에서 혹은 지역 안에서 모여 살며 뭉쳐 사는 사람들의 떼요 무리인 것이다. 또 이 일민(一民)의 '민'은 일가와 친척(親戚)과 같이 같은 한 겨레요, 한 민족(民族)이라는 뜻까지 갖고 있다."[37] 이로부터 "한겨레주의," "한 백성주의"가 가능하고, 이러한 일민주의는 "과거에는 조국 독립의 투쟁이론"이었으며, "현재에는 조국통일의 실현이론"이며 "미래에는 조국 발전의 유지이론"으로 되는 것이라고 그 위상을 부여한다.[38]

민족에 대한 역사적, 문화적 접근을 통한 이해와 더불어 안호상은 민주주의에 대해서도 민족주의적 접근을 취하였다. 즉 단군이나 홍익인간, 화랑도 등을 관련지어 민주주의를 말하였고, 그것을 통해 민족적 민주주의 혹은 일민주의적 민주주의의 정당성을 강조하였다. 서구의 민주주의나 공산주의적 민주주의는 그러한 이유에서 거부되었다. 또한 안호상은 "한사람만이 자유롭다거나 또는 몇 사람만이 자유로움이 아니라 모든 사람들이 한결같이 자유스럽기를 바라"는 것이라고 말하면서, 자본주의적 민주주의나 공산주의적 민주주의와는 구별되는 일민주의적

37 안호상, 『世界新思潮論』 上, p. 99.

38 안호상, 『일민주의의 본바탕』 (서울: 일민주의연구원, 1950), pp. 24–26.

민주주의를 주장하였다.[39] 일민민주주의는 국가의 주권이 특정계급에게 있는 소련민주주의와 다르며, 또한 실질적으로 돈에 의해 그 참여가 제한되는 서구민주주의와도 다르다고 주장한다. 일민민주주의의 특징은 주권이 국민전체(一民)에 있고 국민전체를 위한 정치를 하며, 또한 한 개인의 권리까지도 절대로 존중하는 도의의 민주주의라고 강조한다.[40] 하지만 일민주의적 민주주의는 기본적으로 민족 및 국가 중심적 사고에 바탕을 두고 있다. 안호상은 일민주의적 교육 즉 "일민주의적 민족교육"이 "당파성을 떠난" 모두에게 "같은 것"을 교육하는 것이라고 말한다. 그것은 "여러 갈래로 갈라지며 쪼개진 백성들을 한 백성 일민으로 만"드는 것 그리고 "일민의 나라를 만듦이 역사의 목적이며 과제"이기 때문이다.[41]

일민주의에 나타난 부르주아 민주주의와 사회주의 및 파시즘의 성격들의 혼재를 잘 파악할 필요가 있다. 이승만은 노동자와 농민을 위한 사회를 구상하며, 자유당 창당기 문헌에 따르면 민족협동적 사회건설을 기한다고 다짐한다. 또한 독점경제 패자들의 억압과 착취들을 물리치겠다고 주장하였다. 또한 자유당의 강령에 나타난 '독점경제 배격', '민족협동적 사회의 건설' 등을 표방하는 것은 일민주의의 내용과 일치하는 것이었다. 『일민주의 개술』에서 이승만은 빈부의 격차가 없는 세상을 만들겠다고 약속하였고, 일민주의의 이데올로그들은 사회주의에 대항하

39 안호상, "일민주의와 민주주의," 『화랑의 혈맥』 (1956), pp. 44–45.

40 안호상, 『민주주의의 역사와 종류』 (서울: 일민출판사, 1953), pp. 45–51.

41 안호상, 『일민주의의 본바탕』, pp. 32–61.

여 착취와 수탈없는 사회를 만들겠으며, 계급갈등 없는 국가를 건설하겠다고 주장하였다.[42] 이렇게 반자본주의적 태도를 표방했지만, 실질적으로 이승만이 취한 노동정책을 본다면, 전혀 거리가 먼 것이었다. 노동자들로 구성된 단체인 대한노총은 노동운동을 위한 조직이 아니라 대공투쟁 등 정치적 목적으로 조직된 우익의 동원단체로서 성격을 띠었다.[43] 구체적으로 노동자들의 파업이 발생하였을 때, 이승만은 문제를 해결하는 역할을 자임한다고 하면서도 실제적으로 경찰의 무자비한 탄압을 용인하였다.

그러한 의미에서 본다면, 일민주의가 표방한 반자본주의적 사회주의적 구호들은 20세기 전반기 유럽의 파시즘이 보였던 반자본주의적 구호였을 뿐 구체적으로 노동자들을 위한 정책이나 조치들로 나타나지는 않는 것이었다. 오히려 이승만의 일민주의는 반공주의와 결합하면서 더욱 강화되었다. 실질적으로 이승만 시기 일민주의는 반공주의 이데올로

---

42 후지이 다케시(2012)는 일민주의를 형성시키고 확산, 보급하는데 중요한 역할은 한 이범석의 족청계의 이데올로기가 파시즘과 제3세계주의 사이에 위치했다고 평가한다. 국가지상, 민족지상이라는 구호, 노동자보호, 국방력 강화 등의 논리가 1930년대 맹위를 떨친 파시즘의 이데올로기를 수용한 것이지만, 그들의 반공주의는 미국이 생각하는 반공주의라기보다는 제3세계 즉 주변부의 민족주의였다는 점에서 제3세계주의로 보고 있다. 특히 양우정의 논리 속에서 민족전체의 복리와 행복을 강조하는 사회민주주의적 성향, 약소민족의 입장에서 경제적 제국주의라는 이름의 신식민주의 비판 등이 제3세계주의를 보이는 것으로 보고 있다(다케시 2012, 236–243). 문제는 이러한 제3세계주의라고 불릴만한 것들이 구체적으로 이승만 정부의 정책 속에서 구체화되었거나 시도되었는가이다. 구체적인 반공주의 정책과 노선이 분명하지만, 제3세계주의라고 불릴만한 것들은 보이지 않는 것이 사실이다.

43 서중석, "이승만정권 초기의 일민주의와 파시즘," p. 55.

기를 통한 국민의 동원방식을 보여주는 예 중의 하나이다. 이승만은 이미 식민지 시기부터 반공주의적 사고를 하고 있었다. 그가 처음 반공주의를 표명한 것은 1941년 출간된 『일본내막기 *Japan Inside Out*』에서였다. 그리고 그의 반공주의가 본격화된 것은 신탁통치 문제가 불거지고 좌익이 찬탁의 입장으로 돌아서면서부터였다.[44]

제1공화국에서 반공주의 및 반공주의에 입각한 체제가 형성되기 시작한 것은 1949년 6월 이후 반민특위 습격 사건 및 국회프락치 사건 그리고 김구 암살사건 등을 거치면서부터였다.[45] 이러한 사건들을 통해 정치권 내의 다양한 사고들에 대한 배제와 탄압을 시작임을 말하는 것으로 민주주의 체제의 작동의 중지였다. 그와 함께 이승만은 국민회, 대한청년단, 학도호국단 등을 통해 전 국민을 다양한 방식으로 조직화하고 통합, 통제하기 시작하였다. 그리고 당시 국내 최대 신문인 《서울신문》을 폐간하면서 정부가 마련한 기사 게재 금지사항 7개항을 발표하였다. 그 7개 항은 ① 대한민국의 국시·국책에 위반되는 기사, ② 대한민국정부를 모해하는 기사, ③ 공산당과 이북괴뢰정권을 인정 내지 옹호하는 기사, ④ 허위의 사실을 날조 선동하는 기사, ⑤ 우방과의 국교를 저해하고 국위를 손상시키는 기사, ⑥ 자극적인 논조나 보도로서 민심을 격앙·소란케 하는 외에 민심에 악영향을 끼치는 기사, ⑦ 국가의 기밀을

---

44 전재호, "한국 민족주의의 반공 국가주의적 성격: 식민지적 기원과 해방 직후의 전개양상," 『식민지 유산, 국가 형성, 한국 민주주의』 (서울: 책세상, 2012), pp. 147–149.

45 서중석, 『한국현대 민족운동연구』 (서울: 역사비평사, 1996), pp. 201–285.

누설하는 기사 등이었다. 이러한 조치는 언론의 비판적 기능을 제거하는 것으로서 정부에 의한 언론통제 나아가 사회통제를 의미하는 것이었다.

1952년 5월의 부산정치파동은 이승만 일인 통치체제의 확립을 의미하였다. 이승만은 군대를 동원하여 국회를 무력으로 제압하면서 헌정질서를 중단시켰고, 이후 미국의 지원 속에서 대통령 직선제와 양원제를 도입하는 발췌개헌안을 통과시켰다. 8월 5일 시행된 선거에서 이승만은 74.6%를 획득하면서 대통령에 당선되었다. 이로써 이승만은 1960년까지 한국사회에서 보나파르트로 군림할 수 있게 되었다.[46] 1954년 사사오입 개헌으로 대통령 중임 철폐를 성취하면서 장기집권의 길에 들어섰다. 그리고 1958년 1월의 진보당 사건을 통해 자신의 정적을 제거하고 그 존재자체를 인정하려 하지 않았다. 또한 같은 해 11월 국가보안법 개정을 통해 언론과 사상 통제를 강화하면서 단일한 정치체를 유지하기 위한 시도가 지속되었다. 그리고 1959년 이승만 정권에 대해 사설이나 칼럼을 통해 비판적이었던 《경향신문》이 폐간되었다. 또한 지방자치법 개정을 통해 시·읍·면장을 중앙에서 임명하는 방식으로 전환하면서 통치와 동원에 효율적인 지방행정조직을 만들었다.

---

46 김일영, 『건국과 부국』 (서울: 기파랑, 2010), p. 201. 박명림(1998, 103)은 이승만이 "대의제민주주의자라기보다는 전형적인 국민투표주의자였다"고 평가한다. 의회를 우회하면서 직접 국민에게 호소하는 방식이라는 점에서 프랑스 제2제정의 루이 나폴레옹과 유사하였다. "plèbiscitaire"는 인민으로부터 권력의 정당성 및 신임만을 확인한다는 의미에서 특정사안을 국민에게 직접 묻는 국민투표(referendum)와는 차별성이 있기는 하다. 하지만 국민의 대표기관이 의회를 무시한다는 점이 공통점이다.

일민주의에서 일민의 "동일성과 통일성은 생명"이며 "동일성과 통일성은 일민주의의 주장이며 목적"이라고 간주된다.[47] 따라서 반공주의는 민족의 단일성으로서 '일민'을 만드는 데 있어서 중요한 도구의 역할을 하였다. 즉 '일민'을 만들기 위해 '불순물'로 간주된 것들에 대한 배제와 제거, 억압은 이승만의 경찰력을 통해 이루어졌다. 한국전쟁 이후 일민주의보다는 반공주의가 앞서서 제시되었다. 그럼에도 불구하고 일민주의가 가지고 있었던 민족지상, 국가지상 등을 내용으로 하는 국가주의적 성향은 반공주의와 더불어 더욱 강화된다.

IV. 일민주의와 제3세계 민족주의의 특수성

일민주의의 이론적 내용이나 철학적 깊이 등을 본다면 매우 엉성한 이데올로기이다. 하지만 일민주의를 작동시킨 전국적인 조직들 그리고 다양한 방식의 우상화 작업 등을 통해 일민주의를 흔히들 말하는 파시즘 이데올로기의 모습으로 만들어 냈다. 동질성이 강조된 일민으로서 민족과 우상화된 영도자 이승만은 결국 동일시(identification)의 과정을 통해 단일체로 만들어간 것은 서구에서 보였던 전체주의의 모습에 가까워진다. 20세기 전반 유럽의 각국에서는 극우 파시즘의 이데올로기

47 안호상, 『일민주의의 본바탕』, p. 30.

가 등장하였고, 그 나라들 중 독일과 이탈리아에서는 극우 세력이 권력을 장악하면서 제2차 세계대전이 발발하였다. 아렌트의 분석처럼, 영국과 프랑스 보다 국민국가 발전의 길에 늦게 들어선 두 나라에서 시민계층의 불완전한 형성과 미발달이 파시즘의 확산을 가져온 것으로 볼 여지가 있다[48]. 한국 역시 식민지 경험으로 인해 민족 개념의 과잉과 개인 및 개인주의의 미발달에 기인한 시민계층의 취약은 한국적 파시즘의 토양일 수 있었다. 아직까지 민주주의적 주체로 성장하지 못했거나 혹은 해방공간과 한국전쟁을 거치면서 피의 억압이 지속되었기 때문에 민주주의적 주체로서의 목소리를 내는 것이 쉽지 않은 상황이었다. 그러기에 이승만은 국민을 대상화하는 작업을 통해 자신의 통치를 공고히 하고자 하였고, 일민주의는 그 과정에서 탄생한 희화적이고 몰역사적인 이데올로기였다. 이승만 시기 국가권력은 네이션을 동원하고 통치 대상으로 설정하였다는 점 그리고 이러한 국가권력에 의한 네이션의 선점 현상은 네이션 자체의 구성에 있어서도 그러한 특수성을 반영시키게 하였다. 네이션을 구성하는 시민 혹은 개인은 일차적으로 국가권력에 의해 배치된 네이션 구도 속에 재배치되었다. 따라서 네이션에 대한 국가권력의 우선성과 함께 개인에 대한 네이션의 우선성이 발생하였다. 결과적으로 한국 사회의 시민으로서 개인은 국가권력의 총체적인 배치 전략 속에 위치하는 하나의 구성요소로서 전락하게 된다.

48 H. Arendt, 박미애 역, 『전체주의의 기원』 II (서울: 한길사, 2006). 배링턴 무어(1985) 역시 '부르주아 없이 민주주의 없다'라는 했듯이 근대적 민주주의의 형성에서 부르주아는 불가피한 존재였다.

그렇다면 이러한 네이션의 과잉과 개인의 과소 혹은 부재라는 특성이 식민지를 경험한 민족주의의 보편적 특징이라고 보아야 할 것인가? 이 질문에 답하기 위해 우리는 제1공화국 시기의 중도파의 민족주의적 경향[49]과 이승만의 민족주의를 비교해 볼 필요가 있다.[50] 조소앙, 안재홍, 조봉암 등의 민족주의자들은 중도우파로 분류되면서 사회주의 계열이나 극우의 민족주의와는 구별된다. 특히 김구 암살 이후 그리고 한국전쟁 발발 이전 시기는 중도 우파 민족주의가 일정한 세력을 형성하기 시작하였고, 1950년 5월 30일 선거를 통해 정치세력화되면서 민주주의적 정치질서의 가능성을 보이기도 하였다.[51] 예를 들어 안재홍은 서구적 근대가 추구한 민주주의와 자유, 평등 등의 가치를 보편적인 것으로 인정하면서 자신의 민족주의론 속에서 자리매김하고자 하였다. 그는 국수적 민족주의의 한계를 벗어나 공산주의와 자본주의의 한계를 극복하는 '신민주주의' 및 '신민족주의'를 제시하였다.[52] 물론 중도우파의 민족주의

---

49 해방 이후 시기 중도우파 민족주의자들은 일제 시기에 자치론을 거부하면서 사회주의자들과의 민족연합전선론을 통해 신간회 창립을 주도한 민족주의 좌파 세력이라고 할 수 있다(성주현 2012).

50 물론 이러한 질문에 답하기 위해서는 식민지경험을 가진 다양한 나라들의 민족주의를 검토하는 것이 필요할 수 있겠지만, 이글에서는 이승만과 유사한 시기의 다른 민족주의적 경향, 특히 중도 우파의 민족주의 경향과의 비교에 한정한다. 앞서 언급했듯이 박헌영과 같은 사회주의자들 역시 민족주의의 틀을 지니고 있는 것은 분명하지만, 동시대 남한사회의 민족주의라는 측면에 한정하도록 하자.

51 서중석(1996, 321)은 만일 한국전쟁이 발발하지 않았더라면 극우반공체제가 성립되지 않으면서 이들 중도세력들에 의해 견제되는 비교적 다원적이고 공간이 확대된 정치가 형성되었을 것이라고 아쉬워한다.

52 안재홍, 『신민족주의와 신민주주의』 (서울: 민우사, 1945); 박한용, "안재홍의 민

역시 민족을 유기체로 파악하고 개인을 그 구성분자로 간주하였다는 점은 식민지경험의 민족주의의 공유지점이다. 따라서 개인의 자유와 행복은 민족의 독립과 발전을 통해 가능하다고 보았다.[53] 이러한 측면에서 본다면 민족이라는 전체에 대한 강조, 유기체적 특성의 강조 등은 한반도에서 민족주의의 일반적 특성으로 보아도 무리가 없다. 오히려 서구적 자유주의를 특성을 강하게 지녔던 윤치호의 경우 인민의 안전과 자유를 위해 민족문제에 대해서는 무관심한 경향을 보였다.[54] 그러한 의미에서 윤치호는 한반도의 민족주의자들에게는 환영받지 못한 친일파일 뿐이었다. 개인보다는 민족에 대한 강조는 식민지적 상황이 만들어낸 필연적인 결과일 수 있다.

하지만 그럼에도 불구하고 중도우파의 민족주의가 이승만의 민족주의와 구별되는 것은 민족주의의 내용적 측면이다. 민족주의를 2차적 이데올로기라고 말하는 이유가 민족주의의 내용, 즉 민족주의가 추구하는 내용을 결정하는 1차적 이데올로기와 관련이 되기 때문이다. 조소앙의 삼균주의나 안재홍의 다사리 국가 등은 그들의 민족주의가 실현될 수 있는 사회경제체제에 대한 요구라고 할 수 있다. 그것들은 자본주의와 공산주의의 단점들을 극복하고자 하는 일견 사회민주주의적 체제와 유사한 사회경제체제와 결합하고 있다. 조봉암의 '조선적인 민주주의사

족주의론," 『韓國史學報』 9 (2000).

53 정영훈, "통일지향 민족주의의 정치사상: 해방 후 중도우파 세력의 통일국가 수립 노선을 중심으로," 『정신문화연구』 27 (2004), p. 16.

54 정용화, "근대적 개인의 형성과 민족: 일제하 한국자유주의의 두 유형," 『한국정치학회보』 40/1 (2006).

회'라는 표현이 담고 있는 것 역시 그의 민족주의를 구성하는 원칙과 내용이 사회민주주의적임을 말하고 있다.[55] 그러한 의미에서 본다면 중도우파의 민족주의는 이승만의 민족주의가 반공주의 그리고 그의 반노동자적 성격 등과 결합한 점과 차별성을 지닌다고 할 수 있다. 결국은 식민지경험을 거친 한반도에서 민족의 절대성은 불가피한 측면이 있지만, 그것이 결국 어떠한 이념들과 결합하여 구체적으로 어떠한 사회경제체제를 구성하느냐의 문제와 결합하여 판단되어야 한다.

그리고 중도우파 민족주의자들이 민족주의의 실현 계기들로 제시한 민주주의와 자유, 평등의 가치들은 민족주의가 갖는 한계를 극복할 내재적 장치로서의 의미를 지닌다. 개인의 자유와 평등에 대한 강조, 민주주의의 실현을 위한 내재적 노력은 식민지 경험의 민족주의가 가지는 전체에 대한 강조를 약화시키면서 결국은 민족주의의 한계 자체를 극복할 수 있게 한다. 하지만 제1공화국의 통치이데올로기로 등장한 '일민주의'는 그 원칙과 작동에 있어서 전혀 민주주의적이지 못하였고, 오히려 식민지 경험의 민족주의가 갖는 전체에 대한 강조를 강화시키면서 파시즘적 경향으로 흐른 것이다. 일민주의의 등장의 시점 즉 여순사건, 반민특위 사건 그리고 이후 한국전쟁을 거치면서 강화되는 반공주의 등을 본다면, 일민주의는 남북의 이데올로기적 대립이라는 상황과 깊이 결부되어 있다. 그리고 일제와의 투쟁 및 그들의 지배 속에서 확립된 민족지상 및 국가지상주의적 사고—반일독립운동에서이든 친일이든지

---

55 서중석, 『조봉암과 1950년대』 上, 下 (서울: 역사비평사, 2000).

일정하게 공유한 부분이다—가 결합하고 또한 이승만 개인의 우상화 등과 결합하면서 일민주의는 파시즘적 이데올로기로 전환·강화된 것이다. '일민'이라는 틀 속에서 개인은 존재하지 않는 것이었고, 반공이라는 목표 속에서 어떠한 불순물도 '일민'을 구성하는 데 끼여들 여지는 없었다. 이승만 개인에 대한 우상화와 강력한 공권력으로서 경찰은 일민주의가 통치 이데올로기로서 작동할 수 있게 하는 국가장치였다. 당시 경찰 권력은 언론통제, 반공주의자 색출 등 이질적인 사고의 제거를 통해 정화(purification) 작업을 주도하였다.[56]

이후 박정희 정권의 경우 개발독재라는 명칭이 말해주듯이 경제이데올로기를 통해 국민을 동원했던 체제였다. 북한의 안보위협에 대응하여 '국민총화론, 총화단결론'을 내세웠고, 경제발전이라는 이름으로 국민을 동원하였다. 따라서 식민지 경험을 통해 드러났던 네이션을 구성하는 개인의 미약함이라는 문제는 제국주의로부터 해방되고 자주적인 국가를 형성하는 과정에서도 해결되지 않았다. 오히려 국가권력이 네이션으로부터 정당성을 부여받는 과정이 민주주의적이지 못한 까닭에, 즉 민족주의의 원칙과 내용으로서 민주주의의 부재 속에서 국가권력은 네이션을 압도하면서 네이션의 정치적 성장을 가로 막았다. 남한의 경험에서 네이션은 한국전쟁을 거치면서 반공의 주체로서 설정되고, 박정희

56 1970년대 전체주의에 대한 논의 속에서 드러났듯이, 일인통치, 사회적 단일성, 국가와 인민의 일치 그리고 지도자 및 정치체의 단일성, 비밀경찰 등은 히틀러와 스탈린의 두 체제를 공통적으로 규정하는 전체주의의 공통된 특징이었다. H. Arendt, 『전체주의의 기원』; C. Lefort, *Un homme trop. Refléxion sur l'archipel du Goulag* (Paris: Seuil, 1976).

시기에는 이에 덧붙여 개발의 주체로서 설정된다. 제국주의에 대한 저항의 주체로서 네이션이 형성되기 시작한 이래 그 구성원들은 항상 전체로서 네이션의 구도 속에 배치된다.[57] 개인에 대한 네이션의 우위가 근대초기이래 일차적인 현상이었다면, 이차적으로 국가와의 관계 설정에서 국가권력에 의한 네이션의 독점이 발생하였다. 이것은 개인의 권리에 대한 국가권력의 비정상적인 우위로 나타난다. 정치적 공동체로서 네이션이 선언되지만 국민국가 건설의 초기 단계에서 네이션은 실질적인 주권자로서 자리매김되지 못하였다.[58] 결국 식민지경험을 통해 형성된 제3세계 민족주의가 내재적으로 스스로의 한계를 극복할 민주주의적 장치와 운동을 포섭해내지 못한다면 파시즘의 이데올로기로 전락할 수밖에 없게 된다.

---

57 손호철·김윤철(2003)은 해방 이후 한국정치를 특징짓는 중요한 요소 중의 하나로 국가주의(statism)를 들고 있다. '시민사회에 대해 국가가 힘의 우위와 주도성을 확보하고 있는 것'을 국가주의로 정의하면서 그 기원을 식민지 유산으로서 과대성장국가, 한국전쟁, 국가주도형 산업화를 들고 있다. 일견 타당하지만, 이러한 강한 국가주의는 한국에서의 내셔널리즘과의 연관 속에서, 즉 근대형성기부터 그 연원을 찾을 필요가 있다.

58 해방 직후 좌우대립의 과정에서 '민족'은 시대정신이었지만, 분단과 전쟁을 겪으면서 '민족'은 구시대의 퇴물로서 취급된다. 1950년대는 이승만의 일민주의와는 다른 방향 속에서 사회적으로 '자유'와 '민주주의'에 대한 강조가 등장한다. 특히 자유의 가치에 대한 옹호, 인간이라는 추상의 발견, 부조리로서의 세계 폭로 등 1950년대 한국의 실존주의가 우파적 계기들과 결합하였다. 권보드래·천정환, 『1960년을 묻다』 (서울: 천년의 상상, 2012), 6장, 10장.

V. 글을 나가면서

민주주의는 일정 의미의 제도적 형식이나 절차의 문제에 한정되는 것이 아니라 민주주의적 운동으로서 이해되어야 한다. 1987년 민주화는 절차적 민주주의의 제도화라는 것에 한정되는 것이 아니라, 통치와 억압의 대상으로 남기를 거부하면서 저항적 주체로서 존재해 왔던 네이션이 자신의 정치적 결정에 의해 국가권력을 정당성을 부여했다는 의미를 지닌다. 즉 국민이 정치적 주체로서 스스로를 확립시킴으로써 국가권력의 주권자로서 등장했음을 의미한다. 저항의 주체에서 정치의 실질적인 주체로서 스스로를 확립시키는 과정은 한반도에서 근대와 함께 시작되었다. 하지만 국가주의 혹은 민족주의의 과잉 속에서 내부적 균열과 차이들이 봉합되었던 점을 지적해야 한다. 외부적 계기들에 의한 국가권력의 확립과 그들에 의한 네이션의 억압은 단일한 네이션을 상정하게 하였고, 그것은 곧 네이션 내에 존재하는 이해관계의 대립과 갈등에 대한 선험적 봉합으로 이어져 왔다. 네이션을 구성하는 개인들은 일정하게 설정된 목표를 위해 방향지워진 네이션 혹은 민주화세력이라는 이름 하에서 그들의 개인성의 발달보다는 그 목표를 자신의 목표로 체현하도록 규정되었다. 해방이후 사회에서 반공주의와 개발 이데올로기, 민주화 이데올로기 등 지배적 이데올로기는 사회 내에서 존재하는 상이한 지향성을 지닌 이데올로기 및 이데올로기 집단의 발달을 저지하였다.

하지만 현재의 시점에서 반공주체, 개발주체 혹은 민주화의 주체로서 동원되었던 개인들은 이제 신자유주의가 요구하는 경쟁주체에 한정되려 하지 않는다. 무엇보다도 1980년대의 경험이 그들로 하여금 부과된 단일의 주체로 머물게 하지 않기 때문이다. 그리고 90년대 이후 '신세대' 문화의 확산과정의 이면에 내재한 개인적 삶의 질 향상 및 자율적 삶의 자기조직화, 자아실현에 대한 욕구 등의 확대를 통해 나타나는 '욕망의 정치'라는 새로운 변수를 작동시키면서 좌/우 이데올로기의 선형적 스펙트럼에 변형을 가하고 있다. 이제 국가주의 혹은 민족주의의 과잉 속에서 상정되고 호명되었던 거대한 단일주체는 개인의 욕망과 의지에 기반한 다양한 권리의 주체로 대체되고 있는 것이다. 하지만 우리는 그러한 개인들로 구성된 공동체의 가치와 덕목을 동시에 고려해야 한다. 다만 지난 시기 있었던 공동체의 과잉이나 개인의 과잉이 아닌 그 사이의 어느 지점을 찾아야 한다.

참고문헌

강정인 외. 2002. 『민주주의의 한국적 수용』. 서울: 책세상.

강정인·하상복. 2013. "안호상의 민족주의에 대한 비판적 성찰: 전체와 동일성의 절대화." 『인간, 환경, 미래』. 10호.

권보드래·천정환. 2012. 『1960년을 묻다』. 서울: 천년의 상상.

권혁범. 2000. 『민족주의와 발전의 환상』. 서울: 솔.

금인숙. 2010. "한국 민족주의의 형성과 이념체계: 박헌영의 맑스주의 혁명이념 중심으로." 『한국민족주의와 변혁적 이념체계』, 파주: 나남.

길진숙. 2004. "《독립신문》, 『매일신문』에 수용된 '문명/야만' 담론의 의미층위." 이화여대 한국문화원. 『근대계몽기 지식 개념의 수용과 그 변용』. 서울: 소명출판.

김동택. 2004. "『국민수지』를 통해 본 근대 '국민'." 이화여대 한국문화원. 『근대계몽기 지식개념의 수용과 그 변용』. 서울: 소명출판.

김성수. 2004. "일제강점기 사회주의 문학에 나타난 민족 및 국가주의." 『민족문학사연구』. 24호.

김수자. 2004. "이승만의 一民主義의 제창과 논리." 『韓國思想史學』. 제22집.

김수자. 2005a. "1948–1953년 이승만의 권력강화와 국민회 활용." 『역사와 현실』. 55호.

김수자. 2005b. 『이승만의 집권초기 권력기반 연구』. 서울: 경인문화사.

김영작. 2006. "한국민족주의의 전체성: 사상사적 갈등구조를 중심으로." 김영작 편. 『한국 내셔널리즘의 전개와 글로벌리즘』. 서울: 백산서당.

김일영. 2010. 『건국과 부국』. 서울: 기파랑.

김혜수. 1995. "정부수립 직후 이승만 정권의 통치이념 정립과정." 『이대사원』. 28호.

박주원. 2004. "《독립신문》과 근대적 '개인,' '사회' 개념의 탄생." 이화여대 한국문화원.『근대계몽기 지식 개념의 수용과 그 변용』. 서울: 소명출판.

박명림. 1996. "한국의 국가 형성, 1945-48: 미시적 접근과 해석." 이우진·김성주 공편.『현대한국정치론』. 서울: 사회비평사.

박명림. 1998. "1950년대 한국의 민주주의와 권위주의."『1950년대 남북한의 선택과 굴절』. 서울: 역사비평사.

박윤재. 2003. "양생에서 위생으로: 개화파의 의학론과 근대국가건설."『사회와 역사』. 63.

박찬승. 2002. "20세기 韓國 國家主義의 起源."『韓國史硏究』. 117.

빅친승. 1992.『한국근대 정치사상사연구』. 서울: 역사비평사.

박찬승. 2007.『민족주의의 시대: 일제하 한국 민족주의』. 서울: 경인문화사.

박찬표. 1997.『한국의 국가형성과 민주주의』. 서울: 고려대학교 출판부.

박한용. 2000. "안재홍의 민족주의론."『韓國史學報』. 제9호.

서재원. 2005. "나혜석 문학연구: 근대적 여성주체 형성과정을 중심으로."『현대문학이론연구』. 25권.

서중석. 1985. "일제시대 사회주의자들의 민족관과 계급관."『한국민족주의론 III』. 서울: 창작과 비평사.

서중석. 1995. "한국에서의 민족문제와 국가." 한국사연구회 편.『근대국민국가와 민족문제』. 서울: 지식산업사.

서중석. 1996.『한국현대 민족운동연구』. 서울: 역사비평사.

서중석. 1998. "이승만정권 초기의 일민주의와 파시즘." 역사문제연구소 편.『1950년대 남북한의 선택과 굴절』. 서울: 역사비평사.

서중석. 2000.『조봉암과 1950년대』. 上, 下. 서울: 역사비평사.

서중석. 2005.『이승만의 정치이데올로기』. 서울: 역사비평사.

성주현. 2012. "신간회 운동과 민족주의 좌파 세력." 민세안재홍선생기념사업회 편.『안재홍과 신간회의 민족운동』. 서울: 선인.

손유경. 2012.『프로문학의 감성구조』. 서울: 소명출판.

손호철·김윤철. 2003. "국가주의 지배담론: '일민주의'에서 '국가경쟁력 강화론'

까지." 조희연 편.『한국의 정치사회적 지배담론과 민주주의 동학』. 서울: 함께 읽는 책.
송호근. 2011.『인민의 탄생』. 서울: 민음사.
송호근. 2013.『시민의 탄생』. 서울: 민음사.
쓰키아시 다쓰히코. 최덕수 역. 2009.『조선의 개화사상과 내셔널리즘』. 파주: 열린책들.
신기욱. 2009.『한국민족주의의 계보와 정치』. 서울: 창비.
안재홍. 1945.『신민족주의와 신민주주의』, 서울: 민우사.
안호상. 1950.『일민주의의 본바탕』. 서울: 일민주의연구원.
안호상. 1952.『世界新思潮論』上, 中. 부산: 일민주의보급회총본부.
안호상. 1953.『민주주의의 역사와 종류』. 서울: 일민출판사.
안호상. 1956. "일민주의와 민주주의."『화랑의 혈맥』.
양우정. 1949.『이대통령 건국정치이념: 일민주의의 이론적 전개』. 서울: 연합신문사.
연정은. 2003. "안호상의 일민주의와 정치·교육 활동."『역사연구』. 12호.
오상무. 2005. "현대 한국의 국가철학: 안호상을 중심으로."『범한철학』. 36집.
우남전기편찬회 편. 1958.『우남노선』. 서울: 명세당.
윤건차. 1987.『한국근대의 교육과 사상』. 서울: 청사.
윤건차. 2005.『한일 근대사상의 교착』. 서울: 문화과학사.
이나미. 2001.『한국 자유주의의 기원』. 서울: 책세상.
이병수. 2008. "문화적 민족주의의 맥락에서 본 안호상과 박종홍의 철학."『시대와 철학』. 19권 2호.
이병수. 2009. "문화적 민족주의와 현대 한국철학: 고형곤, 박종홍, 안호상의 문제의식을 중심으로."『인문학논총』. 47집.
이상경. 1999. "나혜석: 한 페미니스트 자유혼의 패배."『자유라는 화두』. 서울: 삼인.
이승만. 1949.『일민주의 概述』. 서울: 일민주의보급회.

이재석. 2006. “척사위정사상과 내셔널리즘.” 김영작 편. 『한국내셔널리즘의 전개와 글로벌리즘』. 서울: 백산서당.
임종명. 2005. “제1공화국 초기 대한민국의 가족국가화와 內破.” 『韓國史硏究』. 130.
임종명. 2006. “이승만대통령의 두 개의 이미지: 국부·최고영도자.” 『한국사시민강좌 38』. 서울: 일조각.
임지현. 1999. 『민족주의는 반역이다』. 서울: 소나무.
장동진. 2005. “식민지에서의 ‘개인,’ ‘사회,’ ‘민족’의 관념과 자유주의: 안창호의 정치적 민족주의와 이광수의 문화적 민족주의.” 『한국철학논집』. 제16집.
전명혁. 2001. “식민지 시대 민족해방운동의 근대적 성격과 민주주의.” 조희연 편. 『한국의 민주주의와 사회운동의 동학』. 서울: 나눔의 집.
전재호. 2012. “한국 민족주의의 반공 국가주의적 성격: 식민지적 기원과 해방 직후의 전개양상.” 『식민지 유산, 국가 형성, 한국 민주주의』. 서울: 책세상.
정상호. 2013. 『시민의 탄생과 진화』. 원주: 한림대출판부.
정영훈. 2004. “통일지향 민족주의의 정치사상: 해방 후 중도우파 세력의 통일국가 수립노선을 중심으로.” 『정신문화연구』. 27권.
정용화. 2006. “근대적 개인의 형성과 민족: 일제하 한국자유주의의 두 유형.” 『한국정치학회보』. 40집 1호.
정해구. 2001. “한국의 국가형성과 민주주의.” 조희연 편. 『한국의 민주주의와 사회운동의 동학』. 서울: 나눔의 집.
조은정. 2009. 『권력과 미술: 대한민국 제1공화국의 권력과 미술』. 서울: 아카넷.
최장집. 1996. 『한국민주주의의 조건과 전망』. 서울: 나남.
하정일. 2009. “자율적 개인과 부르주아 결사로서의 민족.” 문학과사상연구회. 『이광수 문학의 재인식』. 서울: 소명출판.
한수영. 2009. “이광수 소설에서의 자유주의와 개인주체.” 문학과사상연구회. 『이광수 문학의 재인식』. 서울: 소명출판.
후지이 다케시. 2012. 『파시즘과 제3세계주의 사이에서: 족청계의 형성과 몰락을 통해 본 해방 8년사』. 서울: 역사비평사.

히야마 히사오. 정선태 역. 2000.『동양적 근대의 창출』. 서울: 소명출판.

Arendt, H. 박미애 역. 2006.『전체주의의 기원』I, II. 파주: 한길사.

Cumings, B. 1986.『한국전쟁의 기원』1권. 서울: 일조각.

Duncan, John, 1998. "Proto-nationalism in Premodern Korea." *Perspectives on Korea*. Ed. Sang-Oak Lee and Duk-Soo Park. Sydney: Wild Peony.

Elias, N. 박미애 역. 1999.『문명화과정』I, II. 서울: 한길사.

Gellner, E. 1983. *Nations and Nationalism*. Oxford: Blackwell.

Greenfield, L. 1992. *Nationalism: Five Roads to Modernity*. Cambridge: Harvard University Press.

Lefort, C. 1976. *Un homme trop. Refléxion sur l'archipel du Goulag*. Paris: Seuil.

Moore, B. 진덕규 역. 1985.『독재와 민주주의의 사회적 기원』. 서울: 까치.

8장 제5공화국의 경제정책과 국민정체성의 변화 : 자유의 지향과 새로운 인간형

소진형 (서울대)

I. 서론

제5공화국의 경제담론과 국민 정체성에 대한 이 시론적 글은 다음과 같은 궁금증에서 시작되었다. 박정희시대의 국가에 의한 동원과 국민형성을 설명해줄 수 있는 비판적 연구들이 존재한다. 한편 IMF 이후 과거의 "국민"으로 보기는 어렵지만 현재 한국정치공동체의 구성원이라 할 수 있는 신자유주의의 규율을 내면화한 주체들에 대한 연구 역시 존재한다. 박정희 정권에 의해 국가주의적, 민족주의적으로 정향된 1960, 70년대의 정치구성원들과 20세기 말 21세기 초의 정치구성원들의 정체성은 동일한 정치공동체의 구성원이라고 보기 어려울 정도로 그 차이가 크다. 30, 40년의 시간적 차 속에서 단절적으로 보일 정도로 정체성의 차이가 크다면, 그 사이의 정치 구성원들의 정체성은 어떤 방식으로 존재했는가? 이것이 본 논문이 던지는 첫 번째 의문이다.

이러한 의문을 던지게 된 이유 중 또 다른 이유 중 하나는 1980년대에서 IMF 이전까지 국민적 정체성에 대한 연구가 부재하다는 점이다. 박정희 정권과 전두환 정권의 공통점은 권위주의 발전국가라는 점이다. 두 정권은 경제정책, 새마을운동, 국민교육헌장 등을 통해 국민들을 동원하고 권력을 정당화하고자 했다. 그렇다면 박정희시대와 전두환 정권은 어떻게 다른가? 다시 말해 두 정권은 어떤 방식으로 국가를 묘사하고 국민들을 동원했는가?

이와 같은 의문을 갖고 본 글은 전두환 정권 시기의 경제정책과 국민정체성과의 관계를 시론적으로 설명해보고자 한다.[1] 경제정책을 통해

1 최근 1980년대 경제개발의 방식과 새로운 국민적 정체성의 형성에 대한 두 편의 박사논문이 나왔다. 오자은(2017)의 "박완서 소설에 나타난 중산층의 정체성 형상화 연구」"의 전반부는 1970년대부터 본격적으로 형성되고 확산된 중산층 담론의 구축과 확산에 대해 설득력있는 설명을 제시한다. 박해남(2018)의 "서울올림픽과 1980년대의 사회정치"는 1960, 70년대 정치위기가 어떻게 국가로 하여금 사회개조, 즉 사회정치를 기획하게 만들고, 그러한 사회개조가 1980년대부터 사회질서와 통합을 강조하면서 규율의 내면화로 이어지는지에 대해 서울올림픽을 중심으로 풀어나간다. 이 두 논문은 국가정책의 목적의 측면보다는 효과적 측면에 초점을 맞춰 1980년대의 새로운 욕망과 정체성의 형성을 설명한다.

국민의 정체성 형성을 설명하고자 하는 이유는 필자의 경우 경제가 일상을 구성하고 삶을 관리한다고 보기 때문이다. 경제정책, 경제제도와 법의 변화는 경제적 삶의 지향, 목표, 그리고 태도를 결정한다. 예를 들어 평생직장이 보장되는 경제체제 안에 사는 사람과 노동유연화가 최대한 이루어진 사회에서 사는 사람은 자신에 대한 규정, 삶의 태도, 목적이 다를 수밖에 없다. 결론적으로 말한다면 제5공화국의 역설적 존재양태 — 권위주의적 국가와 신자유주의 경제의 도입 — 이 박정희 시대에 국민으로 동원되었던 사람들의 정체성을 어떤 방식으로 바꾸었을지에 대한 가능성을 논하는 것이 이 글의 목적이다.

II. 제5공화국 경제정책의 방향과 그 정치적·경제적 배경

제5공화국 경제정책의 배경은 크게 두 가지를 들 수 있다. 하나는 정치적 배경으로 정통성 결여라는 정권의 한계이고, 다른 하나는 경제적 배경으로 70년대 중화학 주도 산업실패의 국내적·국제적 맥락이다. 제5공화국은 군사쿠데타를 통해 세워졌다는 점에서 정통성 부재라는 태생적 문제를 안고 있었다. 전두환 정부는 정치적으로 이승만과 박정희 정부와 같은 독재정치로의 복고를 의미했다. 먼저 쿠데타에 의한 정권이었고, 사회정화를 명목으로 정적을 숙청했다. 이승만이 반공, 박정희가 승공으로 민주주의에 대한 국민의 열망을 억압했다면, 전두환은 안보를 명분으로 삼았다. 또한 국가안전기획부와 국군보안사령부를 통치를 위해 동원했다는 점에서 정보경찰을 이용했던 이승만, 중앙정보부를 통치에 활용했던 박정희의 연장선 위에 있는 것으로 인식되었다.[2]

제5공화국은 광주민주화운동의 과정에서도 확인되듯이 민주화세력에 대한 정치적 탄압이 과도하게 이루어졌던 시기라고 할 수 있다. 그러나 아무리 정당성을 결여한 권위주의 정권이라고 하더라도 폭압만으로 통치를 하기는 어렵다. 그 정당성여부는 차치하고서라도 폭압은 비용이 많이 드는 통치방식이기 때문이다. 따라서 권위주의 체제 하의 정부도 정당성을 추구해야 한다. 정당성에 기반한 지배가 폭력에 의한 통치보다 훨씬 더 안정적이고 지속적이며, 자원의 투입을 최소화하여 효율적인 통치를 가능하게 하기 때문이다.[3]

쿠데타라는 비합법적 절차에 의해 정권을 잡았다는 사실은 선거에 의해 대통령이 되었던 박정희에 비해 신군부세력이 민주주의 정치제도를 이용하게 어렵게 만들었다. 따라서 전두환 정권이 성공적인 경제관리를 정부의제의 최우선에 두고 경제관리를 담당하는 중앙정부 부처 및 관련 기구를 사회정책을 담당하는 부처나 기구보다 훨씬 잘 정비하고 우월한 지위에 위치시킨 것[4]은 부족한 정치적 정당성을 경제성장과

---

2 한국정치외교학회, "10.26과 전두환 정권," 『한국정치외교사논총』 15 (1997), pp. 265–266.

3 주재현, "권위주의 체제하 한국 국가엘리트의 정책추진 동기와 학습효과에 관한 연구," 『한국정책학회보』 7/2 (1998), p. 291.

4 주재현, "권위주의 체제하 한국 국가엘리트의 정책추진 동기와 학습효과에 관한 연구," p. 291. 경제성장은 당시 개발국가들이 성취해야 하는 목적이기도 했지만,

안정으로부터 메꾸고자 한 시도라고도 볼 수 있다.

제5공화국은 기존의 산업구조를 개편하고 경제성장을 이룸으로써 정통성문제를 해결하고자 했다. 그리고 그 명분은 당시의 경제상황에서 찾을 수 있었다. 당시 신군부가 직면하게 된 경제적 상황은 불황, 인플레이션, 그리고 마이너스 성장이라는 경제위기였고, 이에 대한 원인분석이 전두환 정권의 경제정책의 방향성에 영향을 주게 되었다.

잘 알려져 있다시피 석유파동 시 한국은 중화학 공업위주 정책으로 전환했기 때문에 심각한 경제타격을 입을 수밖에 없었다. 1970년대 세계경제가 불황 중에 있을 때 한국은 중화학공업에 매진하기 시작했고, 그 과정에서 엄청난 규모의 외자를 도입했다. 1973년 석유파동 후 석유값이 폭등하고 있을 때 중화학공업화를 시작했기 때문에 이에 기업들은 호응하기 어려웠다. 정부의 직접적인 투자지침과 민간자본을 유인하기 위한 정부의 유인책에 따라 중화학공업분야에 집중적 투자가 이루어 졌고,중복적이고 경쟁적인 과잉투자가 이루어지게 되었다. 기업들의 재무구조는 취약해지고 가동률의 저하되었으며, 운용자금의 부족현상이 나타났다. 이에 따라 1980년대 초 많은 중소기업들이 도산하거나 부실화되고, 재정적자를 메꾸기 위해 초과통화공급을 한 결과 심각한 인플레이션 상승이 나타났다. 수출진흥을 위해 원화를 평가절하한 것 역시 통화팽창의 원인이 되어서 저성장과 외채의 증가로 이어졌다.

한편 박정희 정권의 중화학 중심 공업화의 실패는 결국 국가의 경제

동시에 군사정권의 정치적 정당성을 제공하는 레토릭이기도 했다. 경제민족주의와 국가의 관계에 대해서는 맥마이클(2013, 108-111)을 참조할 것.

개입에 대한 비판으로 이어지게 되었다. 정부는 기업들을 중화학 공업으로 유인하기 위해 특혜와 노동통제를 강화시켰고, 이는 노동계급에 대한 불만으로 이어지면서 사회적 불안정성의 원인이 되었다. 국제경기와 국내경기의 침체, 그리고 그 원인이 국가의 과도한 경제개입의 부작용 때문이라는 판단으로 인해 정권에 대한 지지율 하락으로 나타났다. 집권 후 경제위기의 원인이 과도한 국가개입에 있다고 판단한 전두환 정권은 권위주의 정치체제를 유지하면서 경제문제 해결의 원칙으로 경제자유화를 선택하게 되었다.

제5공화국의 경제정책의 배경에는 1980년대 경제개방에 대한 국제적 압력 역시 작용했다. 1970년대까지 한국은 외국의 직접투자와 상품수입을 엄격하게 규제했고, 1980년대까지 수입자율화율은 대만과 일본에 비해 현저히 낮은 수준을 유지했다. 1980년 이전에 개방을 요구하는 국제적 압력의 강도는 상대적으로 약했고, 박정희 정권은 이를 효과적으로 관리할 수 있었다. 그러나 1980년대에 이르면 2차 석유파동과 함께 세계경제가 위축되면서 선진국들이 대내적으로 보호무역주의를 강화하고 대외적으로 개방의 압력을 높여나갔다. 큰 폭의 대한 무역적자를 기록하고 있던 미국은 1980년 이후 미국 내의 무역적자가 중요한 정치적 이슈가 되면서 보호무역주의를 확립하고 한국의 국내시장을 개방하라는 정치적 압력을 가하게 되었다.

특히 제2차 석유파동은 높은 인플레이션을 수반하는 고도성장보다 안정된 경제성장이 중요하다는 사실을 인식하게 했다. 유인구조, 공공투자대상, 재정과 부채관리, 경제제도 등에 대한 부분적인 조정을 통해 국제시장의 변동에 대한 적응력을 높이고 안정적인 성장구조로의 전환이 필요하다는 사고들이 나왔다. 이러한 사고들은 국가개입을 기본적인 정책기조로 하면서도 국가주도의 경제운영으로부터 민간부문의 비중과 시장 기제에 대한 의존도를 넓혀가야 한다는 주장을 담고 있었다.

전두환 정권이 당시의 경제상황을 정부의 개입의 문제라고 규정하고 빠르게 경제자유화를 선택하게 되었던 이유는 위와 같은 사고를 하던 시장지향적 개혁파, 즉 경제기획원이 재무부, 상공부보다 우위에서 정책의 주도권을 잡았기 때문이다. 1970년대 이후 경제정책결정 조직 내에는 통제정책을 지지하는 고위정치지도자와 산업정책 옹호자들과, 시장지향적인 경제운용방식을 주장하는 경제관료들이 존재했다. 전자의 경우 수출과 중화학산업의 심화를 위해 산업계획과 다양한 통제와 직접적 개입을 주장해왔으나, 1970년대 말 경제위기에 직면하게 되면서 1978년 경제부처 각료의 개각을 통해 개혁파들이 정책결정에 있어서 유리한 고지를 차지하게 되었다.

70년대 후반 안정화시책을 주도했던 경제기획원관료(강경식, 김재익, 김재일, 박유광 등)들과 기획원에서 정책형성과정을 지원했던 KDI 주역들(사공일, 김기환 등)은 대부분 미국 유학경험을 통하여 신고전파 경제학을 공부한 신진그룹들이었다. 이들은 안정화 시책을 총괄했던 경제기획원의 장관, 차관, 국장 등의 주요 보직을 거쳐 80년대 초 전두환 정부 하에서 단행된 대대적인 경제부처 간 인사이동으로 재무부와 상공부의 주요 요직을 차지하면서 타 경제부처의 안정화 시책에 대한 반발과 저항을 제어해 나갔다.[5] 또한 1970년대 중화학 공업화를 거치면서 대기업들이 급속하게 성장한 것도 경제분야에 대한 국가의 자율성 및 능력의 약화를 가져왔다.[6]

전두환에게 경제안정과 성장이라는 과제는 시급한 정치적 임무이자 체제존립과 직결되는 문제일 수밖에 없었다. 따라서 경제위기를 타개하기 위해 정부의 경제개입을 축소하는 산업 구조 조정을 실시, 중화학공업화정책의 합리화, 즉 화학 공업 부문의 과다중복투자를 조정하는 주요 중화학 공업부문 통폐합(자동차, 중전기기, 발전 설비 등)과 부실기업 정리를 통한 인수합병(국제그룹의 해체 등) 등의 조치를 취했다. 이 과정에서 국가는 제조업 부문의 공기업 민영화, 기술개발 지원, 공업발전기금 조성 등 산업구조조정의 체계 아래 집중적인 지원체계를 마련한다. 한편 국가주도의 내외자 조달체계가 한계에 직면하면서 긴축재정, 엄격한 통화관리, 임금동결, 보조금 삭감, 수입자유화, 금융자유화 등 민간중심의 경제운용으로 방향을 전환하게 된다. 당시 국내자본은 이미 은행자율화 및 민영화, 금융시장 개방을 주장했고, 국가 역시 이를 수용하면서 정책의 기본방침으로 확정하게 된다. 그 후로 독점자본과 금융자본의 결합은 심화되고, 1980년대 이후 자본의 경제적 지배력이 강화되면서 국가는 자본의 축적 기제를 보완하고 촉진하는 역할을 맡은 것으로 점차 자신의 역할을 조정하게 되었다.

제5공화국의 경제자유화정책은 시장원리의 효율성을 높이고 국제경

---

5 윤홍근, "한국정부의 경제적 역할변화와 시장제도의 변화," 『한국정치연구』 22/1 (2013), p. 172. 전두환과 이들의 관계에 대해서는 정윤재(2000), 경제기획원의 성격과 역사에 대해서는 윤홍근(2013)을 참조할 것.

6 Shafer, D. Michael, "The Political Economy of Sectors and Sectoral Change: Korea Then and Now," *Business and the State in Developing Countries* (Ithaca: Cornell University Press, 1997).

쟁력을 제고하기 위해 국가주도로 이루어진 산업구조조정이라고 할 수 있다. 경제자유화정책의 일차적인 목표는 경제위기의 해결이었고, 그 경제성장의 대가로 권위주의 정권을 유지하는 것이 궁극적 목표였다고 할 수 있다. 그러나 제5공화국의 산업구조조정은 안정과 성장을 회복함으로써 경제적으로 성공을 거두었고, 이 시기는 "경제자유화"시기로 명명되기도 한다.[7] 그러나 아이러니하게도 정권의 안정에는 실패하는 결과를 낳게 되었다. 역설적이게도 정권안정의 실패는 경제적 성공의 결과 혹은 효과였다고 할 수 있다.

표1. 박정희 정권과 전두환 정권의 경제개발계획의 차이 비교
(출처: 경제기획원 1982)

	제3차계획(72–76)	제4차계획(77–81)	제5차계획(82–85)
계획의 목표	1) 성장·안정·균형의 조화 2) 자립적 경제구조 실현 3) 지역개발의 균형	1) 성장·형평·능률 2) 자력성장구조의 실현 3) 사회개발의 촉진 4) 기술혁신과 능률향상	1) 안정·능률·균형 2) 경제안정기반정착 3) 고용기회와 소득증대 4) 국민복지의 증진
경제 성장률 (목표치)	8.6%	9.2%	7.6%

7 김용복, "경제자유화시기에 있어서 산업조정의 정치," 서울대학교 박사학위논문 (1996).

개발 전략 (정책 과제)	1) 주곡의 자급화 2) 농어촌 생활환경 개선 3) 중화학공업건설로 공업의 고도화 4) 과학기술향상과 인력개발 5) 사회간접자본의 균형적 확대 6) 국토자원의 효율적 개발, 산업 및 인구의 적정분산 7) 사회보장과 국민복지 향상	1) 투자재원의 자력조달 2) 국제수지 균형의 달성 3) 산업구조의 개편과 고도화 4) 새마을 사업의 확대 5) 과학기술투자의 확대 6) 경제운용과 제도 개선	1) 물가안정의 달성 2) 비교우위산업의 육성 3) 투자효율의 극대화 4) 시장경쟁의 촉진 5) 대외개방의 적극화 6) 새로운 노사관계정착 7) 사회개발의 확충
공업화 기조	수출주도형 중화학공업 건설	기술·고용집약공업개발	선진국형 공업화 지향

제5공화국의 경제정책은 비약적인 성공을 이루었다. 1981년 경제성장률은 1980년 3.7%에서 5.9%로 호전되었고, 국민총생산은 증가했으며, 물가가 안정되었다. 1986년부터 1988년까지 42억 달러, 77억 달러, 114억달러의 무역흑자를 냈다. 또한 연평균 12.7%의 경제성장률(12.9%, 12.9%, 12.4%)와 4.3%의 소비자 물가상승률(2.8%, 3.0%, 7.0%)을 유지하였다.[8]

8 대한상공회의소 1990/7/9. 이러한 수치를 1979년과 비교해보면 그 차이가 분명해진다. 1979년 국민저축률은 25%였지만, 1988년은 34%, 물가상승률의 경우 1979년 20%, 1980년 44%로 높았으나, 1983-1987년 도매물가상승률은 연평균 2.7%로 안정적이 되었다. 소득격차를 지니는 지니계수도 1980년 0.39에서 1988년 0.34로 축소되어 격차가 줄어들었다. 전두환 정권 시기에 국민소득은 2.3배 늘었고, 무역적자구조는 무역흑자로 바뀌었다. 이처럼 국정의 효율성 측면에서는 인정할만한 성과가 이 시기에 나타났다(윤해수 2006).

경제적 성공에도 불구하고 정권의 안정은 이루어지지 않는데, 산업구조조정을 거치면서 경기가 회복, 5공화국 기간 중 가장 경제적 호황을 누리던 시기에 민주화를 요구하는 반정부항쟁이 발생했고, 전두환의 권위주의 정권은 무너지게 되었기 때문이다. 권위주의 체제는 1987년에 한계를 드러내기 시작했다. 1월에 박종철 고문치사사건, 4월 직선제 개헌을 무산시킨 4·13 개헌논의 금지 담화, 그리고 6·10 5공화국 헌법에 의거, 노태우 민주정의당 대표위원이 대통령 후보로 결정되었다.[9] 이러한 조치들은 국민들의 불만을 폭발하게 만드는 기폭제가 되었고, 6월 항쟁으로 이어졌다.[10]

제5공화국의 경제자유화 정책은 경제영역에서 국가의 경제에 대한 직접적 개입과 통제를 막고 간접적 규제의 형태로의 개입을 지향함으로써 국가의 통제력을 약화시켰다. 과거 국가의 통제 하에 있던 대자본과 기업들은 국가에의 의존도를 낮추게 되었다. 노동계급에 대한 정권차원의 강압적 탄압과 저임금구조에 의한 경제 안정화 추진은, 중화학 공업화를 통해 수적 팽창을 해온 노동계급의 조직화와 정치적 각성의 계기가 되었다. 그리고 노동운동은 민주화운동, 그리고 학생운동과 결합하면서 본격적으로 가속화되었다. 그리고 이전에 보수적이고 안정 지향적인 면모를 보였던 중간계급은 산업구조조정이 가져온 경제적 호황기가

---

9 김현우, 『한국 정당통합 운동사』 (서울: 을유문화사, 2000), p. 612.

10 신명순, 『한국정치론』 (서울: 법문사, 1993), p. 162. 성경륭은 "한국 정치민주화의 사회적 기원: 사회운동론적 접근"(1995)에서 민주화 이행이 저항하는 대중의 요구를 지배세력이 받아들일 수밖에 없는 상황을 강조한다.

1987년 체제개방에 이르는 과정에서 진보적이고 변혁 지향적인 행동을 보였다.[11]

이와 같이 제5공화국의 경제정책의 지향과 결과는 모두 "자유"와 연관되어 있다. 경제자유화는 자본과 기업, 노동자, 그리고 민주화세력으로 하여금 국가로부터 "자유"를 지향하도록 하였다.[12] 신군부세력이 정

---

11 한편 중산층의 태도변화는 사회운동세력의 전략적 온건화와 밀접한 관계를 갖는 것으로 보인다. 5·3인천사건 이후 운동세력에 대한 탄압과 고립적 상황에 대한 평가와 반성 속에서 국민운동본부는 온건화 경향을 드러냈다. 이러한 온건화 경향은 학생운동에서도 나타난다. 일례로 1986년 10월 28일 건국대에서 개최된 '전국 반외세, 반독재 애국학생 투쟁연합(애학투련)' 결성식 때 전두환 정권이 건국대를 원천봉쇄하고 집회 사흘 만에 1525명 연행, 1288명을 구속하자 비폭력노선과 대중화 노선이 강조되었다(서중석 2011, 219). 오자은(2017)은 박정희 정권의 발전, 건설, 빈곤과 같은 키워드들이 전두환 정권에서 선진조국이라는 말로 확정된다는 점을 지적하면서,《경향신문》1985년 6월 10일 신문을 인용한다. "중산층의 육성은 전두환 대통령이 기회 있을 때마다 지시해 온 것이지만, 중산층에 대한 관심은 국가 발전의 원동력으로서 뿐만 아니라 체제 안정을 담보하는 중심세력으로서 중산층이 갖는 역할이 결정적으로 중요하다는 인식이 더욱 커져가고 있다"라는《경향신문》의 기사는, 중산층이라는 새로운 정체성이 국가에 의해 강조되고 있다는 점을 보여준다. 그런데, 중산층에 대한 강조는 중산층에 대한 규정과 의미로 이어질 수밖에 없다.《동아일보》1981년 6월 11일 기사는 선진국과 한국의 물가를 비교하면서 소비자적 관점에서 선진국과 한국의 중산층을 비교한다.

12 예를 들어 위의《동아일보》1981년 6월 11일 기사에는 한국의 중산층이 선진국의 중산층보다 억울하다고 주장한다. 이 기사에 따르면 우리나라의 소비자 특히 '중간소득계층은 억울'한데, 왜냐하면 미국의 중산층에 비해 소득은 7분의 1정도로 적으면서 물가는 비싸기 때문이다. 이 기사의 흥미로운 점은 중산층을 한국의 다른 계층이 아니라, 서구의 중산층과 비교함으로써 두 가지 측면에서 중산층을 재정의하고 있다는 점이다. 하나는 관세와 밀접하게 연관되어 있는 소비자가격 정책이나, 국가의 중산층 정책에 대한 비판자로서의 중산층이고, 다른 하나는 구매자로서의 중산층이다. 자유주의 경제와 밀접한 연관이 있는 존재로

권의 정당성을 확보하기 위해 선택한 경제자유화라는 프레임이 자유라는 지향에 맞춰 사람들의 경험을 조직해낸 결과로 이어졌다고 볼 수 있다.[13] 권위주의 국가가 과도한 국가개입의 부작용을 시정하고 경제자유화를 산업구조조정을 국가주도하에 실시한다는 모순은 국가에 대한 사고를 복잡하게 만든다. 첫째, 경제와 사회에 대한 국가의 강압적 개입을 인정하더라도 그 개입은 일시적이며 경제 혹은 사회에 대한 국가의 영향력은 축소되어야 한다. 둘째, 자유개념을 통해 이해되는 국가는 박정희 시기의 국가와 달리 개인과 대립되는 것으로 인식된다. 개인과 국가의 분리는 신자유주의 정책을 추구하는 경제관료들에 의한 경제정책뿐만 아니라, 박정희 정권 때 이루어졌던 국민 만들기의 해체라는 차원에서도 접근해 볼 수 있다.

서 중산층을 규정하고 있다는 점에 주목할 필요가 있다.

13 프레임(frame)이란 '개인들이 그들의 삶의 장 안에서 발생하는 것들을 인지하고 규정하도록 하는 해석체계(schemata of interpretation)'를 의미한다(Goffman 1974, 21). 고프만의 개념을 사회운동에 적용한 학자들은 사회운동의 프레임을 특정 사회운동이나 사회운동 참여자들이 지향하는 목표와 논리, 해석체계라고 규정한다(Snow et al. 1986, 464). 이 논리를 제5공화국의 경제자유화와 연관시키면 정치의 실패는 정부개입의 실패이자 기업과 개인의 자유가 최대한 보장하지 못하는 제도적·사회적 조건의 부당함으로 인한 것이라고 인식될 가능성이 있다. 프레임으로 민주화운동을 재해석한 논의로는 최종숙(2016)을 참조할 것.

III. 개인과 국가의 분리: 새마을운동과 국민교육헌장의 의미변화

1. 새마을운동과 국민동원의 실패

박정희 시대의 국민동원의 전형적인 사례는 새마을운동이다. 1970년 4월 22일 부산 지방행정 기관장 회의에서 '새마을 가꾸기 운동'을 주창한 데서 출발한 새마을운동은 '조국 근대화의 의지'를 지도이념으로 표방한[14] 국가 중심의 근대화 기획 내에 국민을 통합하려 했던 국민 동원 운동이었다.[15] 박정희 정권의 새마을운동은 강한 관주도로 시행되지만, 그 확산과정에서 대중은 길항, 수동적 동의, 자발적 동원 등 다양한 형태로 이에 참여하게 되었다. 즉, 새마을운동을 통해 1960, 70년대 대중은 '국민'으로 호명되고 국가와 자신의 숙명적 관계에 대해 사유하게 된다. 한편 국가는 대중들을 국민으로 호명함으로써 대중들의 사적 공간을 정치적 공간으로 전환시키고 규율을 내면화시킨다.

그러나 1980년대 새마을운동은 다르게 전개되었다. 먼저 새마을운동은 1979년 10·26사건 이후 그 열기가 빠르게 식었다. 일부 공무원들은 새마을지도과의 무용론과 함께 개명론을 들고 나오기도 했고(《경향

14 내무부, 『새마을운동 10년사』 (내무부, 1980), p. 61

15 김흥순, "근대화 프로젝트로서의 새마을운동에 대한 비판적 고찰: 1970년대를 중심으로," 『한국지역개발학회지』 12/2 (2000), pp. 25-27.

신문》 1980/02/15) 최규하 대통령은 제2분기 경제동향보고를 받는 자리에서 "새마을운동의 열기가 식어가는 것 같은 느낌이 든다"고 언급하며 새마을운동에 대한 대국민 홍보 강화를 당부하기도 했다(《경향신문》 1980/07/12). 새마을운동이 다시 되살아나기 시작한 것은 1980년 9월 2일 전두환의 11대 대통령 취임과 더불어 시작됐다. 전두환 정권은 새마을운동을 "80년대 새 시대 정신혁명운동으로 승화"시킨다는 명목 하에 한편으로는 1970년대 새마을운동을 재현·확장하려 했고, 다른 한편으로는 사회정화운동과 새마을운동의 접합을 통해 운동의 차별화를 꾀했다.

전두환 정권 시기 새마을운동은 농촌중심보다는 도시에서의 새마을운동의 확산, 발전과 민주주의의 토착화, 복지사회건설, 정의사회구현, 국민정신개조 등 4대 국가지표를 새마을운동을 통한 범국민적 운동화할 것을 강조했다. 새마을운동은 '국민통합', '바르게 살자는 도덕운동' 등으로 모호하게 정의되었다. "새 시대가 열렸네 우리 모두 힘을 모아 민주 복지 정의의 새 역사를 만드세"(《경향신문》 1980/12/12)라는 새마을 노래 5절 가사는 새마을운동의 새로운 지향을 보여준다. 즉, 전두환 정권은 1970년대 새마을운동을 물질 중심의 잘살기 운동이라고 비판하고, 1980년대 운동은 '국민 정신개혁의 사회운동'이 되어야 한다고 주장했다(《경향신문》 1980/09/04).

이러한 새마을운동은 당시 사회정화운동과 불가분의 관계에 있었다. 국가보위비상대책위원회(의장 최규하, 위원장 전두환)의 출발로 본격화된 사회정화운동은 공직자 숙정, 사회악 일소, 출판 및 정기간행물 정비, 학교정화운동, 과외금지 자격박탈, 재산몰수, 절차를 무시한 사법처리나

초법적 처벌, 삼청교육 등 사회의 상층부에서 미시적 생활영역까지 국가 통제·규제영역을 확장해갔고, 폭력적인 방법을 동원함으로써 공포정치의 수단으로 인식되었다.[16] 그러나 전두환 정권의 새마을운동은 박정희 시대와 달리 관주도의 국민동원운동이라고 보기에 어려운 측면이 있다. 이 시기 새마을운동은 민간에서 주도하며, 동원보다는 조직화된 준관료제적 면모를 보이기 때문이다.

박정희 정권 하의 새마을운동은 기본적으로 중앙협의회(협의조정) 4 시·도협의회(종합계획) 4시·군협의회(종합지도) 4읍·면추진위원회(종합추진) 4리·동개발위원회(협동적 사업추진)의 계층적 위계로 조직되었다. 각 시·도에 새마을지도과, 시·도·군에는 새마을과가 있고, 새마을 담당 부군수가 시·군 새마을과의 업무를 담당하며, 새마을계가 존재한다. 이와 같은 '새마을 행정' 체계는 국가의 의지를 직접적으로 말단까지 전달·실현하는 통로로 작용했다고 평가된다. 조직 운영과정에서 새마을계 지방공무원들은 농촌 새마을운동의 '숨겨진' 지도자, 국가와 농촌을 잇는 매개자, 중앙정부와 농촌마을 사이에서 조정자 또는 완충자로 활동했다.

반면 전두환 정권 하의 새마을운동은 새마을운동에서 공무원들이

16 1980년 9월 전두환 정권 출범 시기 이미 전국 시·읍·면·직장·학교 등지에 82,000여 개의 정화위원회가 설치됐고, 1,313,870명의 정화위원이 선임되었다. 12,533회에 달하는 결의대회에 연인원 8,076,100여 명이 참가했고, 정화운동 실천을 위해 각급 정화위원회가 141,354회나 열렸다(《동아일보》 1980/09/12). 사회정화운동은 1980년 10월 28일 국무총리 직속의 사회정화위원회로 조직화됐고 1989년 해체된다.

점차 사라지고 있음이 보인다.[17] 1981년 말 1975년 만들어진 새마을 담당 부군수 제도가 폐지됐고(《동아일보》 1981/10/26), 1988년 말에는 지방행정국 직제에서 새마을과가 사라졌다. 사라진 공무원의 자리를 메운 것은 중앙본부를 중심으로 한 민간 새마을운동 조직이었다. 과거 새마을 관련 공무원들은 전국 36,257개 마을을 일일이 방문하여 새마을 지도자, 마을개발위원 등과 접촉해야 했지만, 새마을 조직이 만들어진 이후에는 그럴 필요가 없었다. 말단 마을단위가 아니라 새마을 조직을 동원하는 것이 훨씬 효율적이었던 것이다. 또한 공무원의 공백을 최소화했던 것은 마을 중심에서 일 중심의 조직화로 마을단위 사업의 생활권역 사업으로의 확장, 곧 사업추진단위의 광역화가 이루어졌기 때문이다. 국가행정체계로서의 새마을운동이, 국가행정체계를 모방한 민간단체조직으로 대체된 것이다.[18]

관 주도 새마을운동을 민 주도로 전환하면서 정부는 새마을조직을

17 윤충로, "새마을운동 이후의 새마을운동: 1980년대 이후를 중심으로," 『사회와 역사』 109 (2016).

18 1984년 새마을운동중앙본부에 입사하여 2013년까지 새마을운동 관련업무를 수행한 유○○은 본부 조직의 형성과정과 특성에 대해 다음과 같이 언급했다. "민간 단체화를 하는데 행정·재정적 지원은 내무부에서 담당한 것이고, 그러다 보니까 중앙회 조직은 거의 내무부 조직계통을 그대로 따랐고. 모든 규정이 다 그랬고. 그때 내무부, 담당 서기관, 사무관들이 파견 나와 있었어, 중앙본부에. 그 사람들이 와서 다 만든 거거든. … 공무원들이 만들었기 때문에 국가 행정하고 거의 비슷하게 갈 수밖에 없었어요. 그러니까 다른 사람들이 볼 때는 관변단체라고 할 수밖에 없는 것이고. … 나라 이름만 뺐을 뿐이지, 새마을운동중앙본부라는 이름만 거기다 갖다 넣었던 것뿐이니 … 70년대 때는 공무원들이 직접 새마을지도자를 활용해서 운동을 했다면, 80년대는 관과 민이 같이 하는 거지." 2015년 1월 29일 구술면담. 윤충로(2016)에서 재인용.

전폭적으로 지원했다. 내무부는 새마을운동중앙본부, 시·도는 시·도지부, 시·군·구청은 시·군·구 새마을 지회를 지원하여 중앙조직을 구축했다. 1980년 11월 22일 김준 외 7인이 제안한 육성법은 "국민의 자발적 운동에 의하여 조직된 새마을운동 조직을 지원·육성함으로써 새마을운동의 지속적인 추진과 향상을 도모하고 국가·사회 발전에 기여함을 목적"으로 하며, 국가 또는 지방자치단체의 재정적 지원(제3조), 국·공유 재산의 대부 또는 양여(제4조), 각급 행정기관과 새마을운동에 관련된 법인 또는 단체에 대해 새마을운동 요원의 파견을 요청(제6조)할 수 있도록 했다.[19] 1980년 12월 13일 법률 제3269호로 제정 공포된 동 법률은 물적·인적·제도적 지원 등 새마을운동에 대한 전폭적 지원을 가능케 했다.

전경환이 사무총장에 취임할 당시 2실 5부 11과 137명에 불과하던 본부조직은 6년여 뒤엔 1실 6부 32과 1,372명으로 10배 이상 불어났다(《동아일보》 1988/03/25). 무리한 조직 확대와 각종 행사로 본부운영비는 81년 22억 원, 82년 56억 원, 83년 97억 원, 84년 113억 원, 85년 95억 원, 86년 116억 원으로 빠르게 늘었고(《경향신문》 1988/03/24), 동 기간 중앙본부의 총 운영 예산은 1,234억 원에 달했다(《동아일보》 1988/03/26). 이러한 경비는 국고나 지방비, 준조세 성격의 성금으로 메워졌다. 이렇게 만들어진 새마을운동중앙본부는 "그 조직의 규모나 기능상 종합정부를 방불케 한데다가 오히려 '진짜 정부'의 각 부처에 지시까지 하는 등

19 국가보위입법회의, "제77회 제7차 국회본회의 [부록]" (1980/11/29).

가히 '국가'이기도 했다"(《경향신문》 1988/03/23).[20]

윤충로는 한국대학교수새마을연구회가 1980년대를 "새마을운동 단체가 운동의 주체가 되고, 정부는 행·재정적 지원기능으로 역할분담"한 '관·민혼합조직체제', 혹은 '민·관의 효율적인 파트너십'이 이루어진 시기로 평가하기도 했다고 지적한다.[21] "당시 국가의 역할은 단지 선량한 관리자나, 운동의 파트너로 한정하기에는 매우 압도적이고 광범위"했으며, "예산, 인력, 공간 임대 등 다양한 수단을 동원하여 새마을운동 조직을 지원했고, 운동의 지향점과 목표를 제시"한 주체라고 하더라도, 새로운 형태의 조직과 지향점을 갖게 된 새마을운동은 애초에 박정희 정권의 새마을 운동의 기능, 즉 국민동원기능을 상당 부분 결여했다고 보아야 한다.[22] 박정희 시대의 새마을운동은 대중들이 자신을 투영할 수 있는 지도자를 중심으로 이루어짐으로써 국가의 발전에 참여하기 위한 자발적 동원이 가능했다. 그러나 1980년대 이후의 새마을운동은 조직의 존속이 최우선이 된 조직 운동이 되었다.[23]

물론 80년대 이후의 새마을운동이 동원과 무관한 것은 아니다. 예를 들어 올림픽 새마을운동과 같은 대규모 국가사업에 대한 조직적 동원

---

20 윤충로, "새마을운동 이후의 새마을운동: 1980년대 이후를 중심으로," p. 211.

21 윤충로, "새마을운동 이후의 새마을운동: 1980년대 이후를 중심으로," p. 212.

22 윤충로, "새마을운동 이후의 새마을운동: 1980년대 이후를 중심으로," p. 212.

23 1970년대 새마을운동 교관으로 활동했고, 1980년대 새마을운동 조직의 형성과정을 지켜봤던 김○○은 1980년대 새마을운동을 다음과 같이 설명한다. "관심이 지도자에서부터 본부 위주가 돼버린 거예요." (김○○, 2010/02/03 구술). 윤충로(2016)에서 재인용.

과 참여가 존재한다. 전두환 대통령은 1984년 10월 24일 전국새마을 지도자대회에서 "친절과 예의와 질서의식을 함양하고 생활환경과 국토경관을 아름답게 가꿈으로써 찬란한 문화 전통을 지닌 선진 국민다운 모습을 세계에 보여주도록 해야 겠다"며 새마을운동을 통해 올림픽 준비 태세를 가다듬을 것을 당부했다(《동아일보》 1984/10/24). 이후 1985년부터 본격적인 올림픽 새마을운동이 전개되기 시작했다. 올림픽 새마을운동은 1987년 범국민운동으로 확대되고, 1988년 절정에 이른다. 이 기간 동안 운전기사, 관광업소, 요식업 종사자에 대한 친절·예의·질서·정직·청결운동 교육, 거리질서 계도, 생활주변 청소 등 실질적인 질서·친절·청결운동, 전국토공원화, 푸르고 아름다운 국토 경관조성, 성화봉송로 꽃길 조성과 같은 환경사업, 올림픽 국민홍보, 올림픽 새마을운동 실천다짐대회와 같은 대중적 캠페인 등 다양한 운동을 벌였다.[24]

그러나 윤충로의 지적처럼 자신의 삶을 개선하고 그 맥락에서 국가와 연속성을 갖는 이전의 새마을운동과 달리 대규모 국가사업에 동원되고 참여한다는 것은 운동의 관성화를 의미하는 것이었다.[25] 1970년대 왕성하게 활동했던 새마을 지도자들이 보기에 새마을운동은 실질적으로 작동하지 않는 형식화·관료화된 것에 불과했고, 운동주체들은 공문이 나오면 지시사항만 잘 지키는 '봉급생활자'로 전락한 것처럼 보였다.

---

24 새마을운동중앙회, 『새마을운동30년 자료집』 (새마을운동중앙회, 2000), pp. 40−49.

25 윤충로, "새마을운동 이후의 새마을운동: 1980년대 이후를 중심으로," p. 217.

"'새마을 일꾼'이 있었고, '새마을 꾼'이 있었어. … 80년대 이후에 그 협의회들이 생기면서 공사보다는 감투를 원하는 사람들이 들어와서 … 새마을을 모르는 사람들이, 직급이나 따가지고 명함 팔아먹고 한다고 그게 전국에서 비일비재했어"[26]라는 1970년대 새마을 지도자들의 비판은 달리 말해 자발적으로 동원된 국민을 형성하는데 효과적이지 못했다는 방증이라고 할 수 있다.

2. 국민교육헌장의 비중감소와 국민정신교육의 강화

국민교육헌장을 중시했던 박정희 정권과 달리 전두환 정권에서 국민교육헌장에 대한 의례체계는 사라지기 시작한다. 특히 1972년 10월유신선포 후 국민교육헌장 선포 4주년 기념식에서 "비판보다는 실천을, 주저보다는 용기를 앞세워 민족의 영광을 드높이려는 것이 곧 10월유신의 기본정신"이며, "이러한 10월유신의 정신은 국민교육헌장의 이념과 그 기조를 같이 하는 것이며, 헌장의 생활화는 곧 유신과업을 주체적으로 실천하는 첫 길"이라며, 국민교육헌장을 "국민정신의 유신지침으로 삼아 국력배양을 더욱 가속화하는 데 이바지"해야 한다고 호소한다. 국민교육헌장은 새마을운동과 결합되는데, 1973년 국민교육헌장 선포 제5주년 기념식에서 "국민교육헌장은 민족중흥을 위한 교육의 기본 이념

26 윤충로, "새마을운동 이후의 새마을운동: 1980년대 이후를 중심으로," p. 218.

인 동시에 10월유신의 실천강령"이므로, "우리의 행동과 실천의 정신적 지주로 삼아 유신과업과 새마을 운동을 줄기차게 추진"해왔다고 진단한다.

그러나 전두환은 1980년에서 87년까지 국민교육헌장 선포 기념식에서 국민교육헌장을 낭독하거나 대독한 적이 세 번밖에 없으며, 전국소년체전과 전국체육대회의 식순에서 헌장낭독은 없어진다. 그리고 학교들의 교실에 걸려 있던 국민교육헌장의 전문도 없어졌다. 국민교육헌장을 학교 현장에서 구현하기 위한 지침을 정리한 장학자료가 정부차원에서 발간한 것은 1981년까지였다. 문교부에서 발간하던『문교행정』의 1980년대 기사 중, 국민교육헌장에 대한 분석, 구현방안 등을 언급한 글은 한 건을 제외하고 존재하지 않는다. 전두환 정권이 교육헌장을 공식적으로 폐기한 것은 아니지만, 국정지표에서 헌장을 제외시키고 박정희처럼 그 이념을 전면에 내세우지 않았다. 1981년은 '국가 사정활동 기반구축의 해'로 3대 사정지표의 세 번째로 "사회환경 정화 및 국민정신 개혁"을 설정했지만, 헌장은 언급하지 않는다.[27]

아이러니한 것은 1980년대 박정희 방식의 국민교육헌장에 대한 비판이 민족주의적 뉘앙스를 띠고 있다는 점이다. 1980년 12월 5일《경향신문》의 "국민교육헌장 수정의 당위를 논함"이라는 논설은 기존 국민교육헌장의 문장들이 애매하다는 점을 지적하고, 보다 '우리 민족'에 초점을 맞춘 국민교육헌장이 만들어져야 한다고 주장한다.[28]

---

27 신주백, "국민교육헌장의 역사,"『한국민족운동사연구』45 (2005), pp. 315-317.

28 이 논설은 교육헌장을 민족과 국가의 앞날을 위한 교육지표로 규정하고, 충효사

전문 3백 93자로 된 이 헌장을 곰곰 읽어보고 뜯어보면 우리 민족의 주체성과 역사의식 결여가 너무나 두드러지게 나타나고 있다고 아니 할 수 없다. 따라서 오늘의 시점에서 우리는 교육헌장의 새로운 수정이 요청된다고 하지 않을 수 없다. (중략) 그것이 지닌 근본적이고 핵심적인 문제는 결코 간과되어서 안될 것이며 이 점에서 우리는 국민교육헌장을 새롭게 고쳐야 한다고 주장하지 않을 수 없다. 다 아는 바와 같이 헌장 서두는 '우리는 민족중흥의 역사적 사명을 띠고 이 땅에 태어났다'고 했으며 '조상의 빛난 얼을 오늘에 되살려 안으로 자주독립의 자세를 확립하고 밖으로 인류 공영에 이바지 할 때다'라고 했지만 (중략) 새 역사창조의 의지와 민족국가건설의 투철한 의식이 제대로 강조되었다고 하는데는 이론이 있는 것 같다. (중략) 조국의 근대화 문제에 대해서도 이 헌장은 밝히고 있지만 그 근대화란 막연한 근대화가 아니라 바로 이 땅에 살고 있는 우리 민족 자신의 근대화이기 때문에 그저 남의 것을 모방하는 것이 아닌 우리의 주체성을 통하

상과 민족의 근원적인 뿌리를 강조하는데, 이는 전두환 정권의 국민정신교육 방침과 밀접한 연관이 있는 논의라고 할 수 있다. 국민정신교육강화는 전두환 정권이 2000년대에 대비하는 교육개혁의 4대 지속화방안 중 첫 번째 지침이었다. 전두환은 1984년 국민교육헌장 선포 16주년 기념식에서 "최근 대학사회가 자율화를 향한 고뇌와 방황 끝에 일부 바람직하지 못한 사태까지 유발하고 있으나 이러한 현상도 우리가 정신적으로 보다 성숙해짐으로써 해속될 수 있는 것"이라고 하고, "국민정신교육의 강화는 오늘날 학교교육이 안고 있는 여러 문제들과 우리 사회가 당면하고 있는 일부 과도기적인 진통을 치유하는 효과적이고도 근본적인 처방이 될 수 있다"고 발언하였다(대통령비서실, 1985).

> 여 이룩되는 근대화가 되어야만 할 줄 안다. 그러나 교육헌장은 사실상 참다운 주체성의 알맹이는 빼놓은 것이나 다름없다고 지적되고 있을 정도이다. 따라서 제대로 우리의 주체성 확립이 강조되었다고 보기는 어렵지 않을까 싶다(《경향신문》 1980/12/5).

이 논설은 교육헌장을 민족과 국가의 앞날을 위한 교육지표로 규정하고, 충효사상과 민족의 근원적인 뿌리를 강조하는데, 이는 제5공화국 헌법의 전문의 내용과 상당히 유사하며,[29] 신주백의 지적처럼 국민정신교육과 밀접한 연관이 있는 논의처럼 보인다.[30] 국민정신교육강화는 전두환 정권이 2000년대에 대비하는 교육개혁의 4대 지속화 방안 중 첫 번째 지침이었다. 전두환은 1984년 국민교육헌장 선포 16주년 기념식에서 "최근 대학사회가 자율화를 향한 고뇌와 방황 끝에 일부 바람직하지 못한 사태까지 유발하고 있으나 이러한 현상도 우리가 정신적으로

29 이와 관련된 헌법 전문의 내용은 다음과 같다. "유구한 민족사에 빛나는 문화, 그리고 평화 애호의 전통을 자랑하는 대한민국은 조국의 평화적 통일과 민족중흥의 역사적 사명에 입각하여 새로운 민주공화국을 건설함에 있어 정의 인도와 동포애로써 민족의 단결을 공고히 하고 모든 사회적 폐습과 불의를 타파하여 자유민주적 기본질서를 더욱 확고히 하여 정치·경제·사회·문화의 모든 영역에 있어서 각인의 기회를 균등히 하고 능력을 최고도로 발휘하게 하며 권리에 따르는 책임과 의무를 완수케 하여 안으로는 국민생활의 균등한 향상을 기하고 밖으로는 항구적인 세계평화와 인류공영에 이바지함으로써 긍지와 신념을 가진 근면한 국민으로서 우리들과 우리들 자손의 안전과 자유와 행복을 영원히 확보하고 새로운 역사를 창조할 것을 다짐하면서 1948년 7월 12일에 제정하고 1962년 12월 26일과 1972년 11월 24일에 개정된 헌법을 이제 국민투표에 의해 개정한다(국회사무처의사국, 2000)."

30 신주백, "국민교육헌장의 역사," p. 316.

보다 성숙해짐으로써 해속될 수 있는 것"이라고 하고, "국민정신교육의 강화는 오늘날 학교교육이 안고 있는 여러 문제들과 우리 사회가 당면하고 있는 일부 과도기적인 진통을 치유하는 효과적이고도 근본적인 처방이 될 수 있다"고 발언하였다.[31]

이러한 국민정신교육의 강화는 결국 국민헌장의 이념 혹은 헌장의 정신의 연속성에 있다고 말할 수도 있지만, 전두환 정권 하에서 국민정신교육의 강화차원에서 확충되었던 것이 결국 반공교육의 강화라는 점을 미루어볼 때 국민교육헌장의 내용과 괴리가 존재했다고 볼 수 있다. 1982년 5월까지 전국 4년제 대학의 이데올로기 비판교육위원회의 설치를 완료하는가 하면, "국민정신교육의 체계화"라는 명목 하에 "북한 공산집단의 도발이 날로 심각해지고 있는 이 시점에서 … 가장 절실한 목표는 국가안보에 대한 확실한 신념과 결단입니다"[32]라는 권이혁 문교부 장관의 발언은 국민정신교육이 동원의 측면보다는 이데올로기 비판과 국가의 폭력적 억압을 정당화하는 논리였다는 사실을 확인할 수 있다.

그럼에도 불구하고 전두환 정권의 국민정신교육은 일관적이라고 보기 어렵다. 첫째, 정책과 실제 교육 사이에는 언제나 괴리가 존재한다. Elmore & Syles에 따르면 정책은 정치적 합의에 의해 만들어지며, 실제 교육과정에 대한 정보가 충분하지 않고 수단과 결과만 기술하기 쉽다. 다시 말해 정책실행자가 정책을 받아보았을 때, 정책은 불확실하고 상

---

31 대통령비서실, "치사: 국민의 가능성과 역량개발은 교육자의 사명," 『전두환대통령연설문집』 5 (1985).

32 문교부, 『문교행정』 (1984), pp. 6-7.

황추수적인 것으로 보인다.[33] 따라서 정책이 이데올로기적이라는 것을 부정할 수는 없더라도, 정책입안자의 모든 의도가 실제 정책이 실현되는 과정에서 모두 반영될 것이라고는 생각하기 어렵다. 둘째, 전두환 정권은 박정희 정권과 다른 방식으로 정권을 정당화해야 했다. 1981년 12월 문교부 고시 제442호로 공포된 제4차 교육과정에서 국민정신교육 강화의 내용을 보면, 이념교육에 대한 강조는 존재하지만 전인교육, 분권화에 대한 지향과 학교 재량권 및 학생 선택권의 강화에 초점을 더 맞출 수 있게 하며, 교육과정 개발에 다양한 전문기관이 참여하게 만듦으로써 국가 주도의 주입식 정신교육을 지양하게 만들었다.[34]

IV. 새로운 인간형의 출현: 공동체와 유리된 개인

제5공화국의 정책들은 국가통합이라는 관점에서 볼 때 비일관적이었다고 할 수 있다. 반공, 통제, 그리고 새마을 운동, 국민교육헌장과 같은 방식의 억압적인 국민만들기를 통해 국가통합을 지향했던 박정희 정권과 비교해볼 때 제5공화국의 통치전략은 자유를 지향하는 정책들과

33 Elomre R, & Sykes, G., "Curriculum Policy," in *Handbook of Research on Curriculum*, ed. P. E. Jackson (McMillan Publishing Company, 1992), pp. 186–187.

34 문교부, "문교부고시 제442호 유치원 초등학교 중학교 고등학교의 교육과정," (1981.12).

억압적 제도들이 뒤섞여 있었다. 권위주의 국가가 지향하는 이념, 제도, 목표를 실현하고자 할 때 중요한 것은 이러한 국가를 지지해줄 수 있는 국민의 창출이라고 할 수 있다. 이 관점에서 보면 제5공화국은 권위주의 통치를 지향하면서도 자신들의 통치를 자발적으로 지지해줄 수 있는 국민들을 만드는데 성공하지 못했다고 할 수 있다.

다음의 시기별 기업들의 경향은 문화 차이 뿐만 아니라 인간형의 차이를 감지하게 한다.

표2. 1960-90년까지 기업경영의 지향변화 (출처: 조영호 2002)

시기	1960년대 초- 1970년대 초	1970년대 중반- 1980년대 중반	1980년대 후반- 1990년대 후반
핵심 단어	인화 성실 근면	창의 단결 개척	미래 인류 인간
거시 환경	산업화 태동 군사정권 수립 경공업위주	중화학공업육성 경제규모 확대 해외시장 확대	첨단산업 출범 정치민주화 시장개방 확대
성장 전략	단순모방	창조적 모방	창조적 모방
경영 체제와 조직	개별기업의 성숙 창업자 일선경영 소규모 조직	그룹통합체제 구축 창업자의 간접지배 단위조직의 대형화	그룹 경영체제 확립 분권화 시도 해외진출시대
기업 문화 관리	경영일선에서 활동하는 창업자 위주 온정적 가족적 사훈, 사시 제정	경영과 조직관리의 체계화 경영이념의 체계화시도 기업문화 자체에 대한 인식은 부족 경영이념 제정	경영혁신 확산과 지향관리 새로운 아이덴티티 정립 시도 기업문화 자체에 대한 인식 기업문화 체계수립

위의 표에서 유추할 수 있는 것은 1970년대 중후반부터 기업들은 주어진 업무를 성실하게 이행하는 인간형보다는 창의적인 인간을 기업에

적합한 인물로 이해하기 시작했다는 점이다. "인화, 성실, 근면"한 인간과 비교해 창의적인 인간은 공동체의 화합을 깨거나 다소 불성실하더라도 변화하는 경제적 상황에 본인의 적절한 판단을 가지고 대응할 수 있는 존재라고 할 수 있다.

창의적 인간이 지향점이라면, 창의적 인간을 만들 수 없는 장애물들은 어떤 것이며, 어떻게 한계들을 제거할 것인가가 문제가 될 것이다. 신자유주의 하에서 국가는 개인과 기업의 자유와 창의성을 가로막는 문제적 존재이다. 국가는 자유와 창의성을 확대할 수 있는 방향으로 법과 제도를 구축하고 사람들을 교육해야 한다. 교육의 측면에서 창의성은 과학과 기술의 획득과 연관되어 해석되었다. 1980년대 정부부처간 관계에서 경제기획원의 위상강화와 더불어 두드러진 것은 과학기술처의 영향력 증대이다. 1980년 정부출연 연구기관들이 통폐합되면서 과학기술처로 이관되었고, 첨단산업 육성과 기술개발이 1980년대의 주요 산업정책 목표로 설정되었다.[35]

대중적 차원에서 창의적 인간을 만들기 위한 노력 중 하나는 컴퓨터의 보급과 연관되어 있다. 한국은 1970년대 말부터 조선산업 등의 노동집약적 중화학공업과 함께 정부산업의 국제 분업 구조에 편입되기 시작하였다.[36] 산업적으로 볼 때 한국은 싼 임금을 내세워 국제하청 노동을 담당하는 한편 선진국의 첨단 정보 기술 생산재나 소비재의 소비시

---

35 박병영, "1980년대 한국 개발국가의 변화와 지속: 산업정책 전략과 조직을 중심으로," 『동서연구』 15/1 (2003), p. 55.

36 강상현, 『정보통신혁명과 한국 사회』 (서울: 한나래, 1996), p. 230.

장으로 편입되었다. 1980년대 초반부터 신군부는 표방한 정보화 정책과 정보사회 이데올로기를 본격적으로 표방하였다.[37]

1983년 1월 대통령 주재로 열린 기술진흥확대회의에서 '정보산업의 해'선포가 확정되고 정보산업육성계획안이 논의된다.[38] 그 후 과학기술처, 상공부, 체신부, 문교부, 총무처 등 5개 부처가 합동으로 만든 정보산업육성방안이 만들어졌고,[39] 토플러(Alvin Toffler)나 나이스비트(John Naisbitt) 같은 미래학자 저서의 잇따른 번역 출간과 초청 강연회를 비롯한 국내외 학술 행사, (재)정보통신훈련센터와 같은 민과 관이 함께 혹은 따로 조직한 여러 정보사회 관련 단체나 협의체, 상설 전시장이나 박람회, 첨단기술 시대 광고, 컴퓨터 교육, 잡지창간, 경진대회 등이 줄을 이었다.[40]

정부는 '교육용 소형 컴퓨터 개발 보급 사업'을 추진했고, 과학기술처는 정보산업과 컴퓨터 교육에 대한 정책 주도권을 확보하기 위해 1982년에 교육용 컴퓨터 5천 대 공급 계획을 발표했다.[41] 10개월의 짧은 기간 동안 한국전자기술연구소(KIET)와 5개 생산업체(금성사, 동양나이론, 삼보컴퓨터, 삼성전자, 한국상역)가 교육용 소형 컴퓨터를 개발하고 5천대를 생

---

37 강상현, 『정보통신혁명과 한국 사회』, pp. 229-232.

38 이 부분은 강상현(1996, 231), 서현진(1997, 227) 참조.

39 이 부분은 서현진(1997, 229; 2001, 316) 참조.

40 이 부분은 조동원(2015, 199-200) 참조.

41 전자산업 50년사 편찬위원회, 『기적의 시간 50: 1959-2009 대한민국전자산업 50년사』 (서울: 전자신문사, 2009), pp. 243-245.

산해 실업계 고등학교, 과학관, 직업훈련원 등에 보급했다.[42] 조동원의 표현을 빌면 "정부가 나서 컴퓨터마인드의 범국민적 확산을 시도했던 것이다."[43]

조동원에 따르면 개인이 컴퓨터를 소유하고 이용할 수 있게 된 사실 자체는 한국 사회문화의 맥락에서 상당한 정치적 의의를 지녔다. 억압적인 시대적 상황에서 개인용 컴퓨터는 개인의 의사 표현과 공중 통신을 상대적으로 용이하게 했다는 차원에서 개인의 권한강화를 돕는 정치적 도구였기 때문이다.[44] 특히 80년대 말부터 시작된 개인용 컴퓨터 기반의 통신 동호회는 정치적이고 사회적인 발언의 장이자 대중의 문화적 욕구와 취향을 펼칠 수 있는 장을 제공했다. 컴퓨터 게임, 판타지 소설, 언더그라운드 음악, 만화와 애니메이션, 예술영화, 해외여행, 자동차 등 온갖 문화적 선호와 정보를 공유하고 표현하며 자유롭게 토론할 수 있는 장으로 여겨졌고 민주화, 정보화, 자유화, 개방, 지구화, 포스트모던, 신세대, 소비문화로 이어지는 문화 변동의 주요 진원지가 된 것이다.[45]

모든 사람들이 컴퓨터를 소유하거나 pc 통신을 했던 것은 아니기 때문에 컴퓨터의 보급과 새로운 문화의 출현을 전체 사회적 변화로 이해

---

42 이 부분은 안희일·오길록(1984, 251, 255) 참조.

43 조동원, "한국의 디지털 문화사: 컴퓨터의 도입과 대중화를 중심으로," 『사회와 역사』 1 (2015), p. 200.

44 조동원, "한국의 디지털 문화사: 컴퓨터의 도입과 대중화를 중심으로," pp. 206–207.

45 조동원, "한국의 디지털 문화사: 컴퓨터의 도입과 대중화를 중심으로," p. 207.

하는 것은 문제적일 수 있다. 그러나 새로운 기술에 대한 국가정책, 그리고 실제로 그 정책이 구현되었을 때의 역설적 결과에 대해서는 주목할 필요가 있다. 국가가 과학기술에 주목했을 때는 급변하는 세계경제에 대응할 수 있는 기술역량을 가진 새로운 "산업역군"을 양상하려는 의도였을 것이다. 그런데 실제로 그 정책을 대중들이 수용하고 변형시키는 과정에서 탄생한 것은 국가의 의도에 충실한 창의적 인간, 즉 경제나 국가의 발전에만 그 창의성을 드러내는 존재들이 아니라 분명한 자신의 취향을 가진 새로운 인간들이었다고 할 수 있다.

V. 결론

새마을운동과 국민교육헌장의 사례를 경제정책에서 드러나는 전두환정권의 "자유" 지향과 연관시켜보면, 제5공화국은 대중들에게 정체성을 부여하고 국민으로 동원해내지 못했다는 점을 확인할 수 있다. 제 5공화국의 대중들은 자신들의 정체성을 축소되는 국가에서 찾기보다는 조직, 즉 기업, 새마을운동조직, 관료제, 노동조직 등에서 발견했을 가능성이 높다는 반증이라고 할 수 있다. 대중들의 자발적 동원은 국가의 강압성만으로는 불가능하기 때문에 전두환 정권시기의 국가의 동원을 통치성의 관점에서 보면 성공적이라고 보기 어렵다. 그러나 국가에 의한 동원이 성공적이지 않다고 해서 통치성이 존재하지 않는다고 말하기는 어렵다. 국가가 자본을 종속시키고 그 통치성을 가감없이 드러냈던 박정희시대와 달리 제5공화국은 통치성이 국가에서 자본으로 이동하고 있는 시기처럼 보인다. 권위주의정 부의 자유화의 추진이라는 모순된 목표를 실제 정책으로 시행했기 때문에, 전두환시기는 자발적 동원없는 폭압적 국가와 국가로부터 자유롭고자 하는 주체들이 공존하게 되었다. 이 시기 중산층이 두텁게 형성되고, 1980년대 말 자신이 중산층이라고 생각하는 사람들이 70%에 이르게 된 상황, 그리고 이들이 침묵하는 보수가 아닌 민주화, 더 정확하게는 자유화의 중심세력이 되었던 것은 이러한 정황을 설명해주는 것이라 생각한다.

참고문헌

Elomre R, & Sykes, G. 1992. "Curriculum Policy." Ed. P. E. Jackson. *Handbook of Research on Curriculum*. McMillan Publishing Company.

Goffman E. 1974. *Frame Analysis: An Essay on the Organization of the Experience*. Harper Colophon.

Moon, Chung In. 1994. "Changing Patterns of Businiess–Government Relations in South Korea." Ed. Andrew MacIntyre. *Business and Government in Industrializing Asia*. Cornell University Press.

Horowitz, Irving Louise. 1982. *Beyond Empire and Revolution: Militarization and Consolidation in the Third World*. New York: Oxford University Press.

Huntington, Samuel P. 1968, *Political Order in Changing Societies*. New Haven: Yale University Press.

McMichael, Philip. 조효제 역. 2013.『거대한 역설: 왜 개발할수록 불평등해지는가』. 서울: 교양인.

Shafer, D. Michael. 1997. "The Political Economy of Sectors and Sectoral Change: Korea Then and Now." *Business and the state in Developing Countries*. Ithaca: Cornell University Press.

강상현. 1996.『정보통신혁명과 한국 사회』. 서울: 한나래.

경제기획원. 1982.『개발시대의 경제정책: 경제기획원 2년사』.

공제욱 편. 2008.『국가와 일상: 박정희시대』. 파주: 한울.

국가보위입법회의. "제77회 제7차 국회본회의 [부록]."

국회사무처의사국. 2005.『헌법·국회법 연혁집』.

김용복. 1996. "경제자유화시기에 있어서 산업조정의 정치." 서울대학교 박사학위논문.

김홍순. 2000. "근대화 프로젝트로서의 새마을운동에 대한 비판적 고찰: 1970년대를 중심으로." 『한국지역개발학회지』 12/2.
김현우. 2000. 『한국 정당통합 운동사』. 서울: 을유문화사.
대통령비서실. 1985. "치사: 국민의 가능성과 역량개발은 교육자의 사명." 『전두환대통령연설문집』 5.
마인섭. 1994. "한국의 민주화와 자본가계급." 장을병 외. 『남북한 정치의 구조와 전망』. 서울: 한울.
문교부. 1984. 『문교행정』.
문교부. 1981. 12. "문교부고시 제442호 유치원 초등학교 중학교 고등학교의 교육과정."
박병영. 2003. "1980년대 한국 개발국가의 변화와 지속: 산업정책 전략과 조직을 중심으로." 『동서연구』 15/1.
박해남. 2018. "서울올림픽과 1980년대의 사회정치." 서울대학교 박사학위논문.
새마을운동중앙회. 2000. 『새마을운동30년 자료집』.
서동진. 2009. 『자유의 의지 자기계발의 의지: 신자유주의 한국사회에서 자기계발하는 주체의 탄생』. 파주: 돌베개.
서중석. 2011. 『6월항쟁』. 파주: 돌베개.
서현진. 1997. 『처음 쓰는 한국컴퓨터사』. 전자신문사.
서현진. 2001. 『끝없는 혁명: 한국 전자산업 40년의 발자취』. 서울: 이비컴.
성경륭. 1995. "한국 정치민주화의 사회적 기원: 사회운동론적 접근." 임현진·송호근 공편. 『전환의 정치, 전환의 한국사회』.
송호근. 1992. 『시장과 이데올로기』. 서울: 문학과 지성사.
신명순. 1993. 『한국정치론』. 서울: 법문사.
신주백. 2005. "국민교육헌장의 역사." 『한국민족운동사연구』 45.
안토니오 네그리, 마이클 하트. 윤수종 역. 2001. 『제국』. 서울: 이학사.
안희일·오길록. 1984. "교육용 소형 컴퓨터 개발 보급 및 평가." 『한국정보과학회 1984년도 봄 학술발표논문집』 11/1.

양삼석. 2012. "한국 군사정권하의 금지곡에 대한 작사가별 분석: 1970–80년대의 대중음악 통제를 중심으로."『대한정치학회보』 20/1.
오자은. 2017. "박완서 소설에 나타난 중산층의 정체성 형상화 연구." 서울대학교 박사학위논문.
윤충로. 2016. "새마을운동 이후의 새마을운동: 1980년대 이후를 중심으로."『사회와 역사』 109.
윤해수. 2006. "박정희 정부와 전두환 정부의 정치발전 비교연구: 근대화이론을 중심으로."『사회과학논총』 25.
윤홍근. 2013. "한국정부의 경제적 역할변화와 시장제도의 변화."『한국정치연구』 22/1.
임혁백. 1992. "한국의 자본주의 발전과 정치적 민주화의 상관관계." 길승흠 외.『20세기 한국의 정치와 경제』. 서울대 한국정치연구소.
전자산업 50년사 편찬위원회. 2009.『기적의 시간 50: 1959–2009 대한민국전자산업 50년사』. 서울: 전자신문사.
정윤재. 2000. "전두환 대통령의 정치리더십 분석."『정치정보연구』 3/1.
조동원. 2015. "한국의 디지털 문화사: 컴퓨터의 도입과 대중화를 중심으로."『사회와 역사』 1.
조영호. 2002.『경영학의 뉴패러다임: 조직인사·노사관계』. 서울: 박영사.
주재현. 1998. "권위주의 체제하 한국 국가엘리트의 정책추진동기와 학습효과에 관한 연구."『한국정책학회보』 7/2.
최종숙. 2016. "1980년대 개헌운동과 6.10민주항쟁."『한국민주주의 연구소 연구보고서』.
한국정치외교학회. 1997. "10.26과 전두환 정권."『한국정치외교사논총』 15.
허문정. 1997. "권위주의 국가의 경제자유화: 제5공화국의 산업구조조정." 이화여자대학교 석사학위논문.

저자 소개

이동수

서울대학교 정치학과 학사, 석사 및 미국 밴더빌트대학교 정치학 박사 학위를 취득하였다. KBS 객원해설위원, 대통령실 정책자문위원, 대통령직속 녹색성장위원회 위원 등을 역임하였고, 경희대학교 교수로 NGO대학원장, 공공대학원장, 교무처장 직을 수행하였다. 주요 편저 및 공저로는 『시민은 누구인가』, 『행복과 21세기 공동체』, 『정부의 재발견: 공공성과 공동성 사이에서』, 『공화와 민주의 나라: 대한민국 정체성을 찾아서』, *Political Phenomenology, Contemporary Korean Political Thought* 등이 있다.

유불란

서울대학교에서 정치학과 학사를, 일본 도쿄대학교 법학정치학연구과에서 석사 및 박사 학위를 취득하였다. 경희대학교 공공대학원 연구교수 등을 역임하였고, 현재 서강대학교 글로컬한국정치사상연구소 전임연구원으로 재직 중에 있다. 주요한 연구물로서는 "목민의 붕괴와 주장하는 인민의 대두," "'메이지 부시도론'을 통한 동아시아의 자기정체성 형성과정 재고," "'됨'에서 '함'으로: 개화기 조선에서의 상태적 사고에 대한 일고찰" 등이 있다.

이병택

서울대학교 정치학과 학사, 석사 및 미국 럿거스대학교 정치학 박사 학위를 취득하였다. 주요 관심분야는 법과 정치 그리고 역사이다. 현재 동북아역사재단 연구위원으로 역사 화해와 관련된 일을 하고 있다. 주요 논문 및 공저로는 "리처드 2세의 폐위와 헨리 4세의 등극: 구 헌정과 인민의 동의," "홉즈의 '보통법'에 나타난 법 성장의 논리," "사회제도의 정착과 방향: 흄의 존재론과 정념론을 중심으로," 『정부의 재발견: 공공성과 공동성 사이에서』 등이 있다.

김경희

서울대학교 정치학과 학사, 석사 및 독일 베를린 훔볼트대학교 정치학 박사 학위를 취득하였다. 서울대학교 및 경희대학교에서 박사후 연구원직을 수행하였고, 성신여자대학교에서 근무하였다. 현재는 이화여자대학교 정치외교학과에 재직 중이다. 주요 저서 및 역서로는 『근대국가 개념의 탄생: 레스 푸블리카에서 스타토로』, 『공존의 정치: 마키아벨리 군주론의 새로운 이해』, 『공화주의』, 『군주론』 등이 있다.

서희경

이화여자대학교 정치외교학과를 졸업하고, 서울대학교 정치학과에서 석사·박사학위를 받았다. 도쿄대학교 동양문화연구소 방문학자, 서울대학교 법학연구소 선임연구원, 연세대학교 국가관리연구원과 서강대 사회과학연구소에서 연구교수를 역임했으며, 현재 서울대학교 한국정치연구소 연구원으로 있다. 저술로는 『대한민국 헌법의 탄생: 한국헌정사, 만민공동회에서 제헌까지』가 있고, 주요 논문으로는 "헌법적 쟁점과 대한민국의 국가정체성(1945—1950)," "1950년대 후반 '포스트 이승만 정치'의 헌정사," "War and Justice: Just Cause of the Korean War" 등이 있다.

이지수

서울대학교 정치학과 학사, 러시아 모스크바국립대 아시아아프리카학부를 거쳐 정치학 박사학위를 취득했다. 한국세계지역학회와 한국국제정치학회 총무이사, 정치외교사학회 편집위원장, 민주평화통일 자문위원, 경찰청 대테러 협상 전문위원 등을 역임하였고, 명지대학교에서는 북한학과를 거쳐 지금은 정치외교학과에서 가르치고 있다. 주요 편저 및 공저로는 『북방정책: 기원, 전개, 영향』, 『대한민국 건국의 재인식』, 『박정희 시대를 회고한다』, 『6.25전쟁의 재인식』, 『남북한 정부수립과정 비교 1945—1948』, *Peace Building on the Korean Peninsula and the New World Order* 등이 있다.

홍태영

서울대학교 정치학과 학사, 석사 및 파리 사회과학고등연구원에서 정치학 박사 학위를 취득하였다. 현재 국방대학교 교수로 재직 중이다. 주요 저서로는 『국민국가의 정치학』, 『정체성의 정치학』, 『클로드 르포르』, 주요 논문으로는 "푸코의 자유주의적 통치성과 정치," "타자의 윤리와 환대 그리고 권리의 정치," "68혁명을 위한 레퀴엠" 등이 있다.

소진형

이화여자대학교 신문방송학과 학사, 정치외교학과 석사 및 서울대학교 정치학 박사를 취득하였다. 경희대학교 전임연구원을 거쳐 서울대학교 한국정치연구소 연구원으로 있다. 주요 논문으로는 "『대학』의 평천하(平天下) 개념과 성리학적 정치공동체의 기초," "왕의 시간: 정치 레토릭으로서 개벽(開闢)의 의미와 시간의 주체로서의 왕," "인조의 호패법 시행과정을 통해 본 권력의 정당성문제와 그 한계" 등이 있다.

한국의 정치와 정치이념

발행일 1쇄 2018년 11월 30일
지은이 이동수 외
펴낸이 여국동

펴낸곳 도서출판 인간사랑
출판등록 1983. 1. 26. 제일-3호
주소 경기도 고양시 일산동구 백석로 108번길 60-5 2층
물류센타 경기도 고양시 일산동구 문원길 13-34(문봉동)
전화 031)901-8144(대표) | 031)907-2003(영업부)
팩스 031)905-5815
전자우편 igsr@naver.com
페이스북 http://www.facebook.com/igsrpub
블로그 http://blog.naver.com/igsr
인쇄 하정인쇄 **출력** 현대미디어 **종이** 세원지업사

ISBN 978-89-7418-389-9 93340

* 책값은 뒤표지에 있습니다. * 잘못된 책은 바꿔드립니다.